KB019520

줌 인
러시아

줌 인 러시아
경제연구소의 인문학자가 들려주는
러시아의 역사·문화·경제 이야기

2016년 5월 25일 초판 1쇄 발행
2023년 6월 23일 초판 12쇄 발행

지 은 이 | 이대식
펴 낸 곳 | 삼성글로벌리서치
펴 낸 이 | 차문중
출판등록 | 제1991-000067호
등록일자 | 1991년 10월 12일
주 소 | 서울특별시 서초구 서초대로74길 4(서초동) 삼성생명서초타워 30층
전 화 | 02-3780-8153(기획), 02-3780-8084(마케팅)
팩 스 | 02-3780-8152
이 메 일 | sgrbooks@samsung.com

ISBN | 978-89-7633-967-6 03900

경제연구소의 인문학자가 들려주는
러시아의 역사 · 문화 · 경제 이야기

줌인 러시아

이대식 지음

삼성글로벌리서치

서문

러시아의 무궁무진한 매력과 기회는 여전히 현재진행형

30년 가까이 러시아와 인연을 맺고 있는 필자에게 러시아는 한마디로 '애물단지'다. 공부 못하는 아이를 둔 부모가 흔히 "우리 애는 머리는 좋은데 공부를 안 해서……"라고 말한다. 근거리 애정으로 인한 착시효과의 전형적 사례다. 청춘의 대부분을 러시아의 문학·역사·미술·건축에 흠뻑 빠져 지냈고, 40대에 들어서는 경제연구소에서 러시아 지역 연구로 녹을 먹고 사는 필자도 이 착시효과에서 벗어나기는 힘들다.

오랫동안 제2의 조국처럼 가까이해온 러시아는 마음껏 자랑해주고 싶은 대단한 나라다. 세계사를 뒤흔들었고 문학·미술·음악·발레 그리고 스포츠까지 어느 것 하나 세계 최고 수준이 아닌 것이 없다. 더욱 중요한 것은 멀리서 보면 그리도 무뚝뚝해 보이는 러시아인들이 가까이 가서 보면 얼마나 살갑고 애정이 넘치는지 모른다. 12년간의 러시아 생활에서 나를 친형제처럼 아껴준 친구들과 선생님, 가는 곳마다 더 베풀지 못해 안달이던 러시아인들을 몽땅 한국에 데려올 수만 있다면 얼마나 좋을까?

그러나 러시아에 대한 필자의 진한 사랑은 12년 만의 귀국 이후 혹독한 시련을 맞아야 했다. 한국인들에게 러시아는 무엇보다 독재의 나라, 테러의 나라, 사업하기 힘든 나라, 믿을 수 없는 나라였다. 러시아의 온갖 매력은 안타깝게도 지나간 과거형이거나 실현되지 못한 잠재력에 불과했다. 덕분에 필자도 근거리 착시에서 벗어나기 위해 대대적인 시력 교정 작업에 들어가야 했고 마침 경제연구소 입사는 이 교정 작업에 큰 도움이 되었다. 러시아에 대한 객관적인 자료와 증거를 축적하는 과정에서 착시에 가려진 새로운 사실을 하나씩 발견해나가는 기쁨과 슬픔을 동시에 만끽할 수 있었다.

이와 동시에 러시아에 대한 착시효과는 필자뿐만 아니라 러시아를 비판하는 한국인들에게도 있다는 사실을 발견했다. 필자가 너무 가까이 있었다면 한국인들은 너무 멀리 있었다. 이 원거리 착시효과는 한편으로는 러시아의 매력적인 과거형에 대한 표피적인 지식의 형태로, 다른 한편으로는 이미 실현되고 있는 러시아의 잠재력에 대한 대범한 무시의 형태로 발현되었다. 과거에 대한 무지와 변화하는 현재에 대한 무시는 러시아가 주는 새롭고 무궁무진한 기회를 눈앞에서 날리게 만든다. 미국이 러시아 경제제재를 표방하며 각국의 대對 러시아 투자를 억제하고 있지만 미국의 대표적인 글로벌기업 GE는 조용히 러시아 투자를 확대하고 있다. 한국도 대내외적으로 조장되고 있는 러시아에 대한 원거리 착시효과에서 벗어나야 한다.

(주)멀티캠퍼스가 제작하는 동영상 지식서비스 SERICEO는 필자에게 또 하나의 출구가 되어주었다. SERICEO에서 기획해준 〈줌 인 러시아〉 시리즈는 러시아에 대한 착시효과를 깨고자 했던 필자의 '원願'을 마음껏 발산할 수 있도록 해주었고 한국의 내로라하는 CEO들의 열렬한 관심 덕분에 어느덧 6년째에 접어들었다. 그리고 그동안의 원고를 모아 같은 제목의 책으로 펴내기에 이르렀다. 이 책은 러시아에 조금이라도 관심이 있는 한국인이라

면 누구나 쉽게 읽을 수 있지만 그동안 풍월로만 알았던 러시아를 좀 더 깊이 좀 더 넓게 이해할 수 있도록 내용과 구성을 수정하고 보완했다. 물론 여전히 필자의 애물단지에 대한 근거리 착시가 엿보이지만 그동안 너무 원거리에서 러시아를 보아온 독자들의 시력 회복에는 도움이 되리라 기대한다.

1부에서는 러시아와 러시아인을 제대로 이해하는 데 핵심이 되는 사회·문화 키워드를 다루고 있다. 이어 2부에서는 그동안 제대로 알려지지 않았던 러시아의 역사를 주요 사건 중심으로 설명했다. 3부와 4부에서는 많은 사람이 어렴풋이 알지만 쉽게 다가가지 못했던 러시아의 음악·미술·문학에 대한 이야기를 다루었다. 5부에서는 오늘의 러시아를 만든 리더들을, 그리고 마지막 6부에서는 최근의 러시아 경제 현황을 보여주고자 러시아 진출에 성공한 한국 기업과 신세대를 중심으로 바뀌고 있는 러시아의 사업환경을 소개했다.

인문학자를 경제연구소에 끌어들이는 무모함을 보여주신 정기영 전 삼성경제연구소 소장님, 책 출판에 적극적 지원을 베풀어주신 차문중 현 소장님과 류한호 전무님, 그리고 출판팀의 이유경 팀장과 유다영 수석, 글로벌연구실을 포함한 많은 동료 연구원들, 〈줌 인 러시아〉를 함께 만들어온 SERICEO의 송남경·강선민 PD, 그리고 무엇보다 사랑하는 아내와 딸 해목·해강에게 깊은 감사와 존경을 표하며 이 책을 바친다.

2016년 5월

이대식

차례

2부 러시아인, 러시아 민족이 사는 법

zoom in 러시아 '역사'

3부 러시아의 예술은 러시아의 정신

zoom in 러시아 '예술'

4부 전 세계가 감동하는 대문호의 나라

zoom in 러시아 '문학'

5부 러시아를 만든 리더들

zoom in 러시아 '리더'

6부 러시아의 미래, 그리고 한국의 기회

zoom in 러시아 '경제'

:: 1부 ::

‘진짜 러시아’를 보여주는 아홉 가지 키워드

zoom in 러시아 ‘사회’

러시아 이야기를 열어주는 1부에서는 러시아인들의 삶을 규정하는 사회 · 문화적 기저를 소개한다. 〈줌 인 러시아〉 시리즈를 시작하기 전 삼성경제연구소 동료들에게 간단하게 돌린 설문을 통해 '러시아' 하면 가장 먼저 떠오르는 것이 무엇인지를 알아보았다. 다양한 전공을 가진 동료들은 매우 일반적이지만 또 의외로 다양한 키워드를 던져주었다. 러시아에 대한 호기심과 어느 정도 과장된 그러나 한국인이라면 대부분 가질 법한 선입견이 묘하게 결합되어 있었다. 1부에서는 이 키워드를 바탕으로 러시아에 대한 호기심을 풀어주는 동시에 러시아를 좀 더 제대로 이해할 수 있도록 인문학적 지식을 가미했다.

먼저 러시아인들과의 대면 접촉에서 가장 중요한 러시아인들의 독특한 호칭과 그 유래를 설명한다. 다음으로는 붉은색 속에 숨어 있는 러시아인들의 미의식, 개신교도 천주교도 아닌 러시아 정교의 독특한 교리와 그 속에 내재된 러시아인의 종교의식을 차례로 설명한 뒤 이러한 러시아인의 미의식과 종교의식이 결합된 결과로 나타난 아름다운 러시아의 건축양식, '양파형 지붕'을 소개한다. 그리고 러시아 하면 가장 먼저 떠오르는 '보드카'와 '시베리아', 특히 시베리아횡단철도와 러시아 고유의 독특한 운송방식인 '트로이카'에 담긴 역사적 · 문화적 함의를 이야기한다. 마지막으로는 다소 민감한 문제인 권력에 관하여, 즉 러시아에서만 유독 고대로부터 현대까지 지속되고 있는 권력의 독점 문제를 문화학적 측면에서 이해할 수 있는 가능성을 제시했다.

1

푸틴은 왜 '푸틴'이 아닐까?

글로벌화의 영향 때문인지 이제 서울뿐 아니라 한국의 어느 도시에서도 길거리나 전철, 공원 등지에서 러시아 사람을 만날 기회가 적잖게 있다. 해외 비즈니스를 하는 사람이라면 업무상 러시아 파트너를 만날 일도 1년에 몇 차례씩 생긴다. 다시 말하자면 많은 한국인에게 러시아 사람을 만나 그 이름을 부를 일이 점점 더 많아지고 있는 것이다. 그런데 러시아 이름은 발음도 어렵고 복잡해 보여 처음엔 여간 곤혹스럽지 않다. 무뚝뚝하지만 사람 좋은 러시아인들은 발음하기 어려울 테니 그냥 이름이나 성만 간단히 불러도 괜찮다고 한다. 그러나 그것은 예의에 어긋난 일이며, 적어도 문화적으로 잘 훈련된 사람이라는 인상을 주진 않는다.

심지어 한-러 고위급 회담에서도 편의상 상대의 이름이나 성만 부르는 경우가 허다하다. 러시아 이름이 한국의 욕을 연상시킨다며 말장난 소재로 삼는 경우도 있다. 러시아인의 이름에서 '스키', '비치'라는 말이 자주 섞여 들리기 때문이다. 사실 사적이든 공적이든 만남의 자리에서 호칭을 어떻게 하느냐는 러시아 문화에서는 사람의 교양을 판단하는 잣대가 되기도 하니 가능한 한 러시아인의 이름이 지닌 특징을 잘 알아둘 필요가 있다.

러시아인 이름에 '~비치'와 '~브나'가 많은 이유

아직도 많은 사람이 할리우드의 명배우 찰톤 헤스톤이 주연한 영화 〈벤허〉를 기억할 것이다. 최초의 시네마스코프[1] 영화로, 와이드 스크린에 스테레오 음향이 더해진 웅장한 스펙터클 덕분에 종교 영화라는 한계를 뛰어넘어 수많은 영화팬을 사로잡았다. 그런데 막연히 주인공 이름이라고 여기는 벤허가 사실은 이름이 아님을 아는 사람은 그리 많지 않을 것이다. 영화 속에서 벤허의 이름은 유다였는데, 그렇다면 벤허는 성인 것일까? 그것도 아니다. '벤허'에서 벤Ben은 이스라엘 말로 아들이라는 보통명사이고 허Hur는 주인공 아버지의 이름이다. 그러니까 벤허는 '허의 아들'이라는 뜻으로 이른바 부칭patronym이다. 솔로몬은 작은 몸으로 거인 골리앗을 잡은 것으로 유명한 성서 속 영웅 다윗의 아들이다. 따라서 그의 풀네임full name은 솔로몬 벤 다윗Solomon ben David이다.

부칭은 인류 역사에서 아직 성씨family name가 생기기 전에 성씨 대신 "누구 아들 개똥이" 식으로 부르던 것이 성씨가 생긴 뒤에도 계속 흔적으로 남아 있는 것이다. 현대에는 부칭이 대부분 사라지거나 성씨로 변형되었다. 인천상륙작전의 영웅 맥아더McArthur는 '아더의 아들'이, 피터슨Peterson은 '피터의 아들'이 각각 성씨로 고착된 경우다.

지금도 몇몇 나라에서는 이 부칭이 공식적으로 사용되고 있는데 대표적인 경우가 러시아다. 러시아에서는 아들일 경우 아버지의 이름에 '오비치

---

1 1950년대 미국 영화계에서 채택한 대형영화 제작 방식으로 기존의 35mm 표준규격 비율보다 가로가 더 길다.

ovich'를, 딸의 경우에는 '오브나ovna'를 추가해 부칭을 만드는데, 바로 이 '비치'가 발음상 한국 사람들에게서 오해를 일으키는 부분이다. 저명한 러시아의 대문호 도스토옙스키의 아버지 이름은 미하일이었다. 그래서 이 작가의 부칭은 미하일로비치Mikhailovich이고, 이것이 '도스토옙스키'와 결합되면서 한국에서 그의 이름은 더욱 거친 어감을 표현하게 된다.

그런데 여기서 도스토옙스키는 이름이 아니라 성이다. 가문의 선조가 '도스토예보'라는 마을을 소유했기 때문에 이 지명에 '~의 사람'이라는 형용사 어미 '스키'가 결합되어 '도스토예보 사람' 즉 '도스토옙스키'라는 성씨가 만들어졌다. 레오나르도 다빈치에서 다빈치가 '빈치 마을 사람'이라는 뜻인 것과 유사하다. 이탈리아에서 '다'에 해당하는 것이 러시아에서는 '스키'다. 러시아 사람이 러시아어로 '루스키russkii'인 것도 같은 맥락이다. 우리에게 익숙한 차이콥스키, 무소륵스키, 칸딘스키 등이 바로 러시아 성씨들이다.

'도스토옙스키 씨'가 아니라 '표도르 씨'!

그렇다면 도스토옙스키의 이름은 무엇일까? 우리에게는 잘못된 표기법인 '효도르'로 알려진 러시아 격투기 선수와 같은 이름 '표도르Fedor'다. 이 이름과 부칭 그리고 성씨가 결합되어야 대문호 도스토옙스키의 풀네임이 완성되는데, 그것은 바로 '표도르 미하일로비치 도스토옙스키'다. 그런데 만약 우리가 타임머신을 타고 19세기 러시아로 가서 도스토옙스키를 만난다면 그때는 어떤 호칭을 써야 할까? 성은 빼고 '이름과 부칭'으로 불러야 한다. 러시아에서는 나이가 많거나 지위가 높은 사람 혹은 예의를 갖추어야 할 공식적인 만남에서는 이름과 부칭을 사용한다. 한마디로 '이름과 부칭'은 상대에 대한 존중의 자세를 의미한다. 도스토옙스키야 사람 좋게 그냥 '표도르'라고만 부르라고 할지도 모르지만 만약 외국인이 이름과 부칭을 같이 써서

'표도르 미하일로비치'라고 부른다면 훌륭한 러시아어를 구사한다는 칭찬을 듣게 될 것이다.

현대에도 마찬가지다. 격투기 선수 표도르에게 사인을 받으러 가서 '표도르 블라디미로비치'라고 호칭한다면 표도르는 고개를 들어 얼굴을 쳐다봐 주면서 기꺼이 사인에 응할 것이다. 러시아 비즈니스 파트너와 처음 인사하는 경우 사전에 혹은 만남이 이루어지는 그 자리에서 부칭을 알아낸 다음 '이름과 부칭'으로 부른다면 교양과 준비성을 동시에 갖춘 사람이라는 인상을 줄 것이다.

2004년 9월 푸틴 대통령이 노무현 전 대통령을 크렘린으로 초청했을 때 만찬장에서 실내악단이 〈아침이슬〉을 연주해 감동을 주었듯 우리 고위 관료들도 러시아 관료들을 호칭할 때 이름과 부칭을 사용한다면 좋은 인상을 심어줄 수 있을 것이다. 참고로 2012년 대통령 3선에 성공한 푸틴은 이름이 '블라디미르Vladimir'인데 아버지의 이름도 '블라디미르'다. 따라서 그를 만났을 때는 '블라디미르 블라디미로비치'라고 부르면 된다.

사실 러시아에서는 대기업, 대학, 박물관 등 주요 기관의 장이 대부분 이변이 없는 한 종신직이다. 그러므로 만약 독자들 가운데 누군가 현재 러시아 기업의 CEO나 정부 기관장을 접촉하고 있다면 그의 이름과 부칭을 잘 기억해두었다가 사용할 필요가 있다. 그렇게 좋은 인상을 심어준 뒤 관계가 차츰 가까워져 서로 이름만 부르는 때가 온다면 그건 바로 러시아 사업이 성공 단계에 올라섰다는 것을 의미한다. 그러다 한 발 더 나아가 어느 순간 한국인 파트너가 러시아인의 이름이 아닌 애칭을 사용한다면 러시아 파트너는 기분 좋게 놀라는 한편 그 파트너를 한층 높이 평가할 것이다.

러시아인들은 아주 친한 사람들 간에는 이름을 더 짧게 혹은 귀엽게 만든 애칭을 사용한다. 톨스토이의 유명한 소설 《부활》의 여주인공 카추샤는 예카테리나의 애칭이다. 한국인에게도 익숙한 러시아의 대표 민요 〈카추샤〉도 전쟁터로 떠난 애인에게 사랑을 노래하는 예카테리나의 이야기다. 카추샤보다 더 짧은 애칭은 '카챠'다. 푸틴의 이름 블라디미르의 애칭은 발음이 좀 더 재미있는 '발로자Volodya'다.

애칭까지 있는 러시아 사람들에게 이름은 사실 이름 이상의 의미를 지닌다. 원래 러시아가 사회주의 혁명 이전에는 러시아 정교를 국교로 삼은 나라였고, 1991년 소련 붕괴 이후 러시아 정교는 거의 국교 지위를 회복하였다. 러시아인들의 문화 속에 러시아 정교가 그만큼 뿌리 깊이 자리 잡고 있었다는 뜻이다. 그래서 러시아 사람들은 대개 러시아 정교 성자들의 이름을 따른다. 영아 세례를 받을 때 성자의 이름으로 세례명을 받고 이 세례명이 평생의 이름이 된다. 그리고 그 이름의 기원이 된 성자는 수호성자가 되어 상징적으로도 실질적으로도 한 사람과 평생을 함께하게 된다. 실질적으로도 평생을 함께한다는 것은 러시아 사람들이 매년 챙기는 생일이 자신이 태어난 날이 아니라 자기 이름의 기원인 수호성자의 날이기 때문이다. 이를 일컬어 '명명일'이라고 칭한다.

한국에서도 가끔 무대에 올려지는 차이콥스키의 오페라 〈예브게니 오네긴〉의 하이라이트는 주인공 오네긴과 시인 렌스키의 결투 장면이다. 그런데 이 결투의 배경이 바로 여주인공 타치아나의 명명일이다. 명명일 파티에 초대된 오네긴이 시인 렌스키의 약혼녀를 유혹한 것이 결투의 발단이 된 것이다. 러시아 문화에서 명명일은 그만큼 비중이 크다. 그러므로 러시아와 비즈니스를 할 때 한국 파트너가 러시아 파트너의 생일과 함께 명명일까지 챙긴다면 이제 사업의 승패는 걱정하지 않아도 될지 모른다.

19세기 러시아 귀족 파트너의 명명일에는 화려한 무도회가 있었지만 21세기 러시아 파트너의 명명일은 현대적인 댄스파티로 이어지는 경우가 많다.

다만 여전히 유지되는 한 가지 공통점은 주인공이 남자든 여자든 간에 그에게 줄 선물과 함께 반드시 꽃을 준비해야 한다는 것이다. 사회주의의 영향으로 이제는 자신이 태어난 날을 생일로 챙기는 경우도 많아졌지만 기본적으로 러시아인에게는 명명일이 곧 생일이며, 그만큼 러시아 사람들에게는 '이름'이라는 것이 소중하게 여겨진다는 사실을 기억할 필요가 있다.

한 나라의 문화를 이해하면 그들과 깊은 소통을 하게 되고 이는 사업 성공을 위한 중요한 기반이 될 수도 있다. 동서양을 넘나드는 독특한 문화를 가진 러시아인들과 문화적 교감을 나누기란 쉽지 않을지도 모른다. 러시아 비즈니스 파트너에게 먼저 '이름과 부칭'으로 다가가고 명명일이 언제냐고 물어보는 센스가 의외로 사업에 큰 도움이 될 것이다.

2

'붉은광장'이 붉지 않다

한국 사람들의 의식 속에서 러시아 하면 제일 먼저 연상되는 형용사는 어떤 것일까? 필자가 러시아 유학 시절 관찰한 바로는, 한국인들은 러시아를 방문하기 전에는 역사와 관련된 선입견 때문인지 '붉은'이라는 형용사를, 그러나 방문하여 눈으로 직접 확인한 뒤에는 '아름답다'라는 말을 가장 많이 되풀이했다. 공산주의를 상징하는 붉은광장의 강렬한 붉은색을 기대하고 온 사람들은 시베리아의 대자연, 크렘린과 정교 사원 등 잘 간직된 문화유산, 그리고 무엇보다 러시아 여성들의 매력에 푹 빠져 러시아어로 '아름답다'가 무엇이냐고 물어오곤 했다. 그러나 워낙 생소한 발음이라 금방들 잊어버리는 게 다반사였다. 그래서 필자는 대학 강의나 대중 강연에서 러시아어 비전공자들에게 러시아 문화를 강의할 때 러시아어로 '아름답다'를 절대 잊지 않도록 약간의 상상력을 발휘해 알려주곤 했다.

"솔로몬을 유혹했던 시바의 여왕이 환생하여 러시아를 정복하기 위해 러시아의 솔로몬이라 할 만한 표트르 대제를 방문합니다. 하루 종일 온갖 교태로 황제를 유혹한 후 드디어 밤이 되자 표트르의 침실에 슬그머니 들어온 시바의 여왕, 의미심장한 눈초리로 대제에게 최후의 결단을 묻습니다. '폐하, 불 끌까요?' 이미 정신이 혼미해진 표트르 대제는 이렇게 대답하지요. '끄라시바야!'"

러시아어로 아름답다는 말이 바로 '끄라시바야krasivaya'[2]이다. 그런데 이 '끄라시바야'라는 말은 단순한 형용사에 그치는 것이 아니라 러시아 문화의 정수를 이해하는 키워드이기도 하다.

'붉은' 것과 '아름다운' 것

우선 러시아 문화를 대표하는 장소인 모스크바의 붉은광장으로 가보자. 러시아 여행을 다녀온 사람이라면 대부분 붉은광장의 짙은 회색빛 돌바닥을 밟으면서 '붉은광장이 왜 붉지 않을까?' 하고 의문을 가졌던 기억이 있을 것이다. 사실 이러한 의문은 오역으로 인한 오해에서 비롯된 것이다. 붉은광장red square이라는 표현은 '아름다운'이라는 의미의 러시아 옛말을 잘못 번역했기 때문에 탄생한 표현이다. 붉은광장이란 말에서 '붉은'이라는 형용사는 러시아어 '끄라스나야'를 번역한 것이다. 이 형용사는 지금은 '붉은'이라는 뜻으로 사용되지만 이 광장의 이름으로 붙여질 당시만 해도 '붉은'이라는 뜻이 아니라 '아름다운'이라는 뜻으로 사용되었다. 즉 '끄라스나야'는 위에서 배운 아름답다는 뜻의 형용사 '끄라시바야'의 옛말 중 하나다. 그런데 현대에 와서 영어로 번역할 때 원뜻을 모른 채 지금의 의미인 '붉은'이란 뜻만 살리다 보니 이렇게 된 것이다. 결국 '붉은광장'은 정확히 번역하자면 '아름다운 광장'이다. 붉은광장이 붉지 않은 것은 당연하다.

---

2 외래어 표기법에 따르면 '크라시바야'이지만 '끄라시바야'가 원음에 더 가깝다.

그런데 왜 러시아어에서는 '아름다운'이라는 말과 '붉은'이라는 말이 혼용되는 것일까? 아름다움을 나타내는 '끄라시바야'와 '끄라스나야' 이 두 단어에 공통된 어근 '끄라스', 바로 여기에 그 이유, 나아가 러시아 문화의 뿌리가 숨어 있다. 사실 각 나라에서 미美를 표현하는 말에는 그 나라 특유의 문화적 특징이 담겨 있다. 유럽 사람들에게 아름답다는 표현인 뷰티beauty, 벨르belle는 그 어원상 'make happy', 곧 '만족하게 만들다'라는 의미다. 유럽인들에게 가장 아름다운 것이 행복한 상태라면 중국인들에게는 먹을 것이 많은 상태(羊+大)가, 한국인들에게는 '알다(知)' 혹은 '나(我)답다, 나와 같다', 즉 '내 가족처럼 친근한 것'이 아름다운 것이다.

러시아 말 '끄라스'는 어디서 유래했을까? 러시아어의 뿌리가 되는 인도유럽어에서 'k#r#s'(#은 모음 자리를 표시하는 언어학 기호)는 '불타다burning'라는 뜻이다. 불을 지피는 등유 케로신kerosene도 어근이 같다. 즉 러시아 사람들에게 아름다운 것은 '불타는 것'이다. 생각해보면 지극히 당연한 이야기다. 어둡고 추운 겨울이 긴 나라에 사는 사람들에게 짧은 여름의 '타오르는 불빛'이 얼마나 아름답게 보였을까? 그들에게 이 불빛은 생명을 상징하는, 그래서 가장 소중하고 아름다운 것이었다. 사실 러시아 문화의 모든 것이 이 '불태움'의 아름다움으로 가득 차 있다. 역설적이게도 통일신라의 금관에 영향을 주었던 스키타이의 찬란한 황금문화가 꽃피운 곳이 바로 가장 어둡고 추운 나라 러시아였다.

러시아의 고대 목조 가옥을 살펴보면 많지 않은 장식의 대부분이 둥근 태양의 모양을 반복하고 있다. 기독교를 받아들이기 이전의 러시아 사람들은 번개신과 태양신을 최고신으로 숭배하였고 지금도 남아 있는 가장 큰 민속행사인 봄맞이 축제 마슬레니차maslenitsa는 태양 모양의 둥근 팬케이크를 만들어 먹는 것으로 시작해 원 안에서 나무인형을 불태우는 것으로 끝난다. 고대 러시아인들이 부족장部族長과 이별하던 방법도 불태움 의례를 통한 순장이었다.

그런데 러시아인들이 서기 988년 번개신과 태양신을 버리고 드디어 '그리스 정교'를 받아들였다. 그러나 이 과정에서도 여전히 불빛은 중요한 의미를 띠었다. 러시아 역사서 《원초 연대기》에 따르면 러시아인들이 이슬람, 유대교, 로마 가톨릭을 외면하고 굳이 '그리스 정교'를 받아들인 이유는 단 한 가지, 비잔틴 제국의 소피아 성당을 방문한 러시아 사절이 성당 내부로 쏟아지는 아름다운 빛에 반해 마치 천국에 있는 것 같다고 느꼈기 때문이라고 한다. 지금 러시아 정교 성당을 방문해봐도 내부장식의 핵심이 외부로부터 들어오는 태양빛과 촛불, 그리고 이 불빛들에 상응하는 황금 틀의 성화임을 확인할 수 있다. 불빛에 대한 러시아 사람들의 사랑은 그리스 정교 수용 이후에도 계속된다. 독실한 정교 신자의 집을 방문하면 집 안의 한구석에 성화를 모셔놓고 그 앞에서 기도하는 모습을 볼 수 있는데 바로 이 구석은 빛이 가장 잘 비치는 쪽, 즉 태양이 뜨는 동쪽이다. 러시아 사람들은 이 구석을 '아름다운 구석krasny ugol'이라고 부른다. 물론 이 명칭도 영어권에서는 '붉은 구석red corner'이라고 잘못 번역하고 있다.

'불빛'을 사랑하는 민족

이와 같이 러시아인들의 미의식과 불빛은 떼어낼 수 없는 밀접한 관계인데 불빛의 가장 대표적인 색깔이 무엇인가? 적어도 러시아 사람들에게는 바로 붉은색, 불타는 태양의 이미지다. 러시아 사람들의 의식 속에서 붉음은 아름다움의 전형적인 상태였다. 급기야는 '아름답다'라는 의미를 지니는 형용사 중 하나가 '붉다'라는 형용사가 되었는데 그게 바로 붉은광장을 오역하게 만든 '끄라스나야'인 것이다. 그만큼 러시아 문화에서 붉은색은 매우 중요한 색깔이다.

우리가 곧잘 러시아 곳곳에서 만나는 붉은색이 빨갱이 즉 공산주의를 대변하는 색깔이라고 오해하곤 하지만 사실 그것은 빛과 생명의 색인 것이다. 러시아혁명에서 이 색깔이 전면에 나선 것도 전제 왕조의 죽음과도 같은 압정에서 벗어나 생명의 길로 가는 구원의 빛을 상징한다고 여겼기 때문이다. 붉은 깃발 또한 학살의 깃발이 아니라 또 다른 생명의 깃발이었다.

러시아혁명 이전에도 러시아 민속의상과 전통적인 나무인형의 주색은 붉은색이었고 사회주의가 무너진 현재 러시아 국가대표들의 유니폼을 꾸미는 색도 붉은색이다. 아름다운 샤라포바가 국가 대항 경기에 나갈 때 입는 옷에서도 강렬한 붉은색이 돋보인다. 이렇듯 붉은색은 과거뿐 아니라 현재 러시아인들의 의식 속에서도 여전히 가장 매력적인 색이며, 실제로 러시아 소비시장에 진출한 해외기업들은 마케팅에서 이 붉은색 효과를 톡톡히 보았다. 2010년 러시아 스마트폰 시장에서 약 40%를 장악했던 노키아 사가 실시한 설문조사에서 응답자의 무려 45% 이상이 붉은색을 선호하는 것으로 파악되었고 러시아 통신 전문 포털 사이트[3]에서는 붉은색 핸드폰이 러시아 여성들 사이에서 '압도적 인기를 누린다'라는 여론조사 결과를 발표했다.

붉은광장, 아니 아름다운 광장의 잿빛 돌바닥에서 조용히 눈을 들어 주변을 살펴보라. 과거의 제정 러시아에서도, 현재의 러시아에서도 변함없이 가장 중요한 건물인 크렘린이 온통 붉은 성벽으로 둘러싸인 것과 그 성벽 위에서 펄럭이는 러시아 삼색기가 붉은색으로 시작되는 것을 더욱 의미심장하게 바라보게 될 것이다. 아름다운 러시아, '끄라시바야 러시아'의 붉은광장은 그러므로 결국 '붉은' 광장이기도 하다.

---

3 〈http://www.cellguru.ru〉.

3

'러시아 정교'를 이해하면 러시아인이 보인다

덩치가 큰 편인 러시아 사람들에 대한 한국인들의 오해 중 하나가 말이 거칠다는 것이다. 어떤 사람들은 그 예로 일상에서 가장 많이 쓰는 '고맙다'라는 말조차 그 발음이 우리말로는 꼭 욕처럼 들린다고 한다. 러시아어로 고맙다는 말은 '스파시바(좀 더 원래 발음에 가까운 것은 '쓰빠씨바')'다. 정말 오해할 만하지만, 알고 보면 러시아 말만큼 종교적인 언어도 드물다. '고맙다'를 뜻하는 '스파시바'는 "구하소서(스파시)" (당신을) "신이여(바)"라는 축복의 말이다. 유럽에서 감사하다는 말에 '신'이 직접 언급되는 유일한 경우로 꼽힐 정도로 러시아어는 매우 종교적이다.

또 러시아 글자를 처음 보는 사람들은 대개 고개를 절레절레 흔들면서 러시아 알파벳은 왜 이렇게 복잡하게 생겼을까 의아해한다. 오죽하면 알파벳을 러시아로 가져가던 러시아 사람이 보드카에 취해 그만 땅에 떨어뜨리는 바람에 글자가 깨져 이렇게 되었다는 우스갯소리가 있을 정도다. 우리에게는 생소한 러시아 알파벳을 좀 더 자세히 살펴보면 중고등학교 수학 시간에 보았던 그리스 수학 기호에 가깝다는 것을 알 수 있다. 델타와 파이가 그 대표적인 예다. 발음상으로 델타Д는 영어의 D, 파이Ф는 F에 해당한다. 이것만 알아도 러시아어 단어를 적어도 두 개는 읽을 수 있다. КОД는 영어의 '코드CODE', КАФЕ는 영어의 '카페CAFE'를 뜻하는 러시아 단어들이다.

이와 같이 러시아어는 우리에게 익숙한 영어와 달리 로마 문자가 아니라 그리스 문자에 기초해서 만들어졌다. 그 이유는 무엇일까? 그것은 러시아 문자가 그리스 정교를 러시아에 전한 그리스 정교 신부들에 의해 만들어졌기 때문이다. 그들의 이름이 '키릴'과 '메포지'였기 때문에 러시아 알파벳을 키릴문자라고 부른다. 러시아의 말이 그렇듯 그 문자도 알고 보면 매우 종교적인 글자인 것이다.

일상에 뿌리내린 러시아 정교

이렇듯 정교는 러시아 사람들의 말과 문자에 깊이 내재해 있는데, 러시아 사람들은 왜 하필이면 그리스 정교를 받아들였을까? 이와 관련해 재밌는 일화가 있다. 우리나라의 고려 초기에 해당하는 988년 러시아의 지도자 블라디미르 대공은 기존의 다신교보다는 유일신 종교가 국가 통치에 더 도움이 된다고 생각했다. 그래서 다른 국가들의 유일신 종교인 천주교, 유대교, 이슬람교, 그리스 정교 중 하나를 선택하기 위해 특사를 파견한다.

우선 독일의 천주교인들을 찾아간 러시아 사절은 "너희는 나무를 숭배하는 무지몽매한 자들이구나"라는 비아냥거림에 화가 나 그냥 돌아왔다. 당시까지만 해도 러시아인들이 주로 나무로 신상을 만든 점을 조롱한 것이다. 유대인들을 찾아간 러시아 사절은 숭배하는 신에게 오히려 쫓겨 다니는 그들의 모습에 실망하고 돌아온다. 이슬람 신도들을 찾아간 러시아 사절의 사정은 조금 달랐다. 무엇보다 아내를 마음껏 가질 수 있다는 점이 무척 마음에 들었다. 사실 블라디미르 대공은 이미 전국에 약 300명이 넘는 아내를 거느리고 있었다. 그러나 이슬람교에는 러시아 사람들이 수용하기 힘든 큰 결격 사유가 있었다. 우선 러시아 사람들이 그리도 좋아하는 술을 못 먹게 했다. 돼지고기도 못 먹을 뿐 아니라 남자가 태어나면 할례를 시킨다니 도저히 받아들일 수 없었다. 이 두 조건이 없었다면 지금 러시아는 어쩌면 이슬람 국가가 되어 세계의 판도를 바꾸었을지도 모른다.

그렇다면 비잔틴 제국의 수도 콘스탄티노플의 소피아 성당으로 간 러시아 사절은 어떻게 됐을까? 앞 장에서 언급했듯 당시 세상에서 가장 아름다운 건물이라 평가받던 소피아 성당에서 거행되는 장엄한 그리스 정교 의식에 참여한 러시아 사절단은 마치 천국에 온 것 같은 그 아름다움에 흠뻑 빠져 그리스 정교를 국교로 선택했다. 물론 이 이야기는 정사正史라기보다는 야사野史에 가깝다. 이 야사가 러시아인의 문화적 성향을 잘 보여준다는 장점은 있으나, 사실 이들이 정교를 국교를 선택한 데는 보다 현실적인 이유가 작용했다.

당시의 비잔틴 제국은 476년 서로마 제국 멸망 이후 동프랑크와 서프랑크 등으로 분열되어 힘이 약화된 서유럽과 달리 유럽에서 가장 강력한 제국이었고 지리적으로도 러시아와 가까워 중요한 교역국이었다. 블라디미르 대공은 이 강력한 제국과의 연대를 굳건히 하고자 비잔틴 제국의 공주 안나와 결혼하면서 그리스 정교도 함께 받아들였던 것이다.

소련 정부의 탄압을 이겨낸 러시아 정교의 힘

이렇게 받아들인 그리스 정교는 러시아 정교로 토착화되어 1453년 비잔틴 제국이 멸망한 뒤에도 지금까지 천 년이 넘도록 면면히 이어져오고 있다. 2014년 한 설문조사[4]에서 아직도 러시아 사람의 68%가 정교 신자인 것으로 나타났다. 약 70년간 무신론을 주장하는 사회주의 국가였음을 감안한다면 러시아인들에게 정교의 뿌리가 얼마나 깊은지 새삼 느끼게 된다.

사회주의 시대 소련 정부의 러시아 정교 박해는 상상을 초월할 정도였다. 특히 러시아혁명이 있었던 1917년 한 해에만 5만 5,000여 개 교회 중 5만 4,174개의 교회가 사라졌다. 그나마 살아남았던 국보급 교회들마저 1930년대에 희대의 폭군 스탈린에 의해 대부분 파괴되었다. 대표적 예가 러시아에서 가장 큰 교회였던 모스크바의 구세주 성당이다. 이 교회는 1812년 러시아 로마노프 왕조가 나폴레옹을 물리친 것을 기념하여 1860년에 완공했다. 높이 103.5m에 7,200명까지 수용 가능한 이 교회는 1931년 처참하게 폭파되었다. 소련 정부는 이 자리에 어처구니없게도 야외수영장을 만들었고 이것은 1991년 소련 붕괴 이후까지 잔존했다. 다행히도 페레스트로이카 이후 복원운동이 일어나 드디어 2000년에 이 교회는 본래 자리에 본래 모습대로 재등장했다. 70년간의 기나긴 악몽이 끝나는 순간이었다. 이 교회는 현재 다시금 러시아 정교의 중심 역할을 하고 있으며, 러시아의 제1대 대통령 옐친과 세계적인 첼리스트 로스트로포비치의 장례식이 여기서 거행되었다.

이 교회의 부활과 함께 러시아 정교도 부활했는데, 그 긴긴 탄압의 겨울을 이겨내고 부활한 러시아 정교의 힘은 과연 어디에 있을까? 무엇보다 가장 길고 추운 겨울을 보내야 하는 러시아인들의 몸과 마음 깊이 체화된 신앙심 덕분일 것이다. 러시아인들이 한겨울 영하 30도 이하의 꽁꽁 언 강물에 옷을 벗고 뛰어드는 유튜브 동영상을 많이 볼 수 있는데, 심지어 어린아이를 안아 물에 입수시키는 경우도 있다. 사회주의 시대에도 지금도 러시아에서는 일상이 된 이 풍경은 러시아 정교의 세례의식에서 연유한다. 하루에

---

4 러시아 여론조사 기관 FOM의 조사 결과.

소련의 종교 탄압 역사를
보여주는
모스크바 구세주 성당.
© Alvesgaspar

도 몇 번씩 반복되는 말 '스파시바'에 담긴 정교의 뿌리에서 알 수 있듯 러시아 정교에 대한 이해는 러시아인을 이해하는 지름길이다.

러시아 정교의 성가는 왜 아카펠라일까?

러시아 정교를 이해하기 위해 반드시 해야 할 일 중 하나가 정교 교회를 직접 방문하여 성가 합창을 듣는 것이다. 마치 교회의 둥근 지붕에서 내려오는 빛줄기를 타고 다시 하늘로 올라가는 듯 아름답고 성스러운 선율이 마음속에 깊은 여운을 남길 것이다. 아름다운 러시아 성가가 일반 음악이나 다른 교회음악과 구별되는 가장 큰 특징은 아카펠라, 즉 무반주 음악이라는 점이다. 그리고 이것은 러시아 정교의 본질을 가장 잘 드러내는 요소이기도 하다. 악기를 사용하지 않는 이유는 불완전한 인간의 제2차 창조를 최소화하기 위해서다. 인간이 만들어낸 악기의 개입 없이 신이 직접 창조한, 세상에서 가장 아름답고 신성한 소리인 인간의 목소리로만 신을 찬양해야 한다는 것이다. 따라서 천주교회나 개신교회에서 듣게 되는 오르간이나 피아노 소리가 러시아 정교에서는 있을 수 없다.

이와 같이 인간의 인위적 개입을 최소화하려는 경향은 러시아 정교의 핵심 교리에도 반영되어 있다. 수묵화 기법 중에 '홍운탁월烘雲托月'이라는 것이 있다. 달을 그릴 때 달을 직접 그리기보다는 달을 둘러싼 구름을 그려 그 빈자리의 하얀 달을 드러내는 방법이다. 즉 달이 아닌 것들을 드러냄으로써 결과적으로 달이 어떤 것인지 알아가는 매우 동양적인 인식론의 한 표현방식이다. 어떤 대상을 알기 위해 그 대상을 직접 규정하기보다는 그 대상이 아닌 것들을 찾아내면서 그 대상의 본질에 점점 가까이 접근해가는 이러한 방법론은 인간이성은 불완전하다는 인식에 근거한다. 러시아 정교에서는 불완전한 이성이 '신'을 직접 규정할 수 없기에 '신이 아닌 것'을 먼저 드러내 점진적으로 '신'의 본질에 접근해가야 한다고 주장한다. 이러한 동방정교의 신학을 '부정신학negative theology'이라고 하며, 이와 반대로 서유럽 가톨릭의 신학은 '긍정신학affirmative theology'에 근거한다. 흔히들 러시아, 그리고 정교의 본산인 비잔틴 제국이 동양의 영향을 많이 받았다고 하는데, 여기서도 그 점을 느낄 수 있다.

러시아 정교 교리의 고유한 특징

인간적 요소에 대한 부정적 입장은 특유의 성삼위일체론에도 반영되었다. 성령에 대한 성부와 성자의 관계에 대해 러시아 정교는 가톨릭교회와는 다른 해석을 내린다. 가톨릭교회에서는 "성부와 성자 모두 성령을 유출할 수 있다"라고 주장하는데, 이는 그리스어 성경을 로마 교회가 라틴어로 번역할 때 추가한 말 '필리오케Filióque', 즉 '성자에게서'라는 말에서 유래한 것이다. 그러나 러시아 정교는 그리스어 원본에 충실하여 이 말을 부정한다. 성령은 오직 성부에게서만 나오며 성자는 성부와 성령을 매개하는 역할을 할 뿐이라는 것이다. 성자 역시 신이지만 어디까지나 성부에 의해 탄생한 '신인神人'으로서 불완전한 인간의 속성도 가지고 있기 때문에 성부와 같을 수 없다는 논리가 저변에 깔려 있다.

세계적으로 유명한 15세기 러시아의 성화, 안드레이 루블료프Andrei Rublev의 〈성삼위일체〉는 이러한 의미를 잘 반영하고 있다. 언뜻 성부, 성자, 성령이 비슷한 모습을 취하여 서로 동격임을 나타내는 것 같지만 자세히 들여다보면 가운데와 오른쪽에 있는 성자와 성령 모두 왼쪽의 성부에게 고개를 숙여 경의를 표하고 있다.

역시 같은 맥락에서 러시아 정교는 성모 마리아에 대한 해석에서도 가톨릭교회와 차이를 보인다. 천주교에서는 성모 마리아가 잉태된 순간에 '원죄

안드레이 루블료프.
〈성삼위일체〉.
1410년경.
트레티야코프 미술관.

사함'을 받아 '원죄 없는 잉태(무염시태)'를 했다고 주장한다. 그러나 러시아 정교에서는 성모 마리아 역시 다른 모든 인간과 마찬가지로 인간과 인간 사이에서 잉태되었기 때문에 원죄를 안고 태어났으며 죽음으로부터 자유로울 수 없다고 주장한다. 러시아 정교는 오히려 '인간 어머니'로서 성모 마리아의 역할을 강조한다. 자식을 사랑하고 무한히 용서해주는 자애로운 어머니로서 성모 마리아의 역할은 기독교를 받아들이기 전 러시아인들이 경배하던 '대지의 어머니 신' 역할에 가깝다. 러시아 성화에서만 볼 수 있는, 아기 예수의 볼에 얼굴을 비비고 있는 슬픈 어머니의 모습은 러시아 정교의 특징을 잘 나타낸다. 이런 구도의 성화를 러시아인들은 아들에 대한 어머니의 깊은 연민을 보여준다는 의미에서 '우밀레니예' 즉 '자애'의 성모 성화라고 부른다.

교회 수장의 절대권을 부정

이제 러시아 정교와 로마 가톨릭의 가장 큰 차이점을 보자. 그것은 바로 교부, 즉 로마 교황이나 러시아 총대주교의 권한에 대한 입장 차이이다. 로마 교회에서는 교황의 절대권과 '무오류설'을 주장한다. 한마디로 교황의 결정에는 오류가 있을 수 없으며 교회의 모든 문제에 대하여 절대권을 행사할 수 있다고 규정한다. 그러나 러시아 정교에서는 교황도 인간이기에 오류를 범할 수 있으며 절대권을 행사할 수 없다고 규정한다.

로마 가톨릭에서는 교회 내부의 모든 논란에 대한 최종 결론을 교황이 내릴 수 있으며 그 결론에 무조건 따라야 하지만 러시아 정교에서는 총대주교의 의견이 큰 영향력을 가지긴 해도 무조건 따라야 하는 최종 심급은 아니다. 최종 심급은 오직 신에게만 있기 때문에 논쟁이 계속될 수 있는 여지를 항상 남긴다. 물론 이 차이로 인해 로마 가톨릭보다 러시아 정교가 세속적 정치권력에 훨씬 순종적이라는 역사적·정치적 한계가 있었다는 사실 역시

간과할 수 없다. 그러나 이러한 생각은 어디까지나 인간 및 인간이성에 의한 왜곡을 최소화하려는 러시아 정교 특유의 신학 사상에서 비롯된 것이다.

그렇다고 해서 러시아 정교가 완전히 반인간적인 것은 아니다. 인간과 그 이성에 의한 왜곡을 최소화하려는 반면 무반주 성가 아카펠라의 예에서 볼 수 있듯이 신의 창조물로서 인간의 행위를 부정하지는 않는다. 오히려 장려하는 편이다. 특히 러시아 정교에서는 인간이 만들어내는 '시각적 이미지'를 매우 중시한다. 보이지 않는 신을 보이게 만드는 이미지 창조 행위는 신과 인간의 교감, 신앙의 전파라는 측면에서 러시아 정교에서 매우 중요하게 여겨진다. 그 대표적 예가 바로 성상화, 이콘icon이다. 인간의 육신을 통해 신이 지상에 강림한 것처럼, 인간의 손을 통해 신이 인간 앞에 현현하는 것이 바로 이콘이다. 많은 사람이 천주교 성당과는 달리 이콘으로 가득 찬 러시아 정교 교회의 아름다움에 매료된 기억이 있을 것이다.

러시아 교회를 방문한 경험을 가진 한국인들이 필자에게 가장 많이 던지는 질문 중 하나가 러시아 교회의 십자가는 왜 이리 복잡하게 생겼느냐 하는 것이다. 이 또한 시각적 이미지를 강조하는 러시아 정교의 특징에서 비롯된다. 러시아 교회의 십자가는 예수가 십자가에 못 박힌 장면과 그 상징성을 최대한 정확히 시각화한 모습이다. 로마에서 십자가형은 본래 정치적 반역자에게 내리는 형벌이었고 집행 시 십자가의 맨 위에 죄명을 표시하는 명판을 부착했다. 예수의 경우, '나사렛 예수 유대의 왕(INRI)'이라는 명판이 머리 위에 걸렸다. 그리고 성경에 따르면, 예수가 죽기 전 예수의 오른쪽에 있던 강도는 회개하고 구원을 받아 천국으로 갔으나 왼쪽 강도는 회개하지 않아 지옥으로 갔다. 러시아 정교 십자가의 아래쪽에 보이는 사선, 즉 십자가 중심의 왼쪽(감상자의 시점에서는 오른쪽)에서 오른쪽으로 올라간 막대 부분은 이 일화를 상징한다.

십자가에 못 박힌 예수와 그 상징성을 시각화한 러시아 정교 교회의 십자가.

러시아인들의 마음속으로 들어가는 첫 번째 관문

정교와 가톨릭이 유사하면서도 이런 차이를 보이는 것을 접하고 많은 한국인은 정통 가톨릭에서 정교가 분리되어 나오면서 생긴 현상으로 이해하지만 이는 역사에 대한 무지에서 비롯된 오해다. 1054년 동방 교회와 서방 교회가 분리되기 전에는 하나의 기독교가 존재했지만 그것이 곧 지금의 가톨릭교회를 가리키지는 않았다. 가톨릭이란 말은 고대 그리스어 카톨리코스 καθολικός, katholikos에서 온 말로 '모두를 포함하는 보편적인 것'을 뜻한다. 2세기 안티오키아 교회의 한 주교가 기독교를 유대교 등 다른 종교로부터 분리하기 위해 처음 사용한 말이지만 동방과 서방의 교회 분리 이전에는 기독교를 대표하는 공식적 수사로 쓰이지 않았다. 그리고 당시 기독교의 중심지는 서유럽이라기보다는 오히려 동쪽 비잔틴 제국의 수도 콘스탄티노플이었다. 다만 우상 숭배 등 교리 논쟁과 이보다 더 심각한 현실 정치권력의 갈등에 의해 로마 중심의 서방 교회와 콘스탄티노플 중심의 동방 교회가 대등하게 분리되었을 뿐이다. 분리 이후 서방 교회는 동방 교회와 구별하기 위해 '가톨릭'이라는 말을 사용하기 시작했고 동방 교회는 자신들이야말로 초대 교회로부터 이어진 정통 기독교임을 강조하기 위해 '올바른, 정통의'라는 뜻의 그리스어 오소독스ορθόδοξη, othodox를 사용했다. 러시아 정교는 988년 이 동방 정교를 받아들인 이후 1453년 동로마가 이슬람에 의해 무너진 후부터 500년 이상 서유럽 및 로마 가톨릭과 대립하며 동방 교회의 가장 노릇을 도맡았다.

러시아인들이 유럽인들보다 비이성적이며 동양적이라고 이야기하는 한 가지 이유는 이처럼 러시아 정교의 뿌리가 동방 정교에 있기 때문이다. 19세기 러시아의 유명한 시인 추체프는 "이성으로 러시아를 이해할 수 없으며 오직 믿을 수밖에 없다"라는 유명한 시구를 남기기도 했다. 러시아인들의 이 같은 정신세계를 관통하는 러시아 문화의 고갱이가 바로 부정신학에 기초하는 러시아 정교인 것이다. 또한 이른바 '비이성적인 정신세계'가 러시아인들의 시각 이미지 중심의 미학과 만나면서 지구상에서 가장 아름다운 교회와 이콘을 만들어냈다. "아름다움이 세상을 구원하리라"라는 명구가 아름다운 이콘과 십자가의 신성한 힘을 죽는 순간까지 믿었던 러시아 대문호 도스토옙스키의 입에서 나온 것은 어쩌면 지극히 자연스러운 일이다. 러시아 정교는 비이성적이면서도 지극히 인간적이고 동시에 너무나 미학적인 러시아인들의 마음으로 들어가는 첫 번째 관문이다.

4

'양파형 지붕'에 숨어 있는 러시아의 저력

러시아를 방문하는 사람이라면 누구나 감탄해 마지않으며 궁금해하는 것으로, 마치 동화의 나라 혹은 《아라비안나이트》 속으로 들어온 듯한 착각을 일으키는 양파형 지붕들이 있다. 이 아름다운 지붕들은 대체 어디에서 왔을까? 관광객 대부분이 아랍 건축을 모방한 것이겠거니 하고 막연히 짐작한다. 그러나 결론부터 말하자면, 이 양파형 지붕들은 2,000년이 넘는 유럽의 석조건축 문화가 러시아의 소박한 목조건축 문화를 만나 화려한 꽃을 피운 결과다.

파르테논 신전의 약점을 극복한 펜던티브 돔

잠시 속성으로나마 유럽 건축사를 훑어보자. 우선 기원전 5세기 그리스의 파르테논 신전을 보자. 백색 대리석으로 세워진 이 위대한 건축물에는 큰 약점이 하나 있었다. 넓은 평면 지붕이 무너지지 않도록 많은 기둥을 받쳐야 했고 따라서 기둥에 방해받지 않는 넓은 실내 공간을 만들 수가 없었다. 이

파르테논 신전.
© Mountain

세계 최초의 돔형 건물인 판테온.
© Keith Yahl

문제를 해결한 것은 그로부터 무려 700년이 지난 서기 2세기의 일로, 로마에 판테온이 세워지면서다. 로마인들은 자신들이 최초로 제조한 콘크리트 벽돌로 세계에서 처음으로 돔형 지붕을 얹었다. 벽돌들이 경사를 유지하며 이어지는 이 둥근 지붕은, 기존의 평면 지붕에서는 아래로 수직 하강했을 무게의 부하가 비스듬히 옆으로 비껴가도록 만들어져 지붕 바로 아래 곳곳에 굳이 기둥을 설치하지 않아도 되는 구조다. 덕분에 넓은 실내 공간이 만들어질 수 있게 되었다.

그러나 아직 이건 지붕이라기보다 전체가 통째로 반구 형태인 돔형 건물에 불과했다. 둥근 돔의 원둘레 곳곳에 공평하게 여러 신을 모시는 만신전으로는 적합했지만 유일신을 모시는 기독교에 적합한 건축 형태는 아니었다. 로마가 기독교를 국교로 인정한 다음에는 하나의 제단을 건물 끝에 세울 수 있도록 사각형의 넓은 내부 구조가 필요했다. 게다가 반구 형태만으로는 실내 공간을 무한정 확장할 수 없다는 기술적인 문제도 발생했다. 서로마에서는 이를 긴 장방형의 바실리카형 건물로 해결하는 대신 돔형 지붕은 포기했다. 그 결과 서유럽에서는 육중하면서도 섬세한 고딕 양식의 성당들이 탄생했다.

반면에 동로마에서는 둥근 돔을 포기하지 않았고 마침내 넓은 실내 공간을 만드는 방법을 찾아냈다. 넓은 사각형의 건물 본체 위에 둥근 지붕인 돔을 결합시키는 방식이었다. 이를 건축 용어로 펜던티브 돔이라고 하는데, 원리는 생각보다 간단하다. 우선 반구체를 그보다 약간 작은 정육방체 위에 올려놓는다. 그리고 정육방체의 윗면을 벗어나는 반구체의 네 측면을 정육방체의 수직 4면을 따라 수직으로 잘라낸다. 그 다음 반구체의 윗부분을 이 잘라낸 네 개의 수직면의 상단 끝점에 맞추어 수평으로 잘라낸다. 그 결과 반구체의 아랫면은 정육방체의 윗면과 합치하고 윗면은 둥근 원형으로 남아 여기에 돔형의 둥근 지붕을 추가로 올리기만 하면 된다. 옆면과 윗면이 잘려나가고 남은 반구체의 모양이 삼각형의 돛 네 개가 거꾸로 합쳐진 모양이라 이것을 펜던티브(돛)라고 부르는 것이다.

이 펜던티브의 도움으로 정사각형 형태의 넓은 실내 공간과 둥근 돔 지붕을 결합할 수 있게 되었다. 비잔틴 제국의 수도 콘스탄티노플(지금의 이스탄불)에 있는 소피아 성당이 바로 이런 공법으로 탄생한 건축물이다. 6세기 초반에 지어진 이 소피아 성당의 건축적 파장은 온 세계로 퍼져나가, 유럽에서는 피렌체 대성당에 이어 로마 베드로 성당이 만들어졌으며 이슬람 문화권에서는 모스크의 대형 돔이 등장한다. 그러나 이 펜던티브 돔 형태는 소피아 성당 이후 약 1,000년간 사실상 기술적·미학적 발전을 이루지 못하고 답보 상태에 빠졌다. 르네상스 시대에 펜던티브와 둥근 돔 사이에 등장한 드럼 모양 창틀이 사실상 1,000년 진화의 전부라고 볼 수 있다. 유럽 석조건축의 결정체인 돔 지붕은 그 육중하고 단순한 반구 형태를 아주 오랫동안 유지했다.

유럽의 돔 양식을 혁신한 러시아

이 돔의 기술적·미학적 변화는 전혀 예상치 못한 곳에서 준비되고 있었다. 석조 문화가 아니라 목조 문화라는 이유로 유럽인들로부터 무시당하던 러시아가 바로 그 주인공이었다. 10세기 말 러시아 사람들이 유일신 종교를 찾아 독일 가톨릭교회를 방문했을 때 독일 사람들은 나무를 믿는 야만족이라면서 러시아인을 멸시했었다. 그런데 러시아인들도 988년 비잔티움의 그리스 정교를 받아들이면서 유럽의 석조건축을 모방하기 시작했다. 콘스탄티노플의 소피아 성당과 똑같은 이름의 석조 성당들이 러시아 곳곳에 세워졌다. 그런데 이 "야만적인" 러시아인들에게는 스스로도 인식하지 못하던 높

펜던티브 돔 양식의
대표 건축물로 꼽히는
소피아 성당.

은 미적 감각과 건축 기술이 있었다. 15세기 유럽의 석조건축을 주도하던 이탈리아의 유명한 건축가 알베르티 피오라반티가 모스크바 크렘린에 석조 교회를 지어달라는 러시아 대공 이반 3세의 요청을 받았다. 그런데 피오라반티가 건축 설계에 앞서 우선 러시아 장인들이 기존에 지어놓은 석조 교회의 문제점을 살피러 갔다가 깜짝 놀라 오히려 이를 모방하기로 결심했다는 이야기는 유명하다.[5]

유럽인은 대체 무엇에 놀란 것일까? 그들이 놀란 러시아 석조건축의 미감과 기술은 역설적이게도 그동안 유럽인이 무시해왔던 러시아의 목조건축에서 기원한 것이었다. 당시 러시아 건축 장인들은 못을 전혀 쓰지 않고 대규모 목조가옥을 지을 정도로 뛰어난 목조기술을 보유하고 있었다. 이 목조건축술로 러시아 장인들은 자신들이 모방했던, 그러나 어느 때부터인가 답보상태에 있던 유럽의 석조 돔 건축에 새로운 생명을 불어넣은 것이다.

러시아가 한창 전쟁을 치르며 영토를 확장하던 15세기에는 석조 돔의 단순한 선을 살짝 손대 투구 모양으로 바꾸었다. 그 이후 점차 기교의 강도를 올리다가 결국 16세기부터는 아예 건물 하단 본체로부터 길고 가느다란 목 모양으로 빠져나온 기둥 위에 기존의 반구 형태를 거의 벗어난 완전한 구형, 즉 양파 모양을 한 돔이 등장하기 시작했다. 이게 가능했던 것은 육중한 석조를 다루는 기술에 얽매이지 않고 가볍고 유연한 목조건축의 역학을 석조건축에 적용한 덕분이다. 유럽 건축가들에게 육중한 석조 돔을 가늘고 긴 기둥으로 받치는 것은 결코 상상할 수 없는 일이었다.

유럽과 달리 종교행위 자체를 시각예술적 관점으로 이해하는 문화적 특

---

5 이 과정을 거쳐 1479년에 완공된 교회가 지금도 크렘린 한복판에 자리 잡고 있는 우스펜스키(성모승천) 사원으로 15세기 이탈리아 석조건축과 러시아의 목조건축이 절묘한 조화를 이루는 것이 백미다.

1643년 러시아 무롬 시에 세워진 성삼위일체교회.
양파형 돔 모양을 확인할 수 있다.
ⓒ XPEH13

성도 이러한 변형에 한몫했다. 양파 모양으로 보이는 그 지붕은 사실 촛불을 형상화한 것으로 러시아 정교 신자들이 신에게 올리는 기도를 시각적으로 표현한 것이다. 또한 폭설이 잦은 러시아에서 돔에 눈이 쌓이지 않게 하는 효과까지 건축학적으로 치밀하게 고려한 것이었다. 러시아 사람들의 미적 감각과 신앙 그리고 풍토와 기후라는 러시아적 조건이 모방과 수용의 대상이던 유럽 석조건축에 생명력을 부여해 이젠 거꾸로 유럽인들이 러시아 교회의 아름다운 돔 양식에 감명하고 그것을 모방하게 되었다.

1946년 미국의 인류학자 루스 베네딕트Ruth Benedict가 일본 문화를 '국화와 칼'이라는 두 단어로 정리했다면, 미국의 역사가 제임스 빌링턴James Billington은 1966년 러시아 문화를 '이콘과 도끼'로 정리했다. 비잔틴 제국에서는 돌과 유리 모자이크로 이콘을 만든 반면 이를 직수입한 러시아인들은 주로 나무로 성화를 만들었고, 오늘날 이 성화는 기독교 성상화 중 최고의 예술성을 인정받고 있다. 러시아인들은 못 하나 없이 오직 도끼 하나로 집과 교회를 지었으며 이는 한때 유럽인들에게 경멸의 대상이기도 했다. 그러나 러시아인들은 유럽의 앞선 석조건축을 받아들인 다음 마치 도끼로 나무를 깎듯이 어느 민족도 흉내 낼 수 없는 양파형 석조 돔을 만들어냈다. 러시아인들의 이러한 문화적 뚝심은 오늘날 우리 문화가 나아가야 할 길이 무엇인지와 관련해서도 시사점을 던져준다. "가장 민족적인 것이 가장 세계적이다"라고 말한 괴테의 말을 기억해야 할 때다.

5

'보드카'와 러시아의 주도(酒道)

"보리스 옐친 전 러시아 대통령이 1995년 미-러 정상회담을 위해 워싱턴을 방문했을 때 백악관 앞 길거리인 펜실베이니아 애비뉴에 팬티 바람으로 서서 택시를 부르고 있는 남자를 발견하고 대통령 경호실 비밀경찰국Secret Service 요원이 다가갔다. 가까이 보니 그 남자는 다름 아닌 옐친 대통령이었다. 당시 옐친은 술에 만취한 상태였다. 비밀경찰국 요원이 '여기서 뭐하고 계십니까?'라고 묻자 혀 꼬인 소리로 '피자가 먹고 싶어서…'라고 중얼거렸다. 이 같은 사실은 빌 클린턴 전 미국 대통령이 작가 테일러 브랜치에게 녹음테이프로 털어놓은 백악관 비화에서 뒤늦게 공개됐다."[6]

러시아인은 글로벌 대표 주당

러시아 연방 제1대 대통령 옐친의 취중 실수 에피소드는 워낙 많아 일일이

6 "옐친, 술 취해 백악관 앞 골목에 팬티 차림으로 서 있다가…" (2009. 9. 23). 《중앙일보》.

열거하기 힘들 정도다. 그 덕분에 러시아인들의 음주문화가 세계만방에 알려지게 되었다. 세계보건기구WHO가 2014년 5월에 발표한 〈술과 건강에 대한 세계 현황 보고서 2014〉에 따르면 1인당 연간 알코올 섭취량 기준 국가별 순위는 다음과 같다.

1. 벨라루스(17.5*l*)
2. 몰도바(16.8*l*)
3. 리투아니아(15.4*l*)
4. 러시아(15.1*l*)
5. 루마니아(14.4*l*)
6. 우크라이나(13.9*l*)

여기서 러시아는 4위를 차지하지만 벨라루스인(1위)과 우크라이나인(6위)이 사실상 러시아인과 인종적 차이가 거의 없고 이 두 국가에 여전히 많은 러시아인이 살고 있음을 감안한다면 세계 주당문화는 러시아인들이 꽉 잡고 있다고 해도 과언은 아니다. 2005년 세계보건기구 통계로는 러시아인들이 연간 15.76*l*를 마시는 것으로 나왔지만(세계 평균 6.2*l*), 2009년 러시아 정부 자체 조사[7]에서는 18*l*가 넘는 것으로 나왔을 뿐 아니라 공식 통계에 잡히지 않는 밀주가 44%를 넘었다.

2010년 러시아의 유명한 유전자 연구소[8]에서 러시아인의 유전자 판독을 완료했는데 여기서 알코올과 관련해 아주 재밌는 결과가 나왔다. 러시아 사

---

7 러시아 보건부의 조사.
8 쿠르차톱스키 연구소(2010년 1월 25일 자료).

람들에게는 알코올 분해 효소를 만드는 데히드로게나아제dehydrogenase라는 탈수소효소가 더 많은 것으로 판명되었다. 러시아 사람들이 추위를 견디려고 독한 보드카를 마시는 줄만 알았는데, 체질적으로도 술이 잘 받는 민족이었던 것이다.

보드카의 도수는 왜 40도일까?

러시아의 국민주 보드카vodka는 어떤 술일까? 먼저 어원을 따져보자면 '보드카'는 '작은 물'이라는 뜻으로, 오랫동안 러시아인들 사이에서는 '생명의 물'이라고 불렸다. 왜냐하면 이 물이 아라비아에서 처음 만들어졌을 때 부상 치료약으로 사용되었기 때문이다. 이탈리아 제노바인들은 그 비법을 전수받아 독점했지만 14세기 말 이를 손에 넣은 러시아인들은 알코올 농도를 대폭 올리고 대중화해 러시아 민속주로 탈바꿈시켰다. 당시에는 도수가 80도를 넘는 경우가 많아 유럽인들이 이를 맛보고 "넋이 빠지고 눈에서 불이 난다"라고 표현했다고 전해진다.

우리가 양주라고 부르는 럼, 브랜디, 위스키 등은 일반증류법distillation, 즉 한 차례의 증류로 만들어진다. 그러나 보드카는 연속증류법rectification, 즉 다단계 증류에 의해 비등점이 다양한 불순물들이 순차적으로 제거된 후 자작나무 숯(활성탄소)으로 다시 한 번 여과시켜 만들어지는 매우 순도 높은 무색·무미·무취의 알코올이다. 처음에는 주로 호밀을 원료로 사용했지만 19세기 말 대량생산에 들어가면서 원가가 좀 더 싸고 가공도 더 쉬운 밀이 사용되기 시작했다. 현재 생산되는 대부분의 러시아 보드카와 우리에게 익숙한 미국의 스미노프Smirnoff, 스웨덴의 앱설루트Absolute 등이 모두 밀로 만들어진다. 보다 저가의 보드카는 감자를 원료로 사용하기도 한다. 따라서 옛날의 진짜 보드카를 맛보려면 호밀을 재료로 쓰는 80도가 넘는 러시아 밀주를 구하는 수밖에 없다.

그런데 왜 현재 모든 보드카 도수는 40도로 맞추어져 있을까? 이와 관련해 매우 흥미로운 고소 사건이 2011년 9월 모스크바에서 벌어졌다. 당시 러시아 보드카 시장점유율 1위를 달리던 고급 보드카 '러시안 스탠더드'의 상표에 있는 문안이 허위 광고라는 소비자권리보호협회의 고소 사건이었다. 고소 내용은 "원소 주기율표의 창안자로, 세계적으로 유명한 러시아 화학자 멘델레예프가 만든 40도의 고급 보드카 제조법에 따라 만든 제품"이라는 문안이 허위 사실이라는 것이었다. 그때까지 대부분의 러시아 사람들은 '물과 알코올 합성'에 관한 멘델레예프의 1865년 박사 논문에서 몸에 가장 무해한 알코올 도수가 40도라는 사실이 규명되자 러시아 황실이 공식적으로 보드카의 도수를 40도로 고정시켰다고 믿고 있었다. 그러나 결과적으로 이는 사실 무근인 것으로 판명되었다. 정확한 연도 비교 결과, 황실에서 도수를 40도로 규정했을 때 멘델레예프의 나이는 겨우 9세에 불과했고 성인이 되어 쓴 박사 논문도 주로 70도 이상의 알코올에 대한 것이었다. 결국 '러시안 스탠더드' 사가 자사 제품의 정통성을 과장하기 위해 허위 내용을 유포한 셈이 되었다.

사실 보드카가 40도인 진짜 이유는 과학적 사실과는 무관하다. 과학보다는 차라리 수학, 즉 세금 계산과 관련된 것이라고 볼 수 있다. 아직 알코올 도수 측정기가 개발되지 않았을 때 러시아 정부가 보드카의 품질을 검사할 수 있는 유일한 방법은 보드카에 불을 붙여 다 탄 다음 남는 물의 양을 측정하는 것이었다. 남은 물의 양이 본래 술의 반이 되는 보드카를 정품으로 인정했다. 러시아 정부는 오랫동안 이 방법에 근거하여 알코올 도수를 측정해 이 도수에 따라 세금을 매겼다. 그런데 19세기 후반에 이르러 마침내 알코올 도수 측정기가 등장한다. 이 측정기 덕분에 기존의 품질관리 방법에 따른 정품 보드카의 알코올 도수가 38.3도라는 것을 알게 되었다. 그러나 소수점 이하 숫자 때문에 계산이 복잡해지는 것을 피하기 위해 관계 당국은 과감하게 40도로 살짝 올려 발표했다. 도수를 올린 만큼 주세도 실질적으로 더 늘어나도록 하는 일석이조 효과도 노렸다. 결국 오늘날 공식화된 보드카 도수 40도는 순전히 주세 계산을 쉽게 하기 위한 공무원들의 꼼수 덕분에 탄생한 것이다.

발상의 전환으로 다시 태어난 보드카

러시아 보드카가 세계적인 술로 유명세를 타게 된 계기도 매우 흥미진진하다. 1860년대 러시아에서 가장 우수한 보드카를 생산하여 러시아 황실뿐 아니라 스페인, 스웨덴, 노르웨이 황실로 진상했던 집안이 스미르노프(스미노프는 미국식 발음) 가문이다. 그런데 1917년 러시아혁명이 일어나자 마지막 후계자인 블라디미르 스미르노프는 프랑스로 망명하여 파리 근교에 보드카 공장을 세운다. 그러나 아직 보드카에 익숙하지 않던 서구인들의 차가운 외면 속에 실패의 고배를 마시게 된 블라디미르는 당시 이 회사에 원료를 공급하던 미국인 루돌프 쿠네트Rudolf Kunett에게 생산-판매권을 넘긴다. 루돌프는 스미르노프 보드카를 미국 시장에 선보였지만 미국 주당들의 반응도 신통치 않았고 그 역시 파산 직전에 이른다. 버본, 진, 칵테일 등에 비해 아무런 색깔도 맛도 향도 없는 보드카는 미국인들의 관심을 전혀 끌지 못했던 것이다. 결국 1937년 당시 '진'의 위세를 꺾겠다는 야심을 품고 있던 휴블레인Heublein 사의 사장 존 마틴이 루돌프로부터 생산-판매권을 재구입하지만 그 역시 뚜렷한 해법을 찾지 못하고 또다시 실패의 위기에 처한다.

바로 이때 기막힌 우연이 보드카의 운명을 완전히 바꾸어놓았다. 존 마틴에게는 술집을 운영하는 친구 잭 모건이 있었다. 어느 날 잭 모건은 실수로 너무 많은 생강맥주(진저에일)를 구입한 탓에 처치 곤란의 지경에 이르렀다. 고심하던 두 절친한 친구는 남는 생강맥주와 또 다른 애물단지인 보드카를 섞어보기로 했다. 그런데 여기서 드디어 무색·무미·무취라는 보드카의 특징이 빛을 보기 시작한다. 진저에일과 보드카를 섞은 후 향과 모양을 내기 위해 라임을 첨가하자 전혀 예상하지 못한 맛이 났다. 처음엔 라임과 진저에일의 상큼함과 청량감을 맛보지만 마시고 나면 뒤에 숨은 보드카 때문에 갑자기 취기가 돌아 마치 "노새 뒷발에 차인 듯한" 기분이었다. 그래서 두 사람은 이 새로운 칵테일의 이름을 '모스크바 뮬Moscow Mule', 즉 '모스크바의 노새'라고 붙이기로 했다. 그리고 이 칵테일은 노새가 그려진 놋잔에 제공했다.

이 세계 최초의 보드카 칵테일이 공전의 히트를 쳤다. 이를 필두로 '블러디 메리' 등 보드카 섞인 칵테일이 붐을 일으키면서 보드카 '스미노프'도 폭발적 판매고를 자랑하게 되었고 오늘날까지도 세계 최고의 보드카 자리를 꾸준히 유지하고 있다. 사람들은 이 사건을 러시아판 "트로이의 목마" 혹은 "러시아의 혼과 미국 실용주의의 환상적 만남"이라고 표현했다. 무색·무미·무취라는 약점을 가장 중요한 강점으로 바꾼, 미국 사업가들의 발상의 전환이 참으로 놀랍다.

보드카, 첫 잔은 꼭 '원샷'을!

결국 '모스크바의 노새'가 탄생한 덕분에 오늘날 우리도 보드카 칵테일을 가끔이나마 즐길 수 있게 되었다. 그런데 만약 우리가 러시아 파트너와 회식을 하게 된다면 그땐 보드카 칵테일이 아니라 부득이 '40도의 보드카'를 마실 수밖에 없다. 이 경우 반드시 유념해야 할 에티켓이 있다. 혹시 1999년 제52회 칸 국제영화제에서 오프닝을 장식했던 러시아 영화 〈러브 오브 시베리아〉를 기억하는가? 이 영화의 대표적 에피소드 중 하나가 러시아 명절 마슬레니차 축제 기간에 곰같이 우직한 폴리엡스키 장군이 보드카를 연이어 단숨에 비워버리고 고주망태가 되는 이야기다. 약간의 과장이 섞이기는 했지만 실제로 러시아 사람들은 영화에서 그랬듯 원샷을 즐긴다. 이때 러시아말로 '다 드나'라고 외치는데 이는 '바닥까지'라는 뜻으로, 공교롭게도 우리말과 발음도 뜻도 비슷하다.

러시아인들이 원샷을 좋아하는 것은 오랜 풍습 때문이다. 러시아 사람들은 손님을 초대했을 때 우애를 다지기 위해 '형제의 잔'이라 불리는 하나의 잔에 술을 담아 돌리는데 먼저 독이 없음을 증명하기 위해 주인이 한 잔을 비운다. 그러면 손님들 역시 이 집에 남은 악귀를 남김없이 몰아낸다는 뜻에서 반드시 잔을 깨끗이 비워야 했다. 지금도 이 전통이 남아 첫 잔은 반드시 비우게 되어 있고, 여기에는 완전한 건강을 빈다는 의미도 담겨 있으니 외국인도 이러한 풍습을 지켜주는 게 좋다. 우리의 음주문화와 매우 비슷한 점은 잔을 부딪치고 건배사를 매우 즐긴다는 것이다. 어머니나 아내 등 여성을 위한 건배를 할 때는 남자들이 반드시 기립하여 원샷을 한다는 점도 이채롭다.

그렇다면 러시아 사람들도 해장을 할까? 물론 우리와 같은 방식의 해장은 세계 어느 나라에도 없지만 러시아인들에게도 독특하고 화끈한 해장법이 있다. 바로 얼음냉수마찰, 그것도 영하 30도 이하의 겨울 눈밭 한가운데 만든 물웅덩이에 뛰어드는 것이다. 영화 속에서 폴리엡스키 장군도 냉수마찰로 숙취를 풀어낸다. 이와 같은 보드카에 얽힌 러시아 문화의 특성 몇 가지만 숙지해도 러시아 파트너에게 감동을 줄 수 있을 것이다.

6

한때 러시아는 '마피아'의 나라였다?

2010년 한국에서 개봉되자마자 흥행 1위를 달렸던 할리우드 액션영화 〈투어리스트〉를 기억하는 영화팬들이 꽤 있을 것이다. 이 영화의 하이라이트는 이탈리아 베니스의 수로를 따라 안젤리나 졸리와 조니 뎁을 무지막지한 악당들이 뒤쫓는 장면이다. 그런데 베니스에 나타난 이 무시무시한 악당들이 러시아 마피아임을 기억하는 사람은 드물 것이다. 사실 이 영화뿐 아니라 수많은 할리우드 액션물이 이탈리아 마피아보다는 러시아 마피아를 주로 다룬다. 007시리즈도 그렇고, 나오미 왓츠 주연의 〈이스턴 프라미스〉(2007), 톰 크루즈 주연의 〈미션 임파서블: 고스트 프로토콜〉(2011) 등이 대표적인 예다. 특히 〈미션 임파서블: 고스트 프로토콜〉에서는 핵미사일까지 등장하는데, 이는 실제 러시아 마피아들의 이야기에 근거하고 있다. 러시아 마피아는 핵미사일뿐 아니라 핵잠수함 거래에도 관여하고 있으니 그 조직과 자본의 규모에서 역대 마피아들이 상상도 못하던 수준인 것이다. 러시아 마피아를 소재로 쓴 책 《붉은 마피아Red Mafiya: How the Russian Mob Has Invaded

America》(2000)로 유명한 로버트 I. 프리드먼Robert I. Friedman은 "이탈리아 마피아는 러시아 마피아에 비하면 말 엉덩이에 생긴 여드름에 불과하다"라고 평했고 2011년 11월 미 국무부는 러시아 마피아를 미국을 위협하는 가장 위험한 조직범죄 1순위로 지목했을 정도다.

소련 붕괴와 함께 존재를 알린 마피아

러시아 마피아의 존재가 세상에 알려진 것은 1988년 고르바초프의 페레스트로이카에 의해 철의 장막이 걷히고 러시아가 개방되기 시작한 시점이다. 아무런 준비 없이 갑자기 허용된 시장경제에 의해 기존의 배급체계가 완전히 무너지면서 심각한 공급 불균형과 물자 부족 현상이 발생했다. 이 틈을 타서 부패한 관료와 경찰을 매수하여 매점매석과 밀수로 지하경제를 장악한 무력 조직이 등장했다. 이들은 개혁개방으로 할 일을 잃은 KGB 요원, 살인적 인플레이션으로 생계가 어려워진 운동선수, 아프가니스탄과 체첸 전쟁에서 돌아온 퇴역군인 등으로 구성되었다. 이들은 생계를 위해 유일한 특기인 무력을 살릴 수 있는 폭력 조직을 선택한 것이다.

다양한 러시아 정부 및 언론 자료[9]에 의하면 마피아 범죄 조직의 숫자는 1991년 785개에서 기하급수적으로 늘어나 1993년에는 5,700여 개, 1994년에는 6,100여 개, 2006년에는 무려 1만여 개에 이르며 약 50만 명의 행동대원을 보유하게 되었다. 이들은 이미 1993년 러시아의 거의 모든 은행을 소유했고 러시아 비즈니스의 80%를 장악했다. 러시아 전체가 마피아 세상이 되었다 해도 과언이 아니었다. 러시아 통계청 자료에 따르면, 납치부터

9 Andrew Osborn (2007. 3. 16). "Interior Ministry: 'One-Tenth of Russia Under Criminal Control'". *The Independent* [London].; "The rise and rise of the Russian mafia" (1998. 11. 21). BBC News; "러시아 마피아… 마약 · 인터걸 · 核무기 장사까지. 행동대원 50만 명… 세계 60國서 활개" (2003. 3. 4). 《조선일보》.

청부살인, 폭탄테러에 이르기까지 다양한 조직범죄는 1990년 3,500건에서 2000~2008년 연간 3만 건 이상으로 늘어났다. 매일 100건 정도의 조직범죄에 시달린 셈이다. 특히 1990년대 초반에는 마피아 조직들이 경쟁적으로 세를 확장하면서 계파 간의 충돌이 극에 달해 길거리 총격전은 예사고 살인 사건이 끝없이 이어졌다. 1993년 한 해 동안 수도 모스크바에서만 살해된 사람의 숫자가 1,400여 명에 이르고 그 대상은 상대 조직원, 상납을 거부한 사업가, 은행가, 정치가, 비판적 기사를 쓴 기자 등 직업과 신분을 가리지 않았다. 1990년대에 국회의원만 9명이 살해되었을 정도다. 영화 〈대부〉의 '돈 꼴레오네'에 빗대어 '돈 마길레비치(무덤지기)'라고 불린 당시 유명한 마피아 두목은 FBI에 의해 '세계에서 가장 위험한 인물 중 한 사람'으로 지목되기도 했다.

러시아 마피아의 조직력과 무자비함이 타의 추종을 불허하는 이유는 그 태생적 근거가 특별하기 때문이다. 우선 상층 지도부 대부분이 러시아 최고의 엘리트, 즉 소련 붕괴로 실직한 소련군의 고위 장성, 퇴출된 공산당 관료, KGB의 엘리트 요원들로 구성되어 있다. 그 산하의 핵심 행동대원들은 대부분 러시아의 특수부대 요원, 올림픽 출전 경험이 있는 유도 및 사격 선수들로 해당 분야에서 세계 최고 수준을 갖춘 전문가들이다. 말하자면 최고의 정보력, 조직력, 무력을 갖춘 또 하나의 민간 비밀특수부대가 탄생했다고 보아도 과언이 아니다. 이렇듯 강력한 조직력과 무력 그리고 군과 정보부 등 국가권력 수뇌부와의 인맥을 활용하여 러시아 마피아는 러시아를 비롯한 구소련 내에서 굵직굵직한 이권 사업을 독식했다. 영화 〈로드 오브 워〉(2005)에서 KGB 출신의 주인공 유리 오로프로 분한 니콜라스 케이지가 4조 원 규모의 우크라이나 무기를 빼돌리는데, 이는 실화에 근거한 것으로 2012년 4월 6일 미국에서 무기 밀매로 25년을 구형받은 빅토르 부트Victor Boot를 모델로 한 것이다.

그런데 무기 밀매보다 더 큰 이권 사업으로서 세계 어느 국가의 마피아도 경험할 수 없는 어마어마한 먹잇감은 따로 있었다. 세계에서 가장 넓은 나라인 러시아의 국유재산이 그것이다. 러시아 경제의 근간이 되는 석유나 가스뿐 아니라 석탄, 철강, 구리, 니켈 등 자원 개발 및 판매 사업, 그리고 한때 방위산업을 중심으로 발전했던 각종 제조업 등 어마어마한 규모의 국유재산이 사유화되는 모든 과정에 마피아의 손길이 뻗쳤다. 결국 마피아 두목들은 본인이 직접 세계적인 부호, 이른바 '올리가르흐oligarch'가 되거나 이 올리가르흐의 후견인 역할을 맡게 되는데, 이 과정에서 절세를 위해 엄청난 양의 자금을 해외로 빼돌려야 했다. 이러한 경험이 누적된 덕분에 지금까지도 러시아 마피아는 세계에서 돈세탁을 가장 잘하는 것으로 알려져 있다.

자본과 조직 면에서 급성장한 마피아는 경제 분야뿐 아니라 지방 및 정부의 핵심 관료들에 대해서도 막강한 영향력을 행사했다. 국제투명성기구TI가 발표하는 부패인식지수인 CPICorruption Perceptions Index 조사에서 러시아가 지금까지도 하위권을 맴돌고 있는 것은[10] 바로 러시아 마피아 때문이다. 마피아가 경제와 정치를 직간접적으로 장악하면서 급기야 마피아와 기업가와 정치인의 구별이 모호해져 국가 전체가 거대한 마피아 조직이 되었다는 말까지 나올 정도다.

그러나 러시아 마피아들의 화려한 전성기는 2000년 옐친 대통령이 사임하면서 점차 막을 내린다. 새로이 대권을 장악한 푸틴 대통령은 경제 마피아인 올리가르흐와 정치 마피아인 부패 관료에 대한 대대적 전쟁을 선포했고 이에 따라 러시아 마피아도 생존을 위해 변신을 해야만 했다.

---

10 154위(2010), 143위(2011), 133위(2012), 127위(2013), 136위(2014).

1990년대 러시아는 '마피아의 나라'

영국 프리미어 리그 가운데 '레딩 FC'는 한일월드컵의 주역 설기현 선수가 2006~2007 시즌에 활약하면서 우리에게도 잠시 관심의 대상이 된 적이 있다. 그런데 이 구단이 2012년에 다시 한국뿐 아니라 세계 언론의 주목을 받았다. 바로 그해 4월 등장한 새로운 구단주의 아름다운 아내 카트시아 진가레비치 때문이었다. 당시 23세로 세계적인 패션 브랜드 빅토리아 시크리트의 모델이었던 그녀는 이미 17세에 미스 뉴욕으로 뽑힌 벨라루스 출신의 슈퍼모델이다. 그렇다면 세계 최고의 축구 리그에 속한 구단을 구입하고 세계 최고의 미인을 아내로 거느린 이 행운의 사나이는 누구일까? 놀랍게도 당시 겨우 29세밖에 안 되었던 러시아인 안톤 진가레비치Anton Zingarevich였다. 축구 구단 운영에 2,500만 파운드(약 460억 원)라는 거금을 손쉽게 투자한 이 젊은 억만장자는 어떻게 탄생한 것일까? 마크 주커버그처럼 페이스북과 같은 IT업체를 창업한 것도 아니고 이미 40대 중반에 들어선 첼시 구단주 로만 아브라모비치Roman Abramovich처럼 러시아 개방의 혼란기라는 천재일우의 기회가 주어진 것도 아니었다.

사실 안톤 진가레비치의 개인사와 그 배경에는 푸틴 등장 이후 러시아 마피아의 자기 변신 역사가 압축되어 있다. 안톤의 재산은 바로 그의 아버지 보리스 진가레비치로부터 나온 것이다. 보리스는 러시아 제지가공업의 60%를 차지하는(2007년 기준) 거대기업 '일림 펄프'의 실제 소유자였고 2005년에는《포브스》선정 러시아 100대 부자 중 59위를 차지했던 인물이다. 그런데 그의 비공식적 이력은, 비록 형사상 완전히 입증되지는 않았지만 폭탄테러, 납치, 폭행, 청부살인 등 무시무시한 사건들로 얽혀 있다.[11] 러시아의 제지업계를 수직통합하면서 경쟁자들을 폭력으로 제거하고 불법적 지분 분할과 이전 등을 통해 재산을 증식한 것이다. 이런 일이 가능했던 것은 경찰, 관료, 은행, 기업 모두 마피아 조직과 연계되어 있던 러시아 국가 전반의 총체적 부조리 때문이었다. 1990년대의 러시아는 한마디로 마피아 국가였다고 해도 과언이 아닌 것이다.

마피아와 전쟁을 선포한 푸틴

2000년 대통령에 당선된 푸틴은 '법의 독재'를 내세우며 부정부패와 마피아에 대한 전쟁을 선언했다. 연방금융위원회에서 줄곧 부정부패를 전담했던 주코프를 신임 총리로 선임하고 2002년 러시아연방보안국 FSBFederal Security Bureau를 동원하여 부정한 경찰 2만 1,000명을 견책하고 무려 1만 7,000명을 해고했다. 2006년에는 마피아 조직에 대한 대대적 소탕전을 실시하여 보스와 행동대원 등 약 1만 4,000명을 검거했다. 동시에 기업 마피아들에게는 "나를 따르면 과거를 용서한다"라는 식의 정책을 펼쳤다. 합법적 비즈니스로 전환하고 정부에 협조한다면 기존의 기득권을 가능한 한 유지하게 해주는 정책이었다.

안톤의 아버지 보리스도 이 시기에 면죄부를 받은 경우에 해당한다. 사실상 기업 운영 능력이 부족했던 보리스는 친푸틴적인 알루미늄 재벌 '데리파스카'와의 법정 공방에서 꽤 많은 양의 지분을 상실한 뒤 2006년 10월 세계적인 제지기업인 '인터내셔널 페이퍼International Paper'에 상당량의 지분을 판매하는 합작을 단행한다. 이후 미국 배터리 제조회사 '에너1Ener1'을 운영하였지만 2012년 초 도산하여 《포브스》 선정 러시아 부자 순위에서 148위로 하락했다. 합법적 비즈니스로 전환하는 과정에서 보리스는 이렇듯 상당한

11 1999년에는 '일림 펄프' 관련 인물들이 차례로 폭탄테러, 납치, 폭행 등을 당했고 2000년에는 경쟁사의 최고 경영자들이 가족과 함께 살해당했다.

재산 손실을 감내해야 했지만 그 덕분에 비즈니스를 계속 영위할 수 있었을 뿐 아니라 아들에게 재산의 일부를 물려줄 수 있었다. 그의 아들 안톤은 런던에서 스포츠경영학을 전공한 뒤 미국에서 아버지의 사업을 이어받고 마침내 레딩의 구단주가 될 수 있었던 것이다.

푸틴의 대對마피아 전쟁이 일정한 성과를 본 것은 사실이다. 마피아의 장악으로 돈세탁과 불법자금 유출의 온상이던 은행들이 어느 정도 정리되어 정부의 통제를 받는 합법적인 금융업체로 전환했고 상당수 마피아들은 합법적 기업가, 지방의회 의원, 국회의원 등으로 변신에 성공한다. 합법적 용역업체, 컨설팅 업체로 변신한 뒤 심지어 글로벌업체와 합작회사를 만들어 세계적 수준의 기업으로 성장한 경우도 있다. 그러나 러시아처럼 광활한 국가의 총체적인 비리 구조가 단번에 일소되기는 불가능하다. 이 비리 구조가 잔존하는 한 러시아 마피아도 그 생명력을 완전히 잃지는 않을 것이다.

러시아 마피아의 질긴 생명력

2011년 러시아 경찰의 발표에 따르면 러시아 내에서 영향력이 큰 상위 마피아 조직의 숫자만 해도 450여 개이며 이들은 여전히 위장파산 등 다양한 사기 수법으로 기업들을 폭력적으로 탈취하고 있다. 범죄 조직 산하의 기업이 2,000개 이상인데 그중 약 20%가 지방도시의 일자리와 예산의 대부분을 창출하는 중요한 기업들이라고 하니 여전히 문제가 심각한 상태다.

다행히 이들 조직이 위계서열을 갖춰 안정적 피라미드 구조를 이룬 덕분에 1990년대처럼 길거리 총격전이나 대량학살 같은 사건은 일어나고 있지 않지만, 요즘도 드물지 않게 암살 사건은 일어난다. 거대 규모의 이권을 놓고 계파 간 조율에 실패하는 경우가 있어서다. 특히 2014년 동계올림픽 개최지로 러시아 흑해의 휴양도시 소치가 선정된 다음에는 이 지역의 건설사업 이권을 둘러싼 마피아 보스 사이에 암살 사건이 벌어졌는데, 이는 지금도 해결되지 않은 채 미궁에 빠져 있다.[12] 비록 그 비중은 낮아졌지만 국가 공익사업에도 여전히 마피아의 입김이 작용하고 있음을 입증하는 셈이다.

한편 1990년대부터 꾸준히 세계 시장으로 활동영역을 확장해온 러시아 마피아는 전 세계 60여 개국에 200여 개 조직을 보유하고 있다.[13] 2012년 4월, 우리에게도 드라마 〈모래시계〉 배경음악 〈백학〉으로 잘 알려진 러시아의 국민가수이자 국회의원인 이오시프 코브존Iosif Kobzon이 미국 정부로부터 비자 발급을 거부당해 그해 5~6월에 예정된 미국 순회공연이 무산된 적이 있다. 그의 비자 발급이 거부당한 것은 이 국민가수가 불법자금 유출 등 해외 러시아 마피아와 연관되었다는 의혹 때문이었다. 사실 여부를 떠나 그만큼 해외 러시아 마피아에 대한 미국 정부의 우려가 크다는 것을 알 수 있다.

이렇듯 푸틴의 대대적인 마피아 청산 작업에도 불구하고 러시아에는 아직도 마피아의 영향력이 완전히 사라지지 않았다. 그러나 절반의 성공에 만족할 수 없는 푸틴과 메드베데프 정부는, 특히 2012년 6월 러시아의 WTO 가입 이후 러시아 경제의 투명성과 건전성을 선진국 수준으로 끌어올리기 위해 지속적으로 비리 청산 운동과 대대적인 조직범죄 소탕전을 전개하고 있다. 그 효과가 얼마나 빨리 나타날지는 알 수 없지만 향후 러시아에서 합법적 경제 활동의 폭은 점점 넓어질 것으로 보인다.

---

12 2013년 1월 소치의 이권사업을 장악했던 일명 '하산 아저씨'라는 마피아 두목이 살해당했고 경찰은 2014년 11월 다른 살인죄로 잡힌 용의자가 범죄 사실을 인정했으나 살인의 배후는 밝혀지지 않았다고 발표했다.

13 Russian Mafia. 〈http://rumafia.com/ru〉.

7

불가능에 도전한 러시아의 힘, '시베리아횡단철도'

총길이 9,288.2km로 무려 87개 도시를 통과하는 세계 최장거리 철도인 시베리아횡단철도는 사실 그 건설 과정에서 무수한 장애에 부딪혀 몇 번이나 중단될 위기에 처했었다. 그럼에도 불구하고 이 거대한 대하드라마가 완성될 수 있었던 것은 한편으로는 기막힌 우연과 다른 한편으로는 러시아 사람들 특유의 뚝심 덕분이었다. 그 드라마의 한가운데에 두 명의 러시아인이 있다.

열차 탈선 사고가 맺어준 인연

1888년 10월 18일 흑해 크림반도에서 휴가를 끝내고 수도 상트페테르부르크로 돌아가던 러시아 황제 알렉산드르 3세와 그 일가를 태운 기차가 탈선하여 전복된다. 현장에서 20명이 사망하고 어린 공주 크세냐는 이때의 부상으로 평생을 꼽추로 살게 된 대형 참사였다. 하지만 불행 중 다행으로 황제와 대부분의 일가족은 큰 부상 없이 기적적으로 살아남았는데, 193cm 거구이던 알렉산드르 황제의 초인적 힘 덕분이었다. 내려앉는 기차의 지붕을 온몸으로 버텨내 황태자를 포함한 황실 가족이 무사히 빠져나가도록 한 것이다. 온 국민이 신의 가호에 감사드리며 황제를 축복하느라 여념이 없었다. 그러나 이 순간 알렉산드르 3세는 딴생각을 하고 있었다. 사고가 있기 한 달쯤 전 거의 항명에 가까운 행동으로 자신의 심기를 거스른 인물에 대한 기억을 떠올리는 중이었다.

9월의 어느 날 크림반도로 휴가를 떠나던 황실 기차에 작은 소동이 일어났다. 오데사 지역에서 기차에 임시로 동석한 이 지역철도 책임자와 황제의 부관인 귀족들 사이에 일어난 언쟁으로 기차가 멈춰 선 것이다. 일개 지역철도 관리가 황제의 눈앞에서 감히 황제의 부관들에게 기차를 출발시켜선 안 된다며 대들었다. 이유는 두 가지였다. 우선, 대동한 교통부 장관이 탄 차량 칸 바닥에서 이상한 소리가 나는데 이는 심각한 구조적 문제 때문일 수 있으므로 당장 운행을 중지하고 본격적으로 조사해야 한다는 것. 둘째, 황실 기차는 특별히 증기기관차 2대가 끌고 있었는데 이 두 기관차를 모두 가동시켜 속도를 내다가는 탈선의 위험이 있다는 것. 황제의 참모와 교통부 장관은 이 관리를 반미치광이 취급하며 설득 반 위협 반으로 상황을 무마한 다음 기차를 다시 출발시켰다. 그런데 결국 휴가에서 돌아오는 길에 참사가 일어나고 만 것이다.

이때 황제의 기억 속에 깊이 남은 그 일개 지역철도 관리는 결국 4년 뒤인 1892년 교통부 장관으로 전격 발탁된다. 그리고 정확한 판단력과 배포로 고작 몇 달도 안 돼 러시아 경제 전체를 책임지는 재무부 장관으로 승진해 무려 11년간 연임한다. 그가 바로 세계 경제사에서 자주 거론되는 시베리아횡단철도 건설의 주역 세르게이 비테Sergei Vitte다. 아주 우연한 만남에 의해 알렉산드르 3세는 자신의 꿈을 이루는 데 결정적 역할을 할 천군만마를 얻은 것이다.

시베리아횡단철도 건설을 추진한 황제와 비테

당시 러시아 황제에게는 세 가지 주요 과제가 있었는데, 하나는 쇠망하는 중국이라는 거대한 파이를 둘러싼 열강들의 경쟁에서 유리한 입지를 차지하는 것이고, 둘째는 낙후한 극동시베리아를 개발하는 것이며, 셋째는 철강을 비롯한 제조업 발전을 통해 러시아를 농업국가에서 산업국가로 발돋움시키는 것이었다. 시베리아횡단철도는 바로 이 세 과제를 한꺼번에 해결할 수 있는 기막힌 포석이었다. 1891년 4월, 수도에서 가장 멀리 떨어진 도시 블라디보스토크에서 열린 기공식에 훗날 러시아의 마지막 황제가 될 황태자 니콜라이를 보냈을 정도로 이 사업에 대한 황제의 관심은 지대했다.

그러나 건설 과정은 쉽지 않았다. 준비 단계에서부터 많은 반대에 부딪혔다. 우선 현장답사를 마친 기술자들은 서시베리아는 스텝steppe 지역(초원지대)이라 철도 건설이 가능하지만 동시베리아는 타이가(침엽수림)의 늪지대, 엄청난 바위더미들과 혹독한 기후로 인해 착공 자체가 불가능하다고 보고했다. 그러나 황제는 극복 가능하다는 신념으로 공사 강행을 지시했다. 대부분의 신하가 반대 의사를 밝혀 제대로 추진할 수가 없게 되자 황제는 '전제군주인 내가 이 장관 나부랭이들을 마음대로 움직일 수가 없다니' 하며 불평했다고 한다. 이때 유일하게 황제를 지지하며 해결책을 제시한 인물이 바로 비테였다.

각료들이 철도 공사를 반대한 가장 큰 이유는 재정 부족이었다. 직전에 치른 크림전쟁으로 이미 반토막이 난 국고가 철도 공사로 인해 완전히 바닥을 드러낼 것이라는 전망이 우세했던 것이다. 각료들은 그래도 황제가 강행한다면 공사 사실을 공표하지 말고 진행하여 러시아 국채의 가치 급락을 막아야 한다고 주장했다. 게다가 동쪽에 철도를 내면 미국 상품들이 러시아로 들어와 러시아 경제를 망칠 테니, 길을 낸다면 러시아 곡물을 수출하는 서

유럽 쪽으로 내는 것이 합리적이라고 황제를 설득하였다.

재무부 장관 비테는 이 재정 문제를 해결하여 반대파를 꼼짝 못하게 만들었다. 우선 가장 핵심적 해법이라 할 수 있는 외국자본 유치에 성공했다. 금본위제도를 정착시킴으로써 그동안 외자 유치의 가장 큰 장애가 되었던 루블화 투기를 일소한 것이다. 또한 국고를 늘리기 위해 세수를 확대했다. 이를 위해 실행한 정책 중 하나가, 앞서 소개한 대로 러시아 보드카의 알코올 도수를 40도로 정한 일이다. 보드카 생산을 국가에서 독점하고 주세를 일률적으로 계산하기 위해 보드카의 알코올 도수를 일괄 규정하는 법을 고안해낸 사람도 바로 비테였다.

러시아 노동자들의 위대한 희생

그러나 공사가 시작된 지 3년이 지났을 때 비테의 가장 든든한 후원자였던 알렉산드르 3세가 사망한다. 그리고 우유부단한 마지막 황제 니콜라이 2세의 실정으로 러시아 전국이 혁명의 소용돌이에 휘말린다. 그사이 동아시아에서는 일본의 영향력이 점점 커졌고 철도 공사비는 돈 먹는 하마라도 되는 듯 애초 예산인 3억 5,000만 루블(2013년 기준 약 122억 달러)을 훨씬 넘어섰다. 유일한 출구는 하루라도 빨리 공사를 끝내는 것이었는데, 여기서 바로 러시아 기술자와 노동자의 희생이 위력을 발휘한다.

결론적으로 말하자면 러시아 노동자 덕분에 세계에서 가장 열악한 조건에서 가장 빠른 속도로 가장 긴 철도가 만들어질 수 있었다. 비슷한 시기인 1904년에 만들어진 우리의 경부선 철도는 길이 441.7km로 4년 만에 완공되어 연평균 건설속도가 110km 정도다. 이보다 훨씬 전인 1869년에 만들어진 미국의 대륙철도는 총연장 2,826km로 6년 만에 완공되어 연평균 건설속도가 471km였다. 시베리아횡단철도는 12년 만인 1903년 7월에 개통했는데 그때 길이가 약 8,140km로 연평균 626km의 속도로 건설되었다. 우리를 더욱 놀라게 하는 것은 모든 작업이 수작업으로 진행되었다는 사실이다. 주로 시베리아에 유형 온 죄수들과 이주민으로 구성된 노동자들이 사용한 도구는 고작 망치, 괭이, 도끼, 그리고 손수레가 다였다. 영하 40도를 오르내리는 혹한에서 하루 16시간 동안 빙판에 무릎을 꿇은 채 얼어붙은 땅을 깨고 사람 키보다 높은 노반을 쌓고 자갈을 깔고 침목을 놓고 다시 레일을 까는 작업을 매일 2km씩 해나갔다. 영화 〈설국열차〉와 비슷한 환경이었던 것인데, 다만 차이가 있다면 시베리아의 노동자들은 열차 안 꼬리칸에도 있지 못하고 그 추위에 열차 바깥에 있었다는 점이다.

그런데 안타깝게도 1903년 7월의 개통식으로 시베리아철도 건설이 완공된 것은 아니었다. 지금 우리가 알고 있는 시베리아횡단철도는 1903년의 노선과는 전혀 다른 것으로, 이후 다시 13년의 우여곡절을 겪은 후에야 지금의 모습으로 완공되었다.

마지막 장애물, 바이칼 호수

1903년 세계 최장의 시베리아횡단철도가 개통되었지만 미완의 공사로 그치고 말았던 이유는 세계 최대 담수호인 바이칼 호수 때문이었다. 당시 기술로는 그 폭이 최대 80km에 이르는 이 광대한 호수를 가로지를 철교를 놓을 수 없었고, 따라서 유일한 방법은 바이칼 호수 연안을 돌아가는 환상철교를 건설하는 것이었다. 공사는 이미 1899년에 시작되었지만 워낙 난공사라 좀처럼 진도를 내지 못했다. 1903년 7월 중국 영토를 관통하여 바이칼 호수 동쪽 연안과 태평양 연안의 블라디보스토크를 이어주는 동청철도東淸鐵道가 완공되자 러시아 철도청은 시베리아횡단철도의 완공을 선언하고 기차를 운행시켰다. 그런데 바이칼 호수 구간은 여전히 끊긴 상황이었는데 어떻게 횡단 기차가 운행될 수 있었던 것일까?

이것은 바이칼 호수에 도착한 횡단기차를 말 그대로 호수 건너편으로 옮겨서 날랐기에 가능했다. 이를 위해 러시아 철도청은 영국에서 3,470톤급 증기쇄빙선을 674만 루블, 즉 지금 기준으로는 약 2억 3,000만 달러(약 2,762억 원)에 구입했다. 1900년 4월 첫 운항기록에 따르면 500명의 승객, 167마리의 말, 증기기관차 2대와 수송용 열차 3대와 1,000파운드의 화물을 싣고 바이칼 호수를 건넜다. 호수에 초겨울 얼음이 얼기 시작하는 때 기차와 승객 그리고 화물을 실은 증기선이 얼음을 깨고 지나가는 풍경은 실로 장관이었다. 그러나 문제는 쇄빙선이 깰 수 없을 정도로 얼음이 두껍게 얼어버리는 겨울이었다. 배가 더는 다닐 수 없게 되면 바이칼 호수를 하얗게 뒤덮은 두꺼운 얼음 위로 약 45km의 임시 철로를 깔았다. 그러나 증기기관으로 기차를 움직이면 얼음이 깨질 위험이 있었기에 철로 위에 얌전히 놓인 기차를 한 량씩 따로 떼어내 말들이 그것을 하나씩 끌어 옮겼다.[14]

그러나 화물과 승객이 늘어나고 더군다나 극동 지역에서 러시아와 일본 사이의 군사적 긴장이 고조되면서 군수품을 신속히 운반하는 것이 러시아에는 절체절명의 과제가 되었다. 하루에 단 13대의 기차만 통과시키는 바이칼 도하선渡河船으로는 감당하기 힘든 상황이 도래한 것이다. 결국 러시아 철도청은 미적거리던 바이칼환상철교 건설에 박차를 가했다.

약 260km 길이의 바이칼 연안 구간은 세계 철도 건설 역사상 가장 힘든 공사 지역으로 남아 있었다. 연안을 따라 계속 이어지는 거의 수직에 가까운 가파른 화강암 절벽이 최대의 장애물이었다. 특히 바이칼 항과 쿨툭 항

---

14 Виталий Семилетов (2015. 3. 8). "Конь над водой. Как лошади через Бай кал по рельсам вагоны таскали." 〈http://logirus.ru/articles/solution/kon_nad_vodoy.htmlю〉.

사이의 81km 길이 바이칼 둔치에 설치되는 철교는 높이가 해발 400m로, 공사에 동원된 인부들은 작업 내내 암벽용 등산장비에 의지해야 했다. 이 구역에만 터널 39개, 회랑 16개 그리고 다리와 같은 인공 시설물이 무려 470여 개나 설치되었다.[15]

이렇게 험난한 바이칼환상철교의 건설 공사비는 평균 공사비의 20배, 공사기간은 무려 6년(1899~1905)에 이르렀다. 많은 역사학자가 만약 바이칼환상철교 공사가 조금만 더 빨리 끝났더라면 러일전쟁에서 러시아가 패배하는 일은 없었을 거라고 말한다. 불행히도 이 어려운 공사를 다소 늦게 끝낸 러시아 사람들 앞에는 러일전쟁 패전과 함께 풀기 어려운 또 다른 과제가 기다리고 있었다.

바이칼 호수를 넘어도 끝나지 않는 길

1903년 어렵게 완공한 동청철도가 러일전쟁 패전으로 무용지물이 될 위기에 처했다. 1900년 중국에서 의화단 사건[16]이 일어나자 이를 진압한 러시아는 만주를 차지하여 그것을 토대로 만주를 통과하는 동청철도를 건설할 수 있었다. 그러나 그 건설 과정에서도 수많은 난관을 만나야 했다. 우선 러시아인의 만주 점령에 불만을 품은 중국인들이 시도 때도 없이 공사장을 급습했다. 1900년 6월 23일에는 중국인의 공격으로 공사 인부와 호위 군인 전원이 사망했고 특히 현장 지휘관은 참수까지 당했다. 이런 엄청난 희생을 끝까지 이겨내고 간선 길이 1,480km, 남만주 구역의 지선 길이 940km에 이르는 엄청난 역사를 이루어낸 것이다. 그런데 이 동청철도를 러일전쟁(1904)

---

15 Кругобайкальская железная дорога в деталях. 〈http://visit-irkutsk.ru/baikal/kbzhd-v-detalyah/〉.

16 청나라 말기인 1900년 중국 산동성(山東省)에서 일어난 반기독교 폭동을 계기로 화북(華北) 지역 일대에 퍼진 반제국주의 농민투쟁.

패배로 인해 송두리째 일본에 넘겨주게 된 것이다. 러시아 정부는 이제 중국 영토를 우회하여 러시아 영토만 통과하는 대체 철로를 만들어야 했는데, 이는 기존 동청철도의 길이에다 약 548km를 더하여 2,000km가 넘는 철도 건설 공사를 다시 해야 한다는 의미였다.

참으로 고난의 행군이었지만 러시아인들은 결코 포기하지 않고 이마저도 2년 만인 1906년에 완공해냈다. 그런데 하나의 문제는 또 다른 문제를 낳는 법, 이 새로운 우회 철로는 동청철도에서는 필요 없었던 또 하나의 대규모 난공사를 요구했다. 이 마지막 관문은 바로 아무르강, 중국식 표기로는 흑룡강이었다. 새로운 철도 노선에서는 이 강을 건너야만 블라디보스토크로 갈 수 있었기 때문에, 길이 2.6km의 철교를 또 건설해야 했다. 이는 당시 유럽에서는 가장 긴 철교였다.

1913년 극동 지역에서 다시 전운이 감돌았기 때문에 러시아 정부는 철교 완공을 재촉했고, 24시간 3교대로 2,000명의 인부가 동원되었다. 그런데 엉뚱하게도 전쟁은 1914년 서유럽에서 먼저 발발했고 이로 인해 철교 건설도 큰 타격을 받았다. 철교 교량의 중요한 뼈대인 '트러스트'의 마지막 분량을 싣고 폴란드 바르샤바에서 오던 증기선을 독일군 순양함 엠덴호가 침몰시킨 것이었다. 참으로 첩첩산중이었다. 뒤늦게 캐나다로부터 잃어버린 트러스트 부분을 구입해 드디어 철교를 완성하여, 시베리아횡단철도도 진정한 완공을 이루어냈다. 이날이 1916년 10월 5일이다.

시베리아횡단철도는 지금도 공사 중

온갖 장애를 극복하고 25년 만에 세계 최장 길이의 시베리아횡단철도가 마침내 완공되었다. 건설비용은 애초 예상액 3억 5,000만 루블을 훨씬 넘어서는 15억 루블이 들었다. 물론 이 가운데 동청철도에 들어간 4억 루블은 결국 일본과 중국에만 좋은 일 시켜준 셈이 되고 말았다.

우여곡절 끝에 완성된 시베리아횡단철도는 그 후에도 역사와 자연의 수많은 도전을 계속해서 이겨내야 했다. 혹한으로 훼손되는 철로를 고치는 것은 기본이고 여러 번의 전쟁으로 철도 곳곳이 파괴되어 그때마다 엄청난 복원 공사를 해야 했다. 이를테면 그토록 어렵게 건설한 흑룡강의 철교는 1920년 내전으로 처참하게 폭파되고 말았다.

그러나 시베리아횡단열차는 이 모든 어려움을 극복하고 지금 이 순간에도 많은 승객과 화물을 실어 나르고 있다. 1905년 연간 185만 명이었던 승객은 현재 1억 5,000만 명을 넘겼고, 연간 1억 톤의 화물을 실어 나르며 명실공히 유럽과 아시아의 젖줄 역할을 하고 있다. 그뿐 아니라 시베리아횡단열차를 타는 것은 일생에 꼭 한 번은 해보고 싶은 꿈의 여행으로 많은 사람의 가슴을 설레게 하고 있다. 철도 건설에 담긴 러시아인들의 꿈과 도전, 고난과 희생 등을 뒤로한 채 오늘도 유유히 달리는 시베리아횡단열차는 수많은 굴곡을 거치며 이어져온 러시아 역사와 꼭 닮아 있다.

8

다시 '트로이카'처럼 달리고 싶은 나라

'트로이카'는 사실 한국인들에게는 제법 익숙한 용어다. 1960~1970년대가 한국 여배우의 원조 '트로이카 시대'였고, 2012년에는 '대선 트로이카'라는 말도 등장했다. 하지만 이렇듯 이미 일상어가 되어버린 '트로이카'가 실은 러시아어에서 왔음을 아는 사람은 드물다. 세 마리 말이 끄는 삼두마차를 뜻하는 '트로이카'는 러시아에서 18세기에 처음 만들어졌다.

광야를 달리는 힘, 트로이카

트로이카는 18세기에도 그리고 그 이후에도 세계에서 유일하게 러시아에만 존재했던 마차 형태다. 그렇다면 러시아 사람들은 왜 두 마리도 네 마리도 아닌, 하필 세 마리 말이 끄는 마차를 만들었을까? 러시아의 광활한 벌판을 지치지 않고 빨리 달리기에 가장 적합한 방식이라고 여겼기 때문이다. 두 필의 말은 빨리 달리지만 쉽게 지치고 네 마리 이상의 말은 조율이 힘들 뿐 아니라 기동성도 떨어진다.

러시아 사람들은 세 마리 말의 역할을 적절히 분배하여 속도를 유지하면서도 힘을 안배할 수 있는 방법을 고안했다. 트로이카가 달리는 모습을 보면 먼저 눈에 띄는 점이 가운데 말의 덩치가 제일 크다는 것이다. 이 말은 보통 양쪽 말들보다 5~10cm 정도 키가 더 크고 가슴과 다리 근육도 훨씬 발달되어 있다. 그러나 트로이카의 진짜 비밀은 세 필의 말이 서로 다른 체구를 가졌다는 점이 아니라 그 달리는 방법에 있다.

달리는 마차를 좀 더 자세히 관찰하면 전속력으로 달릴 때 가운데 말과 양쪽 두 말의 보법步法이 다르다. 전문용어로 표현하자면, 가운데 말은 속보速步, trot로, 양쪽 말은 습보襲步, gallop로 달린다. 속보란 2박자 운동으로, 대각선상의 앞, 뒤 다리가 각 한 조씩 두 개 조를 이루어, 한 조를 지면에서 떼면 다른 한 조의 착지 때까지 네 다리가 공중에 뜨는 공간기가 있는 보법을 말한다. 약 시속 15km의 속도를 낼 때 사용되는 보법으로 자동차로 치면 1, 2단 기어에 해당한다. 반면 양쪽 두 말의 보법인 습보는 적진을 습격하는 속도, 즉 시속 60km 이상의 속도를 내는 것이다. 앞의 두 다리, 뒤의 두 다리가 각 조를 이루되 각 조의 두 다리도 서로 엇박자로 지면을 박차고 나가기 때문에 '다닥다닥' 소리를 내는 4절도 운동이다. 자동차로 치면 4단 기어라고 할 수 있다. 결국 트로이카는 두 가지 다른 기어를 동시에 사용하는 복합 기어 운동을 하고 있는 것이다. 또한 놀랍게도 네 사람 이상을 싣고도 평균속도는 시속 50km를 넘는다. 어떻게 이것이 가능할까?

트로이카에 담긴 놀라운 지혜

그것은 무엇보다 능력에 따른 기능 분화를 최대화한 덕분이다. 트로이카를 좀 더 자세히 살펴보면 멍에가 덩치 큰 가운데 말에게만 씌워진 것을 알 수 있다. 이 말 혼자 마차의 하중을 다 받아내고 있는 것이다. 동시에 이 말은 들짐승처럼 날뛰는 양쪽 말들을 조절하며 구심력을 강화하는 카리스마를 발휘하면서도 습보로 넘어가고 싶은 욕망을 억누르고 끝까지 속보를 유지하는 절제력까지 갖추고 있다. 따라서 가운데 말은 통상 최고의 품종이며 나이도 말의 최전성기인 네 살, 사람 나이로는 스무 살 정도에 해당하고 미리 고도의 훈련까지 받아야 한다. 반면에 양 쪽 두 말의 나이는 두세 살, 사람 나이로는 10대 중반으로 앞뒤 분간이 힘든 혈기 왕성한 때다. 무한질주를 원하는 두 말의 넘치는 힘은 왼쪽과 오른쪽 바깥으로 원심력을 만들어내면서 가운데 말의 하중을 나누어 받아내는 동시에 속도를 최고로 올리는 역할을 한다. 결과적으로 트로이카가 가장 빠른 속도를 내며 달릴 때 세 마리의 말은 마치 양 날개를 펼치고 날아가는 아름다운 독수리 형상을 하고 있어 러시아말로 '프티차-트로이카', 즉 '새鳥-트로이카'라고 부르기도 한다.

역학적으로는, 가운데 말은 마차의 하중을 양쪽 두 말에게 나누어주고 두 말은 가운데 말 덕분에 최대 속도보다 약간 낮은 속도로 달리게 되기 때문에 세 말은 오래도록 체력을 안배하면서도 높은 속도를 계속 유지하게 되는 것이다. 힘과 속도, 구심력과 원심력, 저속과 고속의 결합이자 지혜로운 분업이다. 넓고도 추운 시베리아 벌판을 달릴 수 있는 트로이카의 이 지혜는 어쩌면 요즘 같은 저성장 장기 불황의 시대를 사는 우리에게 참으로 필요한 것인지도 모른다. 러시아 사람들도 이 트로이카를 단순한 마차가 아니라 러시아의 정신을 대표하는 문화유산으로 승화시켜 예부터 전래되어온 민요는 물론이고, 오늘날까지도 문학 및 예술 작품에서 노래하고 있다.

트로이카의 나라가 망한 이유

이토록 훌륭한 트로이카의 지혜를 지녔던 러시아 제국은 왜 고작 200년 정도 만에 무너진 것일까? 이 트로이카에 무슨 문제가 생겼던 것일까?

바실리 페로프.
〈트로이카〉.
1866년.
트레티야코프 미술관.

제정 러시아가 망하기 약 반세기 전 러시아의 유명한 화가 바실리 페로프 Vasily Perov가 그린 〈트로이카〉라는 작품은 당대뿐 아니라 현대까지도 많은 사람의 심금을 울린다. 그림의 부제는 "공방의 도제들이 물을 나른다"인데, 모스크바 어느 거리에서 어린아이들이 곳곳이 해진 넝마 같은 옷을 입고 추운 겨울 새벽에 자기 몸무게의 몇 배나 되는 물을 나르는 그림이다. 얼마나 추운지 물통에서 넘친 물이 그 자리에서 바로 얼어붙어 있다. 가운데 아이는 덩치가 좀 크고 양쪽 아이들은 좀 작은 것이 정말 세 마리의 말로 이루어진 '트로이카'의 모양을 쏙 빼닮았다. 다만 트로이카의 기운찬 말들이 아니라 금세라도 쓰러질 것 같은 연약한 아이들이라는 너무나 큰 차이가 있을 뿐이다. 믿기지 않는 현실이지만 이런 모습은 당시 러시아의 도시 곳곳에서 흔히 볼 수 있는 장면이었다. 시골에서 태어난 아이들을 대도시 공장의 값싼 일꾼으로 내모는 비극이 유럽과는 달리 러시아에서는 너무나 오래도록 지속되었다. 특히 가운데 아이의 실제 모델에 얽힌 사연은 이 비극적인 현실을 잘 대변해준다.

오랫동안 이 작품을 구상해온 화가는 양쪽에 그릴 두 아이의 모델은 쉽게 찾았지만 가장 중요한 가운데 자리의 아이에 맞는 모델은 찾지 못했다. 그러던 중 우연히 모스크바 거리에서 볼품없는 한 여인의 손을 잡고 가는 아이를 발견한다. 마리아라는 이름의 이 여인은 모진 가난 때문에 남편과 나머지 아이를 다 잃고 열두 살 소년 '바샤'만을 데리고 막 모스크바에 도착한 참이었다. 화가는 마리아를 끈질기게 설득한 끝에 바샤를 모델로 세워 마침내 작품을 완성한다. 그로부터 4년 후 달걀꾸러미를 든 마리아가 홀로 화가를 찾아와 바샤가 결국 가난과 병 때문에 죽었다며 달걀꾸러미를 포함해 자신의 전 재산을 줄 테니 그때 그린 바샤의 그림을 달라고 애원했다. 그러나 그 그림은 이미 팔려 러시아 최고 부호 소유의 미술관에 전시된 상태였다. 화가는 비록 그림을 줄 수는 없었지만 그 그림 앞으로 마리아를 데려간다. 그림 앞에 선 마리아는 처절하게 울부짖으며 무릎을 꿇고 기도하는데, 이 여인의 슬픔에 깊이 공감한 페로프는 바샤의 초상화를 다시 하나 그려 그녀에게 주었다고 한다.

20세의 젊고 튼튼한 청년이 이끌어야 할 트로이카를 열 살을 갓 넘긴 아이가 끌게 했던 제정 러시아가 몰락한 것은 어쩌면 당연한 일인지도 모르겠다. 그런데 과연 이 망가진 트로이카 이야기가 먼 러시아 제국만의 이야기일까? 사교육에 시달려가며 기형적인 10대를 보내는 아이들과 비싼 등록금을 벌기 위해 수업도 제대로 듣지 못하는 우리의 대학생들 역시 한국이라는 또 다른 무거운 트로이카를 이끌고 있는 것은 아닐까? 그런 의미에서 러시아의 '트로이카'는 장기 불황을 이길 수 있는 지혜와 함께 우리가 시급히 해결해야 할 문제가 무엇인지 보여주는 중요한 키워드라고도 할 수 있겠다.

9

러시아에서 '전제권력'이 오래가는 이유

2012년 3선에 성공한 푸틴은 대통령 임기를 4년에서 6년으로 연장하는 개헌 덕분에 다음 대선에서도 이길 경우 약 25년, 무려 사반세기 동안 러시아를 호령하게 된다. 정치 전문가들 대다수는 그 가능성이 상당히 높다고 보고 있다. 러시아는 1917년까지 유럽에서 가장 오랫동안 전제군주제가 유지되었고 이어 사회주의 혁명이 일어난 뒤에도 100년 가까이 1인 독재가 이어져오다 최근에는 푸틴이 등장하여 장기 집권하며 무소불위의 권력을 행사하고 있다. 세계에서 가장 넓은 영토 때문에 중앙집권형 통치가 힘들 것 같은데도 불구하고, 러시아는 왜 이리도 전제권력의 통치에서 벗어나지 못하는 것일까?

전제권력을 용인하는 문화심리학적 뿌리

혹자는 러시아가 광활한 영토를 보유하고 있지만 대부분은 쓸모없는 땅이라 실제로 사람들이 사는 지역은 한정되어 있기 때문이라 말하고, 혹자는 러시아는 유목민이 아니라 강력한 조직력을 갖춘 해양민족인 바이킹에 의해 세워졌기 때문이라고 말하며, 또 혹자는 200년 넘게 몽골의 지배를 받아 아시아적인 가부장적 전제정치가 정착된 것이라고 말한다. 또한 과거와 지금의 지배권력이 매우 효과적인 통치 구조를 활용하고 있기 때문이라는 의견도 있다.

16세기의 전제군주 이반 뇌제는 각 지역의 자치권을 몰수하고 무한권력을 가진 친위대 '오프리치니키Oprichniki'의 잔인한 전횡을 통해 저항의 싹을 원천적으로 잘라냈다. 현대의 전제군주라고 불리는 푸틴 역시 국가보안부와 군을 장악한 상황에서 러시아를 아홉 개 연방관구로 나누어 연방관구마다 대통령 전권대표를 파견하여 각 지방의 단체장들을 관리하고 있다. 그러나 무소불위의 권력이 유지되려면 의식적이든 무의식적이든 국민들의 동의가 전제되어야만 할 것이다.

따라서 문화사적으로 접근하자면 끝없이 전제통치를 용인하고 있는 러시아인들의 정신세계의 특수성이 흥미로운 연구대상일 수 있다. 한 시대를 같이 살아가는 인간으로서 러시아인을 좀 더 잘 이해하기 위해서라도 그들의 의식 근저에 내재된 문화심리학적 뿌리를 살펴볼 필요가 있다.

원형 구조로 전래되어온 러시아인의 태양 숭배 전통

러시아를 여행하다 보면 가끔 전통 목조 가옥을 만나게 된다. 자세히 살펴보면 반복되는 둥근 이미지들이 집 안팎 곳곳을 꾸미고 있다는 것을 알 수 있다. 바로 태양을 상징하는 문양들이다. 쉽게 생각해봐도, 세계에서 가장 추운 시베리아에서 살아가는 러시아인들이 따뜻한 불과 그 불의 근원인 태양을 소중히 하는 전통을 지닌 것은 너무도 당연하다.

러시아인들은 옛날부터 태양신을 숭배했고 유일신을 믿는 기독교를 받아

러시아 전통 목조 가옥과, 가옥 곳곳에서
볼 수 있는 태양 문양.
자료: Федеральный портал PROTOWN.RU.
〈http://protown.ru/information/hide/3626.html〉.

들이는 과정이 수월했던 것도 로마인과 마찬가지로 태양신을 숭배했기 때문이다. 그런데 이집트인이나 로마인의 태양 숭배와 러시아인의 태양 숭배는 큰 차이가 있다. 이집트인이나 로마인에게 태양이 감히 쳐다봐서도, 가까이 다가가서도 안 될 경외의 대상이었다면, 러시아인에게 태양은 몸을 녹이기 위해서라도 그것이 어디 있는지 알아야 하고 바라보며 가까이 다가가야 할 친근한 대상이었다. 이집트나 로마라면 성전에나 있어야 할 태양신의 모습이 러시아에서는 평범한 집안 곳곳에서 발견되는 것도 바로 이러한 이유다.

러시아인들에게는 어디를 가나 자기를 비춰줄 태양을 찾고 태양을 향하는 마음이 매우 뿌리 깊게 박혀 있다. 하루 일과를 시작하고 마칠 때 기도를 드리는 집안의 성모 마리아상도 해가 뜨는 동쪽 구석에 자리 잡고 있다. 러시아인들에게 성모상은, 그 문화적 기원으로 올라가면 예수의 어머니보다는 태양을 대신하는 역할을 한다.

이처럼 어디에서나 태양을 향하는 러시아인들의 의식세계에는 태양이라는 중심과 그것을 바라보는 주변이라는 일종의 원형 구조의 세계상이 잠재해 있다. 이는 가옥의 문양이나 실내구조뿐만 아니라 마을과 도시 구조에서도 계속 반복된다. 근대에 발굴된 고대 청동기 시기의 러시아인 거주지를 살펴보면 유럽에서는 유일하게 원형 구조를 취하고 있는 것을 알 수 있으며, 이 원형의 중심에는 꼭 주요한 건물이 자리 잡았다. 근대화 과정에서 유럽의 건축 양식이 러시아로 다수 유입된 까닭에 고유의 건축양식이 거의 사라졌음에도 불구하고 이 원형 구조만은 면면히 살아남았다. 모스크바를 비롯하여 러시아 전역에 세워진 크렘린(요새) 뼈대도 이와 유사한 구조로 만들어졌다.

러시아의 회화 또한 중심을 향한 원형 구조를 되풀이한다. 예를 들어 '성삼위일체'라는 똑같은 주제로 그림을 그려도 러시아인은 서유럽인과는 전혀 다르게 그린다. 15세기 네덜란드 화가 로베르 캉팽Robert Campin의 작품에서는 비둘기 형상의 성령과 죽음을 맞이한 성자 예수가 성부의 측면에 몰려 있는 반면, 비슷한 시기의 러시아 작가는 성자의 몸을 중심으로 성부와 성령을 정확하게 좌우대칭으로 배치해 하나의 원을 형성시킨다. 예수의 모습을 묘사할 때도 마찬가지다. 16세기 플랑드르 지방 요하임 파티니르Joachim Patinir의 그림과 19세기 러시아인 알렉산드르 이바노프Aleksandr Ivanov의 그림에서 그 차이를 뚜렷이 발견할 수 있다.

'중심'을 향하는 러시아인들의 구심력적 세계관

그런데 중요한 것은 러시아인들의 정신세계에 내재되어 있는 원형 구조의 핵심은 원심력이 아니라 구심력이라는 것이다. '태양'이라는 중심이 '내'가 있는 주변으로 이동하는 것이 아니라 주변에 있는 '내'가 중심에 있는 '태양'으로 가는 구조다. 러시아인들은 서양인들과는 달리 내가 아니라 '그분'을 더 중요하게 생각한다. 이와 같은 러시아인들의 독특한 '해바라기' 구조는 길이나 기차역명을 지을 때도 그대로 적용된다. 명명의 기준이 내가 있는 출발지가 아니라 내가 가야 할 목적지다. 예를 들자면, 레닌그라드에는 레닌그라드대로나 레닌그라드역은 없고 그 대신에 모스크바대로와 모스크바역이 있으며, 반대로 모스크바에는 레닌그라드대로와 레닌그라드역이 있다. 다시 말해, 레닌그라드에는 모스크바로 가는 길과 역이 있는 것이고 모스크바에는 레닌그라드로 가는 길과 역이 있는 것이다.

중심을 향하는 러시아인들의 구심력적 세계관은 길의 명칭뿐만 아니라 길의 구조에도 잘 반영되어 있다. 18세기 초 유럽에서 유행하던 건축양식과 함께 삼지창 형태의 대로 구조가 러시아로 유입되었다. 15세기 로마에서 생겨나 베르사유 등 유럽 전역으로 퍼진 이 '삼지창형 대로' 또한 러시아로 들어오면서는 러시아적 특색을 띠게 된다.

로베르 캉팽.
〈성삼위일체〉.
1433–1435년.
에르미타슈 박물관.

안드레이 루블료프.
〈성삼위일체〉.
1410년경.
트레티야코프 미술관.

요하임 파티니르.
〈그리스도의 세례〉.
1515–1524년.
빈 미술사 박물관.

알렉산드르 이바노프.
〈사람들에게 나타나신 예수〉.
1837–1857년.
트레티야코프 미술관.

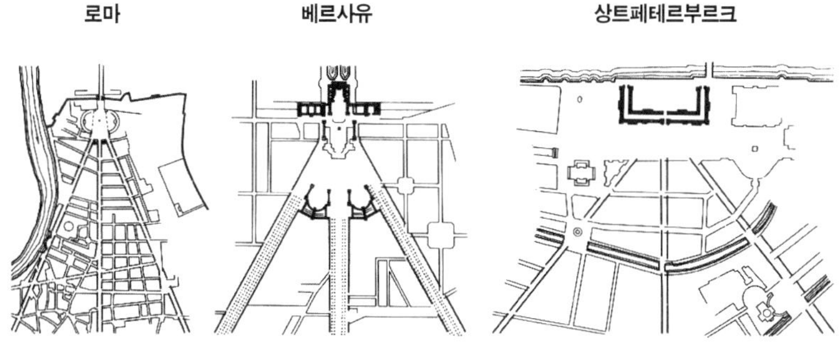

자료: Бунин А. В., Саваренская Т. Ф. (1979). 《История градостроительного искусства. Градостроительство рабовладельческого строя и феодализма》. Том первый. Москва: Стройиздат.

유럽의 삼지창 대로는 각도가 좁아 그 중심에 서면 고개를 돌리지 않아도 세 길이 한눈에 들어오지만 러시아의 삼지창 대로는 그 벌어진 각이 너무 커서 중심에서 고개를 일일이 돌려 세 길을 따로따로 볼 수밖에 없는 구조다. 유럽 사람들에게는 중심에 있는 왕이 세 길을 동시에 보는 것, 즉 원심력이 중요하지만 러시아인에게는 그 세 길에 위치한 수많은 '나'들이 동시에 '태양'인 '왕'을 보는 것, 즉 구심력만으로 충분한 것이다. 한마디로 서양에서는 왕이 수많은 '나'를 다스리고자 하지만 러시아에서는 수많은 '내'가 자발적으로 왕을 모시려 하는 것이라고 해석할 수 있다.

구심력적인 원체험에 기초하여 태양을 숭배하는 러시아인의 문화심리학적 뿌리는 그들의 삶의 여러 부문, 특히 정치적인 지배체제에도 깊은 영향을 주었다. 러시아의 왕이나 대공후가 살던 궁전을 러시아 옛말로 호롬khorom이라고 했는데, 태양신을 뜻하는 '호르khor'에서 나온 것이다. '호르'는 우리나라의 강강술래처럼 러시아인들이 명절에 거리로 쏟아져 나와 둥근 원을 이루어 함께 추는 춤인 호로보드khorovod, 이때 함께 부르는 노래인 호리

khory, 그리고 기분이 좋은 상태를 표현하는 호로쇼khorosho 등 지금까지도 러시아어에서 사용되고 있다.

이렇듯 러시아인들의 문화적 집단무의식에는 '태양신(호르)을 대신하는 왕을 위해 춤추고(호로보드) 노래하는(호리) 것이 좋다(호로쇼)'라는 숭배 습관이 오래전부터 깊이 자리 잡고 있다. 수많은 러시아인은 자발적으로 왕과 왕이 있는 궁전(호롬)을 모시려 했고 그것이 그들에게는 가장 좋은 상태였는지 모른다. 그리고 바로 이것이 러시아에서 전제정권이 그리도 오래 버티는 한 이유로 작용하는 것이 아닐까 짐작해본다.

:: 2부 ::

러시아인, 러시아 민족이 사는 법

zoom in 러시아 '역사'

러시아에 대한 한국인들의 이미지 중에 '비합리성' 만큼 자주 거론되는 것이 있을까. 비합리성은 세계에서 가장 큰 영토를 가진 러시아인이 보여주는 이해할 수 없을 만큼 큰 배포에서, 또는 이와는 반대로 덩치에 어울리지 않을 만큼 너무나 작은 것에 휘둘리는 데서 나타나기도 한다. 그러나 한층 더 깊게 파고들면 이 비합리성은 엄연히 나름의 필연성에 근거함을 알 수 있다. 그 필연성은 권력의 계승, 권력 측근의 부정부패, 지역 갈등의 문제 등 러시아뿐만 아니라 어떤 사회에서도 일어났고 또 지금도 일어나는 구조적 문제에서 기인한다. 2부에서는 이미 잘 알려진 역사적 사건과 잘 알려지지 않은 흥미로운 야사를 통해 러시아 역사의 '비합리성' 문제를 생각해보고자 한다.

먼저 러시아 역사의 대표적 아이러니인 '러시아'라는 말의 뿌리가 러시아에 있지 않다는 점과 실은 그것이 세계 최대 영토의 경영을 바이킹에게 위탁한 데에서 연유한다는 점을 이야기한다. 다음으로는 러시아의 수많은 황실 여인들이 수도원으로 출가한 이유가 무엇이었는지도 파헤쳐본다. 또 로마노프 제정 말기에 자원의 보고인 알래스카를 미국에 헐값에 팔아넘긴 속사정, 세계 최강으로 꼽히던 러시아 발트함대가 일본의 함대에 괴멸된 사연을 풀어본다. 이어 거대한 제국 러시아가 일개 괴승에 좌지우지되며 끝내 몰락한 이야기와 제국 말기 러시아 황실의 권위를 자유자재로 활용하며 전 유럽과 미국을 농락한 통 큰 러시아 귀족의 사기행각도 소개한다. 마지막으로 이제는 화해할 수 없는 앙숙이 되어버린 러시아와 우크라이나 간의 애증의 역사를 이야기한다.

1

'루스키'에 새겨진 러시아의 뿌리

한반도의 근현대사에 등장하는 러시아는 그리 긍정적인 이미지가 아니다. 이런 점은 한국인에게 각인된 러시아인의 별칭 '로스케'에도 반영되어 있다. 로스케는 구한말 일본인들이 대동아 공영 정책에 가장 방해가 되는 러시아인을 비하한 표현이었다. 러시아의 일본어 음역어 '로서아露西亞'의 '로露'와 남성 이름에 흔히 붙이는 일본말 '스케助'를 합친 말인데, 한마디로 '러시아놈'이라는 뜻이다. 1982년 일본의 어린이 방송 프로그램 〈애국전대대일본愛國戰隊大日本〉에는 "어린이에게 빨갱이의 책을 읽히지 마라, 로스케로부터 어린이들을 지킬 것이다"라는 표현이 여전히 사용되었다. 흥미롭게도 로스케라는 표현은 실제로 러시아어, 즉 러시아인을 가리키는 말 '루스키'와 발음이 아주 가깝다.

루스키는 러시아를 가리키는 옛말 '루스'와 형용사 어미 '스키'가 결합되어 '러시아의' 혹은 '러시아 사람'이라는 뜻으로 사용된다. 그런데 이 '루스'라는 말 속에 우리가 전혀 예상치 못한 러시아의 기원이 숨어 있다. 흔히 러시아

하면 '시베리아'를 맨 먼저 떠올리는 사람이 많은데, 러시아가 시베리아로 진출한 것은 겨우 16세기 말의 일이다. 그렇다면 러시아의 뿌리, 곧 기원은 어디서 찾을 수 있을까?

'루스키' 혹은 '루스'의 비밀

러시아의 뿌리 격인 슬라브족은 6세기경 지금의 루마니아 카르파티아 산맥과 다뉴브 강변에 살았다. 윤심덕이 부른 노래 〈사의 찬미〉는 사실 루마니아의 슬라브인 작곡가 이오시프 이바노비치Iosif Ivanovici의 〈다뉴브강의 잔물결〉이라는 왈츠곡을 리메이크한 곡이다. 그런데 이 당시의 슬라브인 가운데 일부가 9세기경 북진해 지금의 핀란드 바로 옆인 발트 해안에 정착한다. 이들이 지금의 러시아인이다. 통일신라와 발해로 나뉘었던 우리 역사의 남북국 시대에 저 대륙 반대편에선 러시아가 탄생한 것이다. 러시아 역사에는 모두 두 개의 왕조(류리크, 로마노프)가 있었는데 첫 번째 왕조인 류리크 왕조가 이 시기에 시작된다. '루스'란 말 또한 이 왕조와 함께 등장한다. 그런데 이상하게도 이 말은 그때까지만 해도 러시아 사람을 가리키는 말이 아니었다. 그럼 누구를 지칭하는 말이었을까?

922년 아라비아의 한 여행가[1]가 볼가강변에서 목격한 러시아 귀족의 순장 장면을 묘사한 19세기 회화에서 그 수수께끼를 풀 수 있다. 러시아 화가 겐리흐 세미라드스키Henryk Siemiradzki의 〈루스인 귀족의 장례식〉을 보면, 곧 불에 태워질 배 안에는 고인이 값비싼 귀족 복장을 한 채 앉아 있고 그 앞에 화려한 보석 귀걸이와 목걸이로 한껏 꾸민 슬픈 표정의 여인이 있다.

1 바그다드의 칼리프 아바시드가 보낸 사절단의 일원이자 여행가였던 아흐마드 파들란(Ahmad ibn Fadlan)을 가리키며, 그가 921~923년에 볼가강 유역을 방문한 후 남긴 여행 기록이 전해진다.

겐리흐 세미라드스키.
〈루스인 귀족의 장례식〉.
1883년.
러시아 국립역사박물관.

이 여인은 저승에서 고인의 시중을 들기 위해 같이 죽어야 하는 희생양이다. 그녀는 방금 모든 의례를 마치고 이승과의 이별을 기리는 마지막 한 잔의 포도주를 받기 위해 잔을 내밀고 있다. 그러나 바로 뒤에 검은 천을 걸친 사람은 포도주 대신 그녀의 피를 보기 위해 칼을 꺼내 들었다. 그녀가 죽은 뒤 주위 모든 것은 고인과 함께 태워지게 될 것이다.

당시 볼가강 주변 러시아인들의 전형적인 장례 풍습을 그린 것이다. 그런데 배의 모양이 주목을 끈다. 뱃머리가 용 모양인 것을 보면 아마도 바이킹의 배다. 바로 여기에 러시아의 옛말 '루스'의 비밀이 있다.

'루스'는 바로 바이킹을 지칭하는 말이었다. 고대 스칸디나비아어로 노 젓는 사람을 '로테'라고 했다. 바이킹들이 대서양을 통해 서유럽을 정복할 때는 큰 배를 이용했지만 발트해를 거쳐 볼가강과 드네프르강을 통해 비잔틴 제국으로 갈 때는 물길이 좁아 노 젓는 작은 배를 탔는데 이들을 가리키는 말이 '로테'다. 이들을 핀란드 사람들은 '루오치', 그리스 사람들은 '로스' 혹은 '루스'라고 불렀다.

슬라브족의 '통 큰' 부탁

476년 서로마 제국 멸망 이후 유럽의 문화·경제 중심지는 사실상 현재의 이스탄불인 콘스탄티노플을 수도로 삼은 비잔틴 제국이었다. 바이킹의 꿈의 정복지인 비잔틴 제국으로 가는 물길에 러시아 민족이 살았던 것이다. 아직 제대로 국가의 체계가 잡히지 않았던 러시아는 당시 유럽 전체를 위협하는 최강 군대인 바이킹에게 통 큰 부탁을 한다. 바로 국가의 '위탁 경영'이다.

러시아의 《삼국유사》라 할 만한 《원초 연대기》에는, 859년 발트해 근처에 살던 슬라브족이 "우리 땅은 넓고 풍요롭지만 질서가 없으니 와서 우리를 통치해주시오" 하며 바이킹을 초청했고 862년 바이킹의 지도자 중 류리크가

와서 다스리기 시작했다고 기록되어 있다. 이렇게 해서 러시아 최초의 왕조인 류리크 왕조가 862년에 창건되었고 이 나라를 '루스'라고 부르기 시작했다. 한마디로 러시아 역사는 '위탁 경영'에서 시작되었고 그 전문경영인이 바로 노 젓는 바이킹 '루스'였던 것이다.

러시아의 기원에 슬라브족 외에도 바이킹족이 있었다는 점은 아랍인의 목격담 외에 러시아 왕족의 반지에 새겨진 문장과 러시아 전통 목조 가옥에도 그 흔적이 남아 있다. 그리고 오늘날 스웨덴의 동부 지역에 위치한 항구도시 노르셰핑에 가면 바이킹족을 조상으로 여기는 스웨덴 사람들이 자신들이 러시아 류리크 왕조의 뿌리임을 자랑하고자 세운 기념탑을 볼 수 있다.

그렇다면 초청된 왕의 도움을 받아 나라를 바로 세우려던 러시아인들은 그 후 어떻게 되었을까? 《이솝 우화》에는 평화롭지만 지루하게 살던 개구리들이 제우스 신에게 왕을 내려달라고 했다가 결국 마지막에 내려온 학에게 모조리 잡아먹힌다는 이야기가 있다. 러시아 역사를 읽을 때면 러시아인들도 혹시 이런 운명에 처했던 것은 아닐까 생각하게 된다. 세계사에서 가장 혹독한 왕 중 한 명이던 이반 뇌제Ivan the Terrible를 봐도 그렇고, 유럽에서 가장 오래 군림한 러시아 전제정치를 봐도 그렇다. 또한 이후 스탈린으로 대변되는 파시즘 사회주의와 그로 인해 죽어간 러시아 민중의 슬픈 역사는 《이솝 우화》의 개구리 이야기가 인류 역사의 한 단면을 간파했음을 증명해 준다.

2

러시아의 황후들이 수도원으로 간 까닭은?

2013년 6월 러시아 대통령 푸틴의 이혼 발표가 전 세계에서 화제가 되었다. 대통령 3선에 성공하며 13년째 러시아에서 사실상 '황제'와 같은 특권을 행사하고 있는 푸틴 대통령이 예순한 살의 나이에 이른바 황혼 이혼을 선언하자 온갖 추측과 소문이 난무했다. 서른한 살이나 어린 올림픽 리듬체조 금메달리스트 알리나 카바예바와의 열애설이 가장 대표적이다. 2008년 4월 최초로 두 사람의 열애설이 신문에 보도되자 푸틴은 이를 강력하게 부인했고 해당 신문은 일주일 후 바로 폐간되었다. 그러나 이혼 발표로 이 열애설은 다시 수면 위로 부상했고 급기야 두 사람이 곧 재혼할 것이라는 설까지 나돈 바 있다.

진실이 무엇이든 간에 러시아 국민들에게 푸틴의 이혼은 매우 충격적인 사건이었다. 20세기 초 레닌의 등장 이후 지금까지 러시아에서 이혼을 한 지도자는 단 한 명도 없었기 때문이다. 게다가 푸틴은 그동안 위대한 러시아 제국을 재건한다는 기치 아래 러시아 정신의 근본인 러시아 정교의 부활을 주도하며 독실한 정교 지도자의 이미지를 만들어왔다. 외신들은 러시아 정교 교리에 어긋나는 러시아 지도자의 이혼 결정이 러시아인들에게 큰 충격으로 다가왔다고 전했다. 푸틴의 이혼은 정교 국가 러시아의 정치적·정신적 지도자인 황제의 이혼에 비유되었다.

러시아에서 황제가 이혼하는 방법?

그러나 러시아 역사를 좀 더 거시적으로 살펴보면 사회주의 혁명 이전의 정교 국가 러시아 제국에서는 황제의 이혼을 심심찮게 발견할 수 있다. 물론 예나 지금이나 기독교에서 '이혼'은 매우 엄격히 제한된다. 특히 한때 하나의 종교였던 가톨릭과 정교는 개신교보다도 엄격하다. 배우자에게 간음이나 장기간 부재 등 결정적 결격 사유가 없는 한 이혼은 사실상 금지되어 있다. 1527년 영국의 헨리 8세가 궁녀 출신인 앤 블린과 결혼하기 위해 첫 부인 캐서린과의 이혼을 신청했지만 교황이 거절하자 가톨릭교회를 거부하고 새로이 영국성공회를 창설한 것은 유명한 일화다. 헨리 8세는 가톨릭 신자로서 최고의 모범을 보여야 하지만 다른 한편으로는 후계자인 아들을 얻어야만 권력을 유지할 수 있는 현실정치의 문제와 한 사람의 평범한 인간으로서 감정의 문제 앞에서 종교적 순결을 포기한 것이었다.

그런데 러시아에서도 비슷한 시기에 이런 일이 있었다. 헨리 8세가 이혼하기 2년 전인 1526년 러시아의 왕 바실리 3세도 러시아 정교의 반대에도 불구하고 러시아 왕실 역사상 처음으로 이혼을 결행했다. 바실리 3세는 첫 부인 솔로모니아와의 사이에 오랫동안 아들이 없자 왕좌를 형제들에게 뺏길까 두려워 우선 형제들의 결혼을 막았다. 근본적 해결은 아들을 낳을 수 있는 여자와 결혼하는 것이었지만 솔로모니아는 간음을 하지도 아내의 역할을 저버리지도 않은 정숙한 부인이었기에 이혼은 정교 교리상 절대로 불가능한 상황이었다. 고심 끝에 바실리 3세는 기발한 방법을 찾아냈다. 러시아 정교에서 정숙한 부인과 이혼할 수 있는 예외적 상황이 하나 있었는데, 바로 부인이 너무나 독실한 나머지 수녀가 되기로 결심하는 경우다. 아내가 출가하여 수도원으로 떠날 경우 러시아 정교에서는 남편에게 이혼과 재혼을 허락했고, 바실리 3세는 이를 악용하기로 작정했던 것이다.

아름다운 노보데비치 수도원은 현재 모스크바의 대표적 관광명소로 많은 관광객의 사랑을 받으며 멋진 사진의 배경이 되고 있다. 하지만 실제로는 불행한 왕후들의 억울하고 비참한 사연이 깃든 여성 전용 수도원이다. 바실리 3세는 당시 자신에게 우호적이던 러시아 정교의 대주교와 짜고 공식적으로는 여왕 솔로모니아가 자발적으로 출가를 결심했다고 발표한다. 그러나 실은 강제로 왕후를 노보데비치 수도원으로 끌고 가 물리적 폭력까지 가하며 머리를 깎고는 사실상의 가택연금에 처했다. 기록에 따르면 끝까지 머리를 깎지 않으려고 버티던 솔로모니아를 바실리 3세의 신하들이 무자비하게 때리며 "왕의 뜻에 감히 반대하느냐?"라고 위협했다고 한다. 결국 머리를 깎인 왕후는 "신의 보복이 있을 것이다"라는 말을 남겼다고 전해진다.[2]

이 사건 이후로 역대 러시아 황제들은 이혼하기 위해 종종 이 수법을 가져다 썼다. 여성 전용 수도원이 강제로 이혼당한 왕후들의 감옥이 된 것이다. 흥미로운 사실은 솔로모니아의 저주가 통했는지 아내를 수도원으로 쫓아낸 왕들은 하나같이 불행한 말년을 보냈다는 것이다.

---

2 В. В. НАЗАРЕВСКОГО (1914). 《ИЗ ИСТОРИИ МОСКВЫ 1147-1913. ИЛЛЮСТРИРОВАННЫЕ ОЧЕРКИ》. Москва: Левенсон.

모스크바의 노보데비치 수도원.
아름다운 겉모습과는 달리
남편에게 버림받은 왕후들의 감옥이었다는
비극적인 사연을 담고 있다.

러시아 황실의 불행한 이혼 전통

바실리 3세는 재혼 후 곧바로 그토록 소원하던 아들을 둘이나 두게 되었지만 몇 년 뒤 허벅지에 생긴 물집으로 고통스럽게 죽었다. 갑작스럽게 아비를 잃은 세 살배기 왕자는 이후 아버지보다 더 고통스럽고 파란만장한 삶을 살다가 결국 왕조의 멸망까지 초래하게 되는데 바로 이 왕자가 악명 높은 '이반 뇌제'다. 차르가 된 이반 뇌제는 정치적으로도 불행했지만 가정적으로는 더더욱 불행했다. 8명의 아내 중 넷은 병으로 죽었고 셋은 강제로 수도원으로 끌려갔다. 이렇게 아버지의 수법을 세 차례나 활용했던 이반 뇌제 본인 역시 아버지처럼 온몸이 썩어 들어가는 병에 걸려 비참한 최후를 맞았다. 그의 유약한 자식이 왕위를 계승했으나 그 대에서 러시아의 최초 왕조였던 류리크 왕조도 역사에서 사라졌다. 1598년의 일이었다. 그러나 조강지처를 수도원에 버린 러시아 왕들의 비극적 유전자는 여기서 끝나지 않고 그다음 왕조인 로마노프 왕조에서도 계속 이어졌다.

러시아 전 역사상 가장 위대한 인물을 꼽으라고 한다면 논란의 여지 없이 로마노프 왕조의 4대 왕인 표트르 대제다. 1682년 열 살의 어린 나이에 등극하여 러시아의 근대화를 이루어내고 러시아를 유럽 최강국의 반열에 올리는 동시에 왕국에서 제국으로 탈바꿈시키면서 초대 황제로 승격한 위대한 지도자이다. 이후 러시아 제국의 황제들뿐 아니라 사회주의 소련의 지도자들, 오늘날 푸틴 대통령까지도 표트르 대제의 이미지를 모방하고자 애쓴다. 그런데 유감스럽게도 바로 이 표트르 대제가 앞서 말한 비극적 유전자를 이어받았다.

어린 시절을 자유분방한 외인촌에서 보낸 표트르는 안나 몬스라는 독일 아가씨와 풋사랑을 나누지만 왕실의 정략결혼으로 사랑의 결실은 맺지 못했다. 하지만 사랑 없는 결혼을 한 후로도 표트르와 안나 몬스의 불륜은 꽤 오랫동안 이어졌다고 전해진다. 왕비 예브도키아는 당연히 사랑받지 못했고 그들 사이에 태어난 황태자 알렉세이 또한 일찍이 표트르 대제의 눈 밖에 났다. 결국 왕비 예브도키아는 역모에 가담했다는 이유로 선대 왕비들처럼 수도원으로 강제로 쫓겨났다.

선배들의 강제이혼 전통을 계승한 표트르 대제는 몇 년 뒤 스웨덴과의 전쟁 중에 잡혀온 라트비아의 여인 예카테리나와 사랑에 빠졌고 그녀와 공식적으로 재혼했다. 그리고 그들 사이에 태어난 아들 표트르에게 왕위를 계승하고자 황태자 알렉세이까지 역모죄로 처형했다. 그러나 이후 표트르 대제의 가정사는 불행의 연속이었다. 새로이 황태자가 된 어린 표트르는 세 살밖에 안 된 나이로 사망했고 그 이후로는 대를 이을 아들이 태어나지 않았다. 그 유명한 18세기 러시아의 이른바 '여왕의 시대'는 표트르 대제의 불행한 가정사의 산물인 셈이다. 더구나 말년에는 그토록 사랑했던 아내 예카테리나가 과거 표트르 대제의 애인이었던 안나 몬스의 남동생과 불륜을 저지르는 바람에 표트르 대제는 화병으로 죽을 때까지 시름시름 앓았다고 전해진다.

이후 '이혼 유전자'는 표트르 대제의 손자인 표트르 3세에게 이어진다. 그러나 무능력했던 표트르 3세는 아내를 수도원으로 보내려다 실패하고 오히려 아내의 심복에게 암살당한다. 이로써 러시아 황실 여성들의 모욕적 전통도 종지부를 찍게 되는데, 이 이야기의 주인공이 바로 그 유명한 러시아의 여제 예카테리나 2세다. 그녀는 러시아 황실의 마지막 이혼녀로서 재혼하지 않고 끝까지 홀로 왕위를 지켰다. 그녀와 함께 노보데비치 수도원도 비운의 역사를 마감하고 본연의 기능을 회복했다. 그러나 러시아인들의 기억 속에서는 '황실 이혼녀 전용 수도원'이라는 이미지가 사라지지 않고 있다. 예카테리나 2세 사후 200년 이상이 지났지만 2013년 푸틴이 공식적으로 이혼을 발표하기 전 그의 부인 루드밀라가 오랫동안 공식석상에 나타나지 않자 그녀가 수도원으로 갔다는 소문이 무성했던 것도 이 맥락에서 이해할 수 있다. 어쨌든 푸틴 대통령은 사라진 러시아 황제의 이혼 메커니즘을 부활시킨 셈이다.

3

러시아는 왜 알래스카를 팔았을까?

세계사에 회자되는 어이없는 에피소드 중 하나가 19세기 말 러시아가 막대한 자원의 보고인 알래스카를 미국에 헐값으로 팔아버린 사건이다. 알래스카의 넓이는 171만 7,854㎡로 한반도의 7.8배이며 현재 세계에서 가장 넓은 나라인 러시아의 10분의 1에 해당하고 미국에서 가장 넓은 주다. 이 거대한 땅을 1867년 10월 러시아가 미국에 양도하며 받은 돈은 고작 금화로 720만 달러였다. 당시로서도 러시아 정부의 연간 지출 2억 5,000만 달러의 약 2.9%밖에 안 되는 적은 돈이었다. 19세기 초 미국의 뉴올리언스 항구의 가격 1,000만 달러보다도 적은 금액이었다.[3] 2015년 기준으로 환산하면 1억 1,900만 달러[4]인데, 이 계약이 체결되고 5년 뒤 알래스카에서 발견된 금광에서 채굴된 금이 1,000톤 이상으로 130억~140억 달러어치인 걸 생각하

---

3 Sekmadienis (2011). "Великая Тартария-6". 〈http://dokumentika.org/lt/slav/velikaya-tartariya-6〉.

4 가치 환산 전문 사이트 'Measuring Worth—Purchasing Power of US Dollar(https://www.measuringworth.com/)'를 활용.

면 참으로 밑지는 장사가 아닐 수 없다.

현재 전 세계 석유의 10분의 1이 매장된 것으로 알려진 알래스카는 매년 광업으로 125억 7,300만 달러, 농어업으로 2억 8,900만 달러, 제조업으로 21억 1,200만 달러,[5] 관광으로 20억 달러[6]의 수익을 올리고 있다. 게다가 냉전 시대부터는 러시아를 코앞에서 위협하는 강력한 미군기지까지 설치되어 있었으니 러시아 사람들로서는 정말 기가 막힐 노릇이다.

재정압박 속에 패권 경쟁 요충지로 부상한 알래스카

그런데 왜 러시아는 이런 밑지는 장사를 했을까? 사회주의 혁명 이후 소련 정부는 이 거래야말로 제정 러시아의 불합리성을 상징하는 사건이라고 일방적으로 선전했다. 그러나 1980년대 후반 페레스트로이카 이후에는 이 거래가 멍청한 실수가 아니라 현명한 선택이었다고 주장하는 역사학자도 등장했다. 이들에 따르면, 당시 알래스카의 양도는 '계륵을 포기한 조조의 선택' 같은 것이었다. 다시 말해 알래스카는 조조가 유비에 맞서 지키려던 땅 '한중'처럼 지키기는 힘든데 먹을 건 별로 없는 계륵에 불과했다는 것이다. 1732년 알래스카를 점령한 러시아는 1799년 알래스카를 개발하기 위해 '러시아-아메리카 회사Russian-American Company, RAC'라는 준국영기업을 설립했다. 국고 지원과 민간인 투자가 결합되어 세워진 이 기업은, 아직 알래스카의 지하자원이 잘 알려지지 않았던 시기라 알래스카의 모피를 중국으로 독점 수출하고 중국의 차를 러시아로 독점 수입 판매했다. 여기서 나온 수익으로 우선 현지 러시아인 2,500명과 6만여 명의 인디언과 에스키모인을 관리하

---

5 Bureau of Analysis Economy (2011).
6 Resource Development Counsil for Alaska (2010).

고 나머지는 국세와 투자자 배당금으로 사용하였다.

문제는 RAC의 경영이 점점 악화되었다는 점이다. 제2차 아편전쟁으로 경제적 어려움을 겪게 된 중국에서 모피 수요가 줄었고 당시 막 북미 태평양 연안을 장악한 미국인들이 물개가죽을 중국에 팔기 시작하면서 알래스카 모피의 시장점유율이 하락했다. 엎친 데 덮친 격으로 1862년 러시아 정부가 러시아 국내에서 영국 차의 판매를 허용하면서 RAC의 중국 차 수입판매 사업도 심각한 타격을 입었다. 경영 압박에 시달리기 시작한 RAC는 러시아 정부의 국고를 채워주기는커녕 도리어 막대한 국고 지원을 받아야 하는 '미운 오리새끼'로 전락했다. 더욱이 1856년에 끝난 크림전쟁의 패배로 당시 러시아 정부는 엄청난 재정압박에 시달리고 있었다. 막대한 전쟁배상금을 치러야 했던 것이다. 또 영국과 프랑스 등 유럽 열강의 자본주의를 뒤늦게나마 따라잡으려면 대규모의 인프라 건설비용이 필요했다(참고로 알래스카 판매 대금은 시베리아횡단철도 건설에 사용되었다). 상황이 이렇다 보니 적자투성이 RAC는 눈엣가시 같은 존재였다.

광대한 알래스카 영토를 지키는 데 들어가는 군사적 비용도 점점 늘어났다. 영국과 미국의 포경선과 밀수업자들이 난립하여 RAC를 괴롭히기 시작한 것은 약과였다. 더욱 심각한 위협은 이런 좀도둑들이 아니라 호시탐탐 알래스카를 노리는 영국과 미국 군대였다. 당시 알래스카는 북미 대륙을 둘러싼 영국과 미국의 패권 경쟁 요충지로 부상하고 있었다. 남북전쟁에서 영국의 지원을 받는 남군을 어렵게 제압한 미국 북군에게 영국령 캐나다는 여전히 위협적인 존재였다. 그러나 만약 캐나다의 북부 접경 지역인 알래스카를 미국이 차지한다면 영국은 미국에 남북으로 둘러싸여 북미의 마지막 식민지마저 뺏길 위험에 처하게 된다.

이런 이유로 남북전쟁 직후 알래스카를 차지하기 위한 미·영 양국의 침공

가능성이 점점 높아졌다. 특히 영국은 러시아를 굴복시킨 크림전쟁 와중에도 알래스카로 가는 길목인 캄차트카 침공을 시도하면서 알래스카에 대한 욕심을 노골적으로 드러냈다. 유감스럽게도 당시 러시아는 알래스카를 지킬 병력을 추가로 보낼 수 있는 상황이 아니었다. 러시아 정부에는 두 가지 선택지밖에 없어 보였다. 수익성도 없고 지키지도 못할 땅을 붙잡고 괜한 국력을 낭비해 제정 러시아 자체의 존립이 위험해지거나, 아니면 이 계륵을 미리 과감히 팔아 국고도 늘리고 대미 관계 개선이라는 외교적 성과도 보는 것이다. 당연히 러시아 황실은 후자를 선택했다. 크림전쟁을 치른 원수 국가인 영국이 아닌, 당시 급성장하는 나라이면서 러시아와의 관계도 절정에 이르고 있던 미국에 알래스카를 팔기로 결정한 것이다.

알래스카를 날린 정실주의와 보신주의

아이러니컬하게도 당시 '알래스카 매입'에 대한 미국 여론은 매우 부정적이었다. 알래스카를 "다 빨아먹은 오렌지", "얼어붙은 황무지"에 비유하며 국고를 낭비했다는 비난 여론이 거세게 일었다. 거래가 성사된 후 국내 여론의 환영을 받은 러시아 정부와 비난의 대상이 된 미국 정부의 운명이 훗날 180도로 바뀔 줄 그 누가 알았을까?

그런데 2000년대 들어 러시아 역사학계에서는 당시 러시아 정부의 선택이 전혀 불가피하지 않았다는 평가가 다시 힘을 얻었다. 불가피한 상황은 없었고 다만 상황을 불가피하게 만든 러시아 정부의 비효율성이 있었을 뿐이라는 것이다. 우선 경영 압박에 시달리던 RAC 경영진을 살펴보면 상인이나 자본가 등 전문경영인은 단 한 사람도 없고 경영과는 무관한 늙은 해군과 육군 장성뿐이었다. 그들은 황제의 친인척임을 내세워 황제가 보장한 독점권만 믿고 모피와 차 장사를 관리하는 것으로 말년을 느긋하게 보내려 했다. 새로운 사업을 개척하고 알래스카의 효용가치를 극대화하는 데는 전혀 관심이 없었던 것이다. 심지어 알래스카를 개척하고자 자발적으로 찾아오는 러시아인들까지 막았다. 자유로운 서부 개척을 장려하던 동시대 미국 정부와는 딴판이었다.

오직 모피와 차에만 의존하던 이들 장군들은 RAC 경영이 점점 악화되어도 이를 적극적으로 개선할 생각은 전혀 하지 않았다. 금광을 차지하려는 외국인들의 쇄도가 본격화되었지만 이들은 여전히 모피 사업에서 벗어나지 못했다. 러시아 정부 차원에서 금광 개발을 통한 새로운 수익 사업을 추구하기보다는 외국인을 쫓아내기 위한 군사적 지원을 늘려달라는 요청만 반복했다. 그 와중에 눈덩이처럼 쌓이는 RAC의 적자는 계속해서 국고로 메워야 했다.

한편 당시 러시아 정부의 실세는 황제 알렉산드르 2세의 동생인 콘스탄틴 대공이었다. 군사와 외교를 장악한 콘스탄틴 대공은 적극적인 군사적 진출이나 외교적 팽창에 따르는 무거운 책임을 감수하기보다는 기존의 러시아 대륙에 안주하는 보신주의 정책에 만족했다. 서양 열강들이 모두 영토 확장에 혈안이 된 마당에 유독 러시아만 안방 지키기에 여념이 없었던 것이다.

알래스카에 대해서도 마찬가지였다. 전쟁으로 알래스카를 뺏기지나 않을까 두려워하던 콘스탄틴 대공은 반대자들이 황제에게 접근하는 것을 차단한 후 측근들로 구성된 긴급대책회의를 열어 알래스카를 팔아치우기로 만장일치로 결정했다. 사실 군사 전문가들은 당시 영국은 미국 때문에, 미국은 남북전쟁 후유증과 쿠바와 중남미에 대한 더 큰 관심 때문에, 알래스카를 침공할 여력이 없었다고 지적한다. 더구나 영 · 미 갈등은 오히려 러시아가 알래스카를 지킬 수 있게 해주는 호재였다. 그리고 크림전쟁에서 패하기는 했지만 당시 러시아의 군사력은 여전히 세계 최고 수준이었기 때문에 알

래스카 정도는 방어할 수 있었다는 것이다.[7]

결국 러시아 정부의 정실주의, 보신주의, 패배주의가 당시 전 세계가 주목하던 알래스카 금광의 막대한 수익성도, 그와 비교할 수 없을 정도로 무한한 미래의 잠재적 가치도 단번에 날려버린 것이다. 정실과 측근을 과감히 청산하고 실력 있는 전문경영인에게 국가의 주요 기업을 맡기고 보다 진취적이고 대승적인 자세로 장래를 고민했다면 알래스카의 미래와 러시아의 오늘은 매우 달라졌을지 모른다. 그런 의미에서 정실주의, 보신주의, 패배주의 청산은 현재에도 어딘가에 있을 우리의 '알래스카'를 지키는 데 중요한 열쇠가 될 것이다.

---

7 Миронов. И. Б. (2007). 《Как продавали Аляску. Все еще можно вернуть》. Москва: Алгоритм.

4

세계 최강 발트함대는 왜 무너졌나?

세계 5대 해전에 들어가는 쓰시마 해전,[8] 아니 대마도 해전에서 당시 세계 최강인 러시아 발트함대를 물리친 일본의 도고 헤이하치로東郷平八郎 제독은 매우 겸손한 사람이었다. 누군가가 그에게 영국의 넬슨 제독에 버금가는 군신이라고 칭찬하자 "해군 역사상 군신이라 할 제독이 있다면 이순신 한 사람뿐이다. 이순신과 비교하면 나는 하사관도 못 된다"라고 말했다.[9] 이미 일본의 제물에 불과했던 약소국 조선 출신의, 더구나 일본에 씻을 수 없는 수모를 안겨준 장군에게 존경을 표하고, 20세기 세계사를 바꾼 역사적 전투에서 이겼지만 결코 허세에 빠지지 않는 위대한 장수의 풍모가 느껴진다. 이 전투에서 도고 제독에게 패배한 러시아의 제독 로즈데스트벤스키도 자신을

---

8 나머지 네 개의 해전은 레판토 해전(1571년, 베니스-스페인 기독교 동맹과 오스만투르크), 트라팔가 해전(1805년, 영국과 프랑스-스페인 연합군), 유트란트 해전(1916년, 제1차 세계대전에서 영국과 독일), 미드웨이 해전(1942년, 제2차 세계대전에서 미국과 일본)이다.

9 사회과학출판사 (1991). 《조선수군사》〔오붕근 외 (1964). 《일조중 3국 인민연대성의 역사와 이론》. 일본조선연구소 발행 (1964) 재인용〕.

병문안 온 도고 제독에게 "당신이 상대였으니 나는 패자가 된 것이 부끄럽지 않소"라고 말했다고 한다.

그러나 도고 제독의 '하사관' 발언은 겸손에서만 나온 것일까? 사실 여기에는 그렇게 말할 만한 객관적인 이유가 없지 않았다. 이순신 장군의 명량대첩에서 조선 수군이 승리한 것은 골리앗을 잡은 다윗의 이야기에 필적할 만한 반전 드라마였던 데 비해 도고 제독의 쓰시마 해전은 전투의 결과를, 승자도 패자도 그리고 제3자도 이미 예견했던 일종의 신파극이었기 때문이다.

세계 최대의 발트함대는 세계 최악의 함대였다

세계 최고 수준이자 러시아 제국의 총아라고 불리던 발트함대는 왜 일본 해군에 패배할 수밖에 없었을까? 로즈데스트벤스키는 황실의 족벌정치가 난무하던 러시아 해군에서 아무런 배경도 없이 그야말로 실력으로만 해군의 3인자 격인 해군 중장이 된 신화적 인물이었다. 그는 자신을 극동으로 파견한다는 소식을 듣고 "나를 시기하는 상급자들이 나를 제거하기로 결정한 것"이라고 개탄했다. 출정 전야의 이별 모임에서 전함 알렉산드르호의 함장 부흐보스토프의 말은 더욱더 비극적이었다. "승리는 없을 것이다. 극동으로 가는 도중에 우리는 전 함정의 절반을 잃게 될 것이다. 만약 그런 일이 발생하지 않는다고 해도 일본이 우리를 전멸시킬 것이다. 그들의 함정은 우리보다 더 좋고 그들은 진짜 수병다운 수병들이기 때문이다. 내가 여러분에게 약속할 수 있는 단 한 가지는 우리 모두가 죽는 한이 있어도 결코 항복하지는 않는다는 것이다."[10]

---

10 Шишов А. В. (2004). 《Неизвестные страницы русско-японской войны. 1904-1905 гг》. Москва: Вече.

실제 당시 발트함대의 실상을 살펴보면 이런 패배주의적 시각이 이해가 되고도 남는다. 이미 증기기관과 현대적인 포탄이 도입된 당시 해전에서 승패를 좌우하는 가장 중요한 요소는 전함의 스피드와 포탄의 성능이었다. 그러나 정실주의와 관료주의의 온상이 되어버린 러시아 해군의 부패하고 무능한 엘리트들은 아직도 함대의 숫자가 더 중요하다고 생각했다. 그들은 당시로서는 세계 최다인 50척의 함대를 일본으로 보냈다. 하지만 그 면면을 살펴보면 한심하기 짝이 없었다. 우선 천차만별의 속도를 가진 전함들로 인해 균일한 속도전을 수행할 수 없었다. 주력 함정 중 5척은 최신예 전함으로 18노트[11] 이상으로 달릴 수 있었지만 15노트의 속도도 내기 힘든 2척의 낡은 전함이 제동을 걸었다. 7척의 순양함 중 4척은 최신 함정이었으나 나머지 3척 중 돈스코이호는 21년이나 되어 속도를 낼 수 없었고 스베틀라나호와 알마스호는 속도는 20노트까지 낼 수 있었으나 본래 황실의 요트, 즉 노리개용으로 디자인된 것들이라 방어도 공격도 불가능했다. 여기에 5척의 경무장 보조 순양함들은 고작 몇 문의 대포만 형식적으로 장착한, 그저 속도 빠른 증기선에 불과했다.[12]

로즈데스트벤스키에게는 이 낡은 전함들을 수리할 시간도 주어지지 않았다. 상황의 심각성을 깨달은 로즈데스트벤스키 제독은 황제에게서 아르헨티나와 칠레로부터 7척의 최신 순양함을 반드시 추가 구입하겠다는 약속을 받아내고서야 출항했다. 하지만 이 약속은 끝내 지켜지지 않았다. 전함의 상태뿐 아니라 수병들의 전투수행력도 심각한 수준이었다. 반세기 가까이 제대로 된 해전을 한 번도 치른 적이 없었기 때문에 수병의 99% 이상이

---

11 노트는 선박의 속력을 나타내는 단위. 1노트란 선박이 1시간에 1해리(nautical mile), 즉 1,852m를 진행하는 속력이다.

12 콘스탄틴 플레샤코프 (2003). 《짜르의 마지막 함대》. 표완수 외 옮김. 중심.

포성조차 들어본 적이 없었고 그나마 대부분이 크론슈타트와 상트페테르부르크 감옥에서 차출된 중범죄인들이었다. 한마디로 오합지졸이었다. 전투력을 키우기 위한 유일한 방법은 일본으로 가는 길에 포격 연습을 실시하는 것이었지만 포탄이 본격적인 전투를 딱 한 번 수행할 정도의 양이라 이마저 불가능했다. 한마디로 당대 최대 규모의 함대는 실제로는 필요한 속도도 포탄도 수병도 갖추지 못한 최악의 함대였다.

급기야 항해 중 영국선과 벌인 전투에서 아군에게 포탄을 퍼부어 종군 목사가 사망하는 사건이 발생했는가 하면 수병 반란까지 일어났다. 제독이 아내에게 보낸 편지에서는 "아무리 사소한 일이라도 다섯 번을 명령해야 하오. 그런 다음 잊었는지 확인하기 위해 다섯 번을 더 확인해야 하오"라는 등 한탄이 자주 담겼다. 7,500명의 수병들 가운데 1,500명은 알레르기 증세, 800명은 우울증, 700명은 정신불안 증상을 보였고 그중 최소 20명은 극동에 도착하기 전에 자살할 가능성이 높다는 진단까지 나왔다.

모든 면에서 앞선 도고함대에 무너진 러시아 함대

이에 반해 도고 제독이 거느린 일본 함대는 그야말로 최정예 부대였다. 200년 역사를 가진 러시아 해군에 비해 50년이라는 짧은 역사를 가진 일본 해군은 메이지유신 이후 급속한 발전을 이루었다. 더구나 러일전쟁에서는 17억 엔의 엄청난 군비 중 8억 엔을 영국과 미국으로부터 지원받았을 뿐 아니라 영국에서 최신 함대와 해전 기술까지 도입하여 그야말로 무서울 게 없었다. 함대 전체가 15노트 이상의 속도로 균일하게 움직일 수 있었을 뿐 아니라 자체 개발한 시모세 포탄은 세계 최고의 성능을 자랑했다. 가벼운 탄피를 개발하여 폭약 비중이 3~4%에 불과한 다른 포탄에 비해 월등히 많은 10%의 폭약을 넣을 수 있었고 게다가 어떤 물질에도 불이 잘 붙는다는 엄청난 장점도 있었다. 또한 도고함대는 1년 이상 해전을 계속해왔기 때문에 수병들의 전투 경험과 군기가 러시아 수병들과는 비교도 되지 않았다. 여기에 홈그라운드의 이점까지 추가되었으니 전쟁의 승패는 이미 불 보듯 뻔했다.

물론 이런 도고함대에도 약점이 하나 있었다. 1년간의 오랜 전투로 수병들이 지쳐 있었으며 전함들도 더는 전투가 불가능할 정도로 손상을 입어 휴식과 수리가 불가피했다. 필패를 알면서도 어쩔 수 없이 출항한 로즈데스트벤스키 제독에게 유일한 희망은 바로 그 점이었다. 가능한 빠른 시간 내에 도착하여 일본 함대에 배를 수리할 시간을 주지 말아야 했다. 그러나 유감스럽게도 무능한 러시아 황제가 일본을 도왔다. 필요도 없는 낡은 보충함대를 기다리라는 명령을 내린 것이다. 이 때문에 로즈데스트벤스키의 함대는 인도차이나에서 한 달, 마다가스카르에서 두 달을 기다려야 했다. 도고 제독에게는 정말 천금 같은 시간이 주어진 것이다.

1905년 1월부터 4월까지 충분한 수리와 휴식 시간을 가진 일본 함대에게 남은 일은 먼 길을 오느라 지친 러시아 함대를 기다리는 것뿐이었다. 도고 제독은 인내가 최고의 동맹군이라는 사실을 잘 알았다. 게다가 식량도 석탄도 부족한 러시아 함대가 블라디보스토크로 가는 최단 항로인 대한해협을 선택하리라는 것은 결코 힘든 예측이 아니었다. 아프리카를 돌아 인도양을 건너는, 9개월간의 세계 역사상 유례가 없는 최장거리 해상 파병에 지친 러시아 함대에 대한해협은 가장 덜 나쁜 선택이었다. 조선과 일본 사이가 아니라 일본을 멀리 돌아가는 것은 안전하지만 불가능한 선택이었다. 도고의 예측은 맞아떨어졌고 마침내 그는 세계사에 길이 남을 승리, 그러나 너무나도 당연한 대승을 거두었다.

대한해협까지 도착한 38척의 러시아 함선 중 19척이 격침되고 7척이 나포되었으며 5,000명 이상이 전사했고 6,000명이 포로가 되었다. 반면 일본군은 단 3척의 어뢰정만 격침되었고 117명의 직접적 전사자를 포함해 전체 사상자는 고작 700여 명이었다. 세계에서 가장 많은 해군 제독(100명)[13]으로 구성되었으나 그중 3분의 1 이상이 10년 넘게 바다 구경도 못한 러시아 해군 수뇌부와 이 모든 것을 독단적으로 결정하며 온갖 변덕과 실수를 거듭한 러시아 황제가 제독과 수병들을 사지로 밀어낸 결과였다. 도고 제독은 결국 전쟁의 승패는 전쟁터에서 나는 것이 아니라는 사실을 잘 알았던 사람이다. 이 해전 덕분에 이순신을 숭앙하는 위대한 "하사관" 도고 제독은 역사에 길이 남을 영웅이 되었고 일본은 아시아의 유일한 맹주가 되었지만 위대한 러시아 제국은 패전의 후유증에서 끝내 벗어나지 못한 채 10년 후 맥없이 무너진다.

13 영국의 해군 제독은 69명, 프랑스는 53명, 독일은 9명이었다.

5

러시아를 뒤흔든 괴승, 라스푸틴

러시아 로마노프 황실을 얘기할 때 빼놓을 수 없는 인물 중 한 사람이 그리고리 라스푸틴Grigorii Rasputin, 1864~1916이다. 그는 고려 말 황실을 좌지우지하며 온갖 엽기적인 행위로 결국 고려를 멸망하게 만든 괴승 신돈의 러시아판이라고 할 수 있다. 괴승 신돈처럼 라스푸틴도 러시아 로마노프 왕조의 멸망과 직결된 인물이다. 1997년 20세기폭스 사가 만든 애니메이션 〈아나스타샤〉에서 그는 무시무시한 마법사로 등장했다. 라스푸틴을 소재로 한 영화나 뮤지컬은 러시아와 할리우드 등 세계 곳곳에서 만들어졌고 또 지금도 만들어지고 있다. 특히 1932년 MGM이 제작한 〈라스푸틴과 황후〉는 아카데미 각본상에 노미네이트된 바 있고, 1966년에는 세계적인 명배우 크리스토퍼 리가 라스푸틴 역을 맡은 영화도 나왔다. 2004년에도 영국 BBC에서 〈누가 라스푸틴을 죽였는가〉라는 다큐멘터리 영화가 만들어졌다.

황실의 비밀과 라스푸틴의 신통력

한낱 괴승에 불과한 라스푸틴에 대한 식을 줄 모르는 관심은 어디에서 비롯된 것일까? 이미 말한 것처럼 세계 최대 제국이었던 러시아를 멸망시킨 장본인이라는 점과 그를 둘러싼 많은 수수께끼와 전설 때문인 듯하다. 시베리아 우랄산맥 근처에서 태어난 평범한 농민 라스푸틴은 어떻게 일약 세계적인 인물로 탈바꿈하게 되었을까? 모든 것은 바로 러시아 황실 가족의 비밀에서 시작되었다.

러시아의 마지막 황제 니콜라이 2세는 영국 빅토리아 여왕의 외손녀 알렉산드라와 결혼했다. 그런데 연이어 네 명의 딸만 낳아 왕손을 걱정하던 차에 결혼한 지 10년이 되어서야 아들 알렉세이를 얻었다. 그러나 이렇게 귀한 황태자는 불치병인 혈우병을 가지고 태어났다. 빅토리아 여왕으로부터, 즉 모계를 통해 물려받은 이 병은 지금도 난치병이지만 당시에는 환자가 언제 죽을지 모를 정도로 위태위태한 병이었다. 러시아 황실에서는 황권의 계승자에겐 치명적 약점이 될 이 병을 비밀에 부쳤다.

한편 시베리아의 평범한 농부였던 라스푸틴은 심한 발병 후 러시아 정교 신앙에 귀의해 러시아 전역으로 순례여행을 다녔고 나중에는 예루살렘으로 떠났다. 그런데 이 순례여행 이후 그는 엄청난 신통력을 가진 사람으로 러시아 민중 사이에 알려지기 시작했다. 보는 사람을 꿰뚫을 듯 강렬한 눈빛을 가진 키 193cm의 거한에 대한 소문은 드디어 황실에도 전해져 황제의 궁전으로까지 초대되었다. 황실에 도착한 라스푸틴은 순식간에 황가를 사로잡았다. 의사들도 전혀 손쓸 수 없었던 알렉세이의 상태가 라스푸틴이 옆에 있자 눈에 띄게 좋아진 것이다. 자연스럽게 러시아 황실, 특히 황후 알렉산드라는 라스푸틴이 원하는 것이라면 무엇이든 다 들어줄 정도가 되었다. 심약했던 니콜라이 황제도 마찬가지였다. 이후 황실에 대한 라스푸틴의 지배력이 점점 강해져 심지어 제1차 세계대전의 구체적 전술까지 조정할 정도였다. 그러나 이것은 라스푸틴과 황실 모두에게 불행의 싹이 되었다.

당시 러시아 제국은 러일전쟁 패배와 연이은 제1차 세계대전 발발, 갈수록 거세지는 혁명의 기운 등으로 인해 쇠락의 길로 치닫고 있었다. 국민과 귀족의 불만이 점점 깊어갔고 특히 러시아 귀족은 이 모든 것이 황실의 무능에서 나온 것이고 그 배후에 황제의 눈과 귀를 막는 라스푸틴이 있다고 생각했다. 게다가 라스푸틴의 신비한 힘에 의해 수많은 귀족 처녀와 부인, 심지어 황후마저 그의 욕망의 노예가 되고 있다는 소문까지 퍼진다. 라스푸틴에 대한 불만이 극에 달하자 황실의 인척과 일부 가신들이 라스푸틴을 암살하기로 결심한다. 흥미로운 점은 라스푸틴이 세계적으로 알려지게 된 가장 큰 이유가 바로 그의 생전 행적이 아닌 그의 죽음 때문이라는 것이다. 수많은 문학작품과 영화의 소재가 되었던 기이한 그의 암살 과정을 한번 들여다보자.

라스푸틴의 신비로운 죽음과 예언

러시아혁명이 일어나기 바로 전해인 1916년 12월 17일 저녁, 러시아뿐 아니라 유럽 전체에서도 최고 갑부로 손꼽히던 펠릭스 유수포프 공작의 저택을 라스푸틴이 뒤뜰을 통해 은밀히 방문한다. 그가 오랫동안 만나고 싶어했던 유수포프 공작의 젊은 부인이자 니콜라이 황제의 조카딸인 절세미인 이리나를 만나게 해주겠다는 공작의 제안이 있었기 때문이다. 그런데 잔뜩 들뜬 라스푸틴을 기다린 것은 반지하의 비밀 식당이었다. 유수포프 공작은 1층에서 파티가 아직 끝나지 않았으니 잠시 기다려달라고 청했다. 사실 그날 그 집에서는 파티도 열리지 않았고 이리나도 없었다.

비밀식당 바로 위에서 들리는 떠들썩한 파티 소리는 암살의 공모자들인 국회의원, 러시아 대공과 젊은 장교 등이 축음기를 틀어 가짜로 만들어낸 소음이었다. 펠릭스는 라스푸틴에게 기다리는 동안 와인과 과자를 들라고 권한다. 물론 독이 잔뜩 섞인 것들이었다. 그런데 여기서부터 영화 아닌 영화가 시작된다. 아무리 먹여도 라스푸틴이 전혀 이상 증세를 보이지 않았던 것이다. 당황한 펠릭스는 위층의 공모자들과 상의한 끝에 라스푸틴의 등에 대고 총격을 가했다. 당시는 제1차 세계대전의 와중이라 모든 귀족이 군복에 무장을 하고 있었던 터라 일은 순식간에 처리되었다.

그런데 이게 웬일인가? 다른 일행이 위층에서 사건 수습에 분주한 가운데 사체를 다시 한 번 확인하기 위해 지하로 내려와, 쓰러진 라스푸틴을 바라보던 유수포프 공작에게 죽은 줄 알았던 라스푸틴이 갑자기 달려들어 목을 졸랐다. 거한의 습격을 겨우 뿌리친 유수포프 공작이 도움을 청하러 간 사이 라스푸틴은 어느새 뒤뜰 담벼락을 넘고 있었다. 일행이 다시 몇 발의 총을 쏜 다음에야 라스푸틴은 그 자리에 쓰러졌다. 일행은 시신을 한겨울의 얼어붙어가는 강 속으로 던져버렸다. 사건은 이렇게 깨끗하게 종결되는 듯했다. 그러나 바로 다음 날 시신이 깨진 얼음 사이로 떠오르는 바람에 라스푸틴의 사망 소식이 러시아 전역에 알려졌다.

더욱 놀라운 일은 부검 결과 그의 직접적 사인이 총상이 아니라 익사로 밝혀진 것이다. 폐에 물이 차는 바람에 죽었다는 부검 결과에 살인 공모자들은 경악했다. 그들이 강물에 던져 넣을 때까지도 라스푸틴은 여전히 숨을 쉬고 있었던 것이다. 놀라운 일은 여기서 끝나지 않았다. 우선 이 사건이 백일하에 밝혀진 뒤 라스푸틴이 이미 1년 전 자신의 죽음을 예견했었다는 사실이 알려졌다. 더욱이 자신이 죽은 뒤 러시아 황실이 처할 운명까지 정확하게 맞혔다는 것이었다. 라스푸틴은 "만약 나를 러시아 국민들이 죽인다면 러시아 황제의 가족은 무사하겠지만, 러시아 황실의 인척이 죽인다면 황제

강렬한 눈빛을 가진
키 193cm의 거한 그리고리 라스푸틴.

실제 사건이 발생한 유수포프 저택은
현재 박물관으로 개조되어 사람들에게 공개되고 있다.
사진은 반지하 비밀 식당을 재현해놓은 모습.

일가는 2년 안에 모두 죽을 것이다"라고 예언했다.[14] 아니나 다를까. 1년 뒤 러시아혁명이 발발해 황제와 그 가족은 시베리아로 쫓겨났으며 라스푸틴이 죽은 지 2년째 되던 1918년 7월 17일 황제 일가족은 한자리에서 몰살당했다.

라스푸틴의 이 불가사의한 일생은 마지막 공주 아나스타샤가 살아남았다는 전설과 함께 반복 또 반복해서 영화와 연극, 소설로 재현되고 있다. 그뿐 아니라 지금도 러시아의 상트페테르부르크에 가면 라스푸틴이 암살당한 장소가 당시 모습 그대로 재현되어 있다. 많은 관광객, 특히 외국인들이 흥미로운 러시아 역사의 현장을 직접 체험한다. 100년 전 현장을 고스란히 간직하며 그것을 최고의 관광자산으로 만들어낸 러시아인들의 지혜에도 박수를 보낸다.

---

14 라스푸틴의 비서 아론 시마노비치가 1921년 라트비아의 수도에서 라스푸틴이 죽기 직전에 남긴 유언을 정리한 출판물에 포함된 내용이다[АРОН СИМАНОВИЧ (1921).《Распутин и евреи. Воспоминания личного секретаря Григория Распутина》. Рига: Ориент].

6

시베리아횡단철도를 팔아먹은 사나이

1891년 미국 샌프란시스코, 어느 늦은 저녁 한 고층건물 사무실 안에서 잘생긴 신사가 곤경에 빠져 있었다. 바깥에서는 문을 거세게 두드리며 "열지 않으면 부수고 들어가겠다"라는 격분한 군중의 고함이 들린다. 창밖으로 내다보니 1층 현관에서도 사람들이 지키고 서 있는 게 보인다. 빠져나갈 곳이 없음을 깨달은 신사는 결국 책상 서랍에서 권총을 꺼내들었고, 잠시 후 총성이 울린다. 얼마 후 도착한 경찰은 신사가 자살했다고 발표하며 모두 집으로 돌아갈 것을 명한다.

그로부터 며칠 후 아무도 찾아주지 않는 장례식장에 한 남자가 나타난다. 놀랍게도 그는 관 속에 누워 있어야 할 바로 그 신사였다. 사건 당일 바닥에 죽은 척 누워 있던 그는 다가온 경찰에게 '5만 달러'를 약속하고 가짜 자살극을 연출했던 것이다. 당시 5만 달러는 지금 돈으로는 120만 달러가 넘는 엄청난 돈이니 19세기 미국 경찰이 차마 거절할 수 없었을 것이다. 대체 이 신사는 누구이고 그날 무슨 일이 있었던 걸까?[15]

기상천외한 사기의 주인공

이 신사의 이름은 니콜라이 사빈Nikolay Savin으로 19세기 말과 20세기 초에 걸쳐 전 세계에서 '희대의 사기꾼', '위대한 사기꾼'으로 이름을 날렸던 러시아인이다. 그는 러시아, 독일, 이탈리아 등 세계 각국에서 주로 최상층 귀족, 왕실과 정부를 상대로 통 큰 사기만 쳤기에 그 스케일과 기상천외함만으로 따진다면 조선의 '봉이 김선달'과 비슷하다 하겠다. 큰 키에 귀족적이고 잘생긴 외모, 영어·독일어·프랑스어·이탈리아어 등을 자유롭게 구사하는 천재적인 두뇌, 무엇보다 너무나 큰 배포 덕분에 누구도 그를 악랄한 사기꾼이라고는 상상할 수가 없었다.

유복한 집안에서 태어난 그는 어릴 적부터 다재다능하여 어떤 분야에서든 성공할 것이라고 기대를 모았지만 유감스럽게도 스스로 '기상천외한 사기'야말로 세상에서 자기가 가장 잘할 수 있는 일이라 믿고 실제로 평생의 업으로 삼았던 독특한 인물이다. 그의 사기행각은 이미 대학 시절부터 시작되었다. 상트페테르부르크에 막 건설된 러시아 최대 성당 이삭 성당의 건축자재를 마치 제 것인 양 영국인 사업가들에게 팔아먹은 것이다. 우리로 치면 겨우 10대에 불과했던 학생이 이제 막 축성한 명동성당의 건축자재를 빼돌려 용돈벌이를 한 셈이다. 그런데 그 액수가 무려 1만 루블이었다. 당시 수도에서 일하던 노동자의 1년 평균 연봉이 252루블이었으니 실로 엄청난 규모의 사기행각이었다.

18세에 대학을 졸업하자 사빈의 아버지는 그를 포르투갈의 수도 리스본으로 보낸다. 그러나 거기서 견문을 넓히기보다는 국제적인 사기결혼으로

---

15 2009년 러시아의 TV 방송 채널 TB의 시리즈 〈Signal of Secret〉의 내용을 일부 발췌 (https://www.youtube.com/watch?v=oaHh9T-jw1c 참고).

큰돈을 벌었다. 그 짧은 시간에 자신을 영국 최고의 가문인 켄트 공작가의 숨겨진 불행한 사생아이자 유일한 상속자라고 멋지게 속여 영국 귀족 벤퀴스트 가문의 딸 안나와 정식으로 결혼하는 데 성공했다. 그러고는 단 일주일 만에 이혼을 선언하고 자취를 감추었다. 그사이 장인이 결혼 선물로 준 엄청난 영지를 재빨리 팔아치웠다는 사실이 뒤늦게 알려졌다. 그런데 이 영지는 벤퀴스트 가문이 바로 켄트 가문으로부터 구입했던 것이다. 이 거래에 대한 정보를 입수한 사빈이 일부러 켄트 가문의 상속자로 위장하여 상대의 허를 찔렀다. 벤퀴스트가 사람들은 이 엄청난 가문과 사돈이 된다는 사실에 눈이 멀기도 했지만 직접 거래했던 켄트가의 상속자로 행세할 만큼 과감한 사기꾼이 있으리라고는 꿈에도 생각하지 못했던 것이다.

시베리아횡단철도를 팔다

러시아로 돌아온 사빈은 아버지의 전 재산을 상속받았지만 호화스러운 생활로 곧 탕진하여 빈털터리가 되었다. 사빈은 유럽으로 떠나기 위해 무작정 기차역으로 갔다. 거기서 로마로 떠날 참이었던 러시아 최대 기업가의 아들 수마로코프를 우연히 만난다. 그리고 기차를 타기 직전 수마로코프가 마지막으로 역내 화장실에 들른 사이 화장실 문을 잠가버리고는 그의 이름으로 당당하게 최고급 일등칸을 차지한 채 이탈리아로 떠났다.

로마에서도 최고급 호텔을 찾아 들어간 사빈은 돈 한 푼 없으면서도 능수능란하게 자신이 러시아 황실의 해외구매를 담당하는 귀족이라고 믿게 만들었다. 그에 대한 소문은 곧 로마 전역에 퍼졌다. 최고급 의상실에서는 '해외구매 담당자' 사빈에게 최고급 옷과 구두 샘플을 갖다 바쳤고 귀족들은 온갖 무도회와 파티에 그를 앞다투어 초대했으며 기자들은 사빈을 인터뷰하기 위해 줄을 섰다. 이를 바탕으로 사빈은 당당하게 또 한 번 거대한 사기

1902년 프랑스 파리 경찰에서 작성한 사빈의 몽타주.
그러나 가짜 이름 툴루즈 드 로트렉 백작이라고
명시되어 있었다.
자료: 〈www.softmixer.com〉.

극을 위한 시장조사를 나서게 되는데, 그의 눈에 가장 먼저 들어온 것이 이탈리아의 황실 기마대였다.

사빈은 이 기마대의 말들이 대부분 마령이 차서 교체 시기가 되었다는 사실을 간파했다. 어느 날 이탈리아 황실 기마대의 멋진 퍼레이드가 벌어질 때 놀랍게도 관중의 시선을 한데 모은 것은 기마대의 말들이 아니라 그 옆으로 사빈이 타고 가던 멋진 말이었다. 사실은 사빈이 서커스단에서 잠시 빌린 것이었지만 이탈리아 기마대의 고위 장성은 러시아 황실에서 키우는 말들을 구매할 수 있다는 사빈의 귀띔에 바로 넘어갔다. 그 후 모든 것은 사빈의 뜻대로 돌아갔다. 이렇듯 사빈은 누구도 상상할 수 없는 최고 수준, 최대 규모의 사기를 쳤기 때문에 최상층 귀족과 정부 관료들이 쉽게 넘어갈 수밖에 없었던 것이다.

그런데 이렇게 잘나가던 그가 왜 난데없이 미국에서 자살 사기극을 벌이게 된 것일까? 사기극이 연이어 성공하자, 사빈에게 유럽은 이제 너무 좁고 지루한 시장이 되어버렸다. 세계 자본주의의 주도권이 미국으로 넘어가기 시작한 것을 간파한 사빈은 엄청난 속도로 발전하고 있는 이 새로운 시장을 공략하기로 마음먹는다. 때마침 돈이 넘쳐나던 미국의 자본가들은 새로운 투자거리를 찾아 혈안이 되어 있었다. 사빈은 바로 이 점을 노려 당시 전 세계의 핫이슈로 등장한 '시베리아횡단철도 부설 프로젝트'를 들고 미국으로 갔다.

당시 이 프로젝트의 잠정 예산은 3억 5,000만 루블, 즉 미화로 약 2억 7,000만 달러였는데, 사빈은 해외발주를 책임진 러시아 정부 대표로 위장하여 다음과 같은 헛소문을 퍼뜨렸다. "자재나 장비의 가격을 시세보다 훨씬 비싸게 쳐주는 대박 프로젝트인데 단 한 가지 문제는 계약 책임자인 사빈을 만나기가 힘들다"라는 소문이었다. 미국인들이 사빈을 만나기 위해 뇌물을 갖다 바칠 정도로 소문은 제대로 위력을 발휘했고 사빈은 각종 계약의 선불로만 당시 돈으로 수십만 달러를 챙겼다. 그런데 하필이면 그때 진짜 러시아 철도청 대표가 미국을 방문하는 바람에 그의 사기극은 예상보다 일찍 들통이 났다.

바보는 어디에나 있다?

아직 만들어지지도 않은 시베리아횡단철도를 팔아먹은 사빈의 기상천외한 사기극은 전 세계를 떠들썩하게 했다. 그런데 왜 이리도 황당한 사기극에 사람들이, 그것도 최고위 권력층과 엘리트들이 쉽게 넘어간 것일까? 물론 감히 사기를 칠 것이라고 상상할 수 없을 만큼 대담하고 거대하게 일을 벌인 덕분이었지만 이보다 훨씬 단순한 이유가 있었다. 그리고 이것은 러시아 같은 미지의 신흥국을 개척하려는 한국 기업가들에게도 자주 다가오는 유혹이다.

그것은 바로 엄청난 규모의, 따내기 힘든 이권을 인맥을 이용해 쉽고 빠르게 얻을 수 있다는 제안이다. 특히 러시아에서 '빠르고 쉽게'는 절대 통하지 않는데, 이를 증명하는 대표적인 실패자들이 바로 나폴레옹과 히틀러다. 나폴레옹은 "최고의 군대는 싸우는 군대가 아니라 빨리 걷는 군대"라고 주장하며 러시아를 단 20일 만에 점령하겠다고 큰소리를 쳤다. 하지만 러시아 본토에서 4개월 동안이나 헤매다 대패하고 결국에는 전 유럽을 잃었다. 히틀러는 "러시아는 인력과 자원 때문에 장기전에 강점이 있다"라는 참모들의 조언에도 불구하고 단 6주에서 10주 만에 러시아를 정복할 수 있다고 역시나 큰소리를 쳤다. 그러나 4년의 장기전을 치른 후 결국 소련군에게 베를린을 빼앗겼다.

말년에 사빈은 마지막으로 한 번 더 통 큰 사기에 성공했는데, 그 사건 이후 그가 남긴 말은 쉽고 빠르게 큰 것을 얻으려는 이들에게 통렬한 일침이 되었다. 1917년, 그는 러시아혁명으로 황실이 쫓겨나간 뒤 아주 짧은 기간 비어 있던 겨울궁전을 미국인에게 팔아먹는 순발력을 발휘했다. 혁명군에 의해 파괴되기 전에 해체해 미국으로 가져가 재조립한다는 계약을 성사시킨 것이다. 물론 이 계약은 서류상으로만 남았다. 미국인이 사빈에게서 서둘러 받은 〈겨울궁전 양도 계약서〉에는 러시아어로 이렇게 적혀 있었다고 한다. "바보의 씨를 뿌릴 필요는 없다. 바보는 곳곳에서 스스로 자라고 있으니까."

7

우크라이나와 러시아 간 갈등은 형제의 난?

2014년 세계의 이목이 우크라이나로 쏠렸다. 2월 22일 EU 가입을 원하는 우크라이나 재야단체와 의회는 친러시아파인 빅토르 야누코비치Viktor Yanukovych 대통령을 쫓아냈고 러시아 주민이 대다수인 우크라이나 동부 지역과 크림반도는 이에 반대하는 무장저항을 시작했다. 3월 11일, 세바스토폴을 중심으로 크림반도의 시민들은 우크라이나로부터 독립을 선포하고 크림공화국을 결성하였다. 이후 3월 16일에 실시된 주민투표에서 러시아와의 합병안이 96.6%의 찬성으로 통과되었고 이후 겨우 5일 만에 러시아와 크림공화국의 합병 과정이 완료되었다. 크림반도를 제외한 지역도 독립을 선언하며 우크라이나 정부군과 길고 긴 내전 상태로 접어들었다.

우크라이나 사태의 핵심은 한마디로 동서 간 지역갈등이다. 드네프르강을 기준으로 우크라이나계가 집중되어 친EU 성향을 보이는 북서 지역과, 러시아계가 집중되어 러시아에 합병되기를 바라는 남동 지역의 해묵은 갈등이 EU 가입 문제로 불거진 것이다. 그런데 전 세계 많은 사람, 특히 서방은 이 문제를 그저 민족 간 갈등으로만 보고 러시아를 침탈자로 취급했다. 한국 언론도 예외가 아니었다. 그러나 대부분의 러시아인 그리고 적지 않은 우크라이나인이 이 갈등을 이민족 간의 갈등이 아닌 형제간 갈등으로 여긴다는 점을 고려해야 한다.

우크라이나 사태, 과연 민족 간 갈등인가?

사실 이들은 서로 다른 민족이라고 보기에는 외모, 유전자, 언어가 너무나도 유사하며 또한 아주 오랫동안 사실상 하나의 역사 공동체를 이루어왔다. 유전학상으로 봐도 두 나라 사람들은 거의 동일하다. 아래 그래프는 2010년에 작성된 동슬라브인의 유전학적 지도다. ● 표시는 러시아인, ○ 표시는 우크라이나인, ◎ 표시는 벨라루스인을 가리킨다. 거의 동일한 좌표에 위치하고

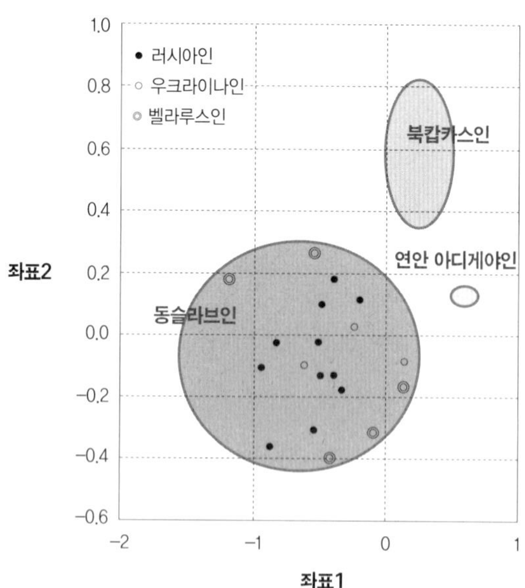

있는 데서 알 수 있듯이 러시아인과 우크라이나인 사이에 유전학적 차이는 사실상 없다고 볼 수 있다.

나아가 러시아어와 우크라이나어도 거의 하나의 언어라고 볼 수 있다. 두 언어 간 차이는 우리나라 말로 치면 서울말과 심한 전라도 사투리 간의 차이에 불과하다. 예를 들어, 러시아 말로 '안녕하십니까?'는 '즈드라스부이체 здравствуйте'이고 우크라이나 말로는 '즈드라스투이체 здрастуйте'이다. 친구 간의 가벼운 인사도 러시아 말로는 '프리벳 привет', 우크라이나 말로는 '프리빗 привит'이다. 또 '내 이름은 ~입니다'는 러시아 말로 '미냐 저붓 меня зовут', 우크라이나 말로는 '미네 즈붓 мене звуть'이다.

역사적으로도 두 나라는 하나의 공동체를 이루고 살아왔다. 지금의 우크라이나 수도는 오랫동안(882~1169년) 러시아 최초의 왕조인 류리크 왕조의 수도였다. 모스크바가 러시아의 중심으로 부상하기 전에 러시아의 중심지는 지금의 우크라이나 지역이었다. '장자 계승제'가 아니라 '선임 형제 계승제'였던 류리크 왕조에서는 직계 장자가 아니라 류리크 가문 전체에서 가장 나이가 많은 남자가 왕위를 계승하여 수도 키예프를 차지했고, 아래 동생들은 기타 지역을 맡아 키예프에 순종했다. 키예프의 왕이 죽으면 그 아들이 아니라 왕의 첫째 동생이 왕위를 계승하였다. 러시아 정교의 뿌리가 되는 곳도 2014년 러시아가 합병한 우크라이나 크림반도의 남서부 헤르소네스 해안이다. 988년 키예프 대공 블라디미르가 이 해안의 작은 언덕에서 세례를 받으며 기독교를 받아들였고 지금도 그곳에는 이를 기리는 성 블라디미르 성당이 러시아 정교의 대표 성당으로서 건재하다.

그러나 12세기 들어 류리크 가문의 형제들 간에 권력 다툼이 가열되면서 류리크 왕국은 소공국으로 분열되고 이 소공국의 대공들은 더는 키예프 공국에 복종하지 않았다. 특히 13세기부터 러시아가 몽골의 지배를 받으면서

크림반도 남서부 헤르소네스 해안 언덕의
성 블라디미르 성당.
러시아 정교의 뿌리가 되는 곳이다.
© Andrew Butko

형제들은 앞다투어 몽골의 칸에게 아부하며 서로에게 항몽반란죄를 덮어 씌워 칸의 이름으로 살육을 서슴지 않았다. 이 과정에서 점차 모스크바 공국이 몽골의 후원을 독차지해 러시아의 중심으로 부상했고, 왕위 계승 제도도 장자 계승제로 바뀌게 된다. 오늘날 우리가 아는 러시아 제국은 몽골의 멸망 이후 이 모스크바 공국이 러시아 전체를 통일하면서 탄생한 나라다. 동시에 14세기부터 키예프는 점차 중심이 아니라 변방 취급을 받게 되는데, '우크라이나'라는 말의 어원 자체가 러시아어로 '변방에 위치한'이라는 뜻이다.

형제의 분열이 우크라이나의 동서갈등으로

변방으로 밀려난 키예프 공국, 즉 우크라이나는 이때부터 러시아 제국과 주변 열강들 사이에 끼어 전형적인 '고래 싸움에 등 터진 새우' 꼴이 된다. 특히 러시아인들의 의식 속에서 우크라이나인들은 국경을 지키는 최정예군인 동시에 언제 배신할지 모르는 '배반의 아이콘'으로 점차 자리 잡게 되었다. 16세기 말 류리크 왕조를 무너뜨린 가짜 왕 드미트리는 우크라이나에서 서구 이단종교의 영향을 받고 결국 폴란드군을 모스크바로 끌어들인 앞잡이 역할을 했다. 유명한 차이콥스키의 오페라 〈마제파〉의 주인공 마제파 장군 역시 우크라이나인으로, 러시아와 스웨덴 간의 북방전쟁 당시 표트르 대제를 배신하고 스웨덴의 칼 12세 편으로 넘어갔던 인물이다. 율 브린너 주연의 영화로도 유명한 고골의 작품 《대장 불리바》도 러시아 정교도이자 우크라이나 지도자인 불리바가 폴란드로 유학을 가서 폴란드 여인에게 빠져 러시아를 배신한 아들을 죽이는 내용이다.

한마디로 러시아에게 우크라이나는 어디로 튈지 모르는 천덕꾸러기 큰형이었다. 반면 러시아는 우크라이나에 적당히 형제 관계만 유지하면서 필요한 일이 있을 때나 찾는 못 미더운 동생이었다. 14세기 후반부터 리투아니아와 폴란드의 지배에 시달리던 우크라이나는 1654년 형제국 러시아에 구원을 요청한다. 러시아는 이에 응해 폴란드와 싸우지만 러시아에 가까운 드네프르 동쪽만 탈환하는 것으로 만족했다. 러시아가 이렇듯 못 미덥게 군 탓에 이때부터 우크라이나 내에서 길고 긴 동서 분열의 역사가 시작되었던 것이다. 우크라이나는 서폴란드령과 동러시아령으로 분리되었고, 몇 년 후 차이콥스키 오페라의 주인공이 된 마제파가 스웨덴의 도움으로 우크라이나의 독립과 통일을 단번에 이루려다 실패하고 표트르 대제로부터 반역자라는 낙인만 찍혔다. 이후 러시아와 오스트리아 합스부르크 왕조의 폴란드 분할통치가 시작되면서 우크라이나도 폴란드와 함께 두 제국의 분할통치 아래로 들어갔다.

우크라이나의 분열과 러시아와의 불편한 형제 관계는 1917년 러시아혁명으로 청산되는 듯했다. 오스트리아와 러시아로부터 각각 독립한 동서 우크라이나가 통일국가를 건설한 것이다. 그러나 이도 잠시, 채 5년도 지나기 전인 1922년에 다시 우크라이나는 동러시아(소련)와 서폴란드로 분열되어 어정쩡한 형제 관계가 부활했다. 그리고 1945년 제2차 세계대전이 끝난 뒤에는 우크라이나 전역이 러시아 영토로 들어갔다. 형제 관계가 청산되기는커녕 무려 6세기 만에 두 형제가 완전한 가족 관계로 회복된 것이다. 그러나 이 시기에도 형제국 간의 애증 관계는 지속되었다. 우크라이나는 제2차 세계대전 당시 독일군들을 해방자로 환영했다가 도리어 독일군에 의한 피의 학살을 당했고 전후에는 이 대가로 스탈린의 대학살에 시달려야 했다. 또한 소련 정부가 우크라이나의 서쪽은 농업지대로, 동쪽은 공업지대로 분리 육성하는 바람에 지금까지도 러시아계가 중심인 동쪽의 경제 수준이 훨씬 높은 상황이다. 그리고 바로 이러한 불균형이 2014년 발발한 우크라이나 사태의 근본 원인이 되었다.

소련 시절 한때 우크라이나를 거점으로 공산당 활동을 했던 흐루쇼프 Nikita Khrushchyov 서기장은 1954년 우크라이나에 크림반도를 기증했다. 300년 전인 1654년에 우크라이나가 폴란드로부터 벗어나기 위해 러시아에 자진병합을 희망했던 것을 기념한다는 명목이었고, 또 사실상 우크라이나를 별개의 국가로 보지 않기 때문에 가능했던 일이다. 그런데 지금에 와서는 이 크림반도가 우크라이나가 러시아의 그늘에서 벗어나 EU로 가는 데 장애물이 되고 있다.

러시아와 우크라이나의 갈등은 1,000년 넘는 형제간의 애증 관계에서 비롯되었다. 분명한 것은 1,000년이 넘는 시간 동안 러시아도 우크라이나도 서로에 대한 애매한 형제 관계를 완전히 청산하지 못했다는 점이다. 따라서 서방 측이 우크라이나 사태의 해법을 완전한 '탈러시아화'에서만 찾는 것은 자칫 문제를 더욱 악화시킬 수 있음을 상기해야 한다.

:: 3부 ::

러시아의 예술은 러시아의 정신

zoom in 러시아 '예술'

러시아를 이야기하면서 예술에 대한 언급이 빠질 수 없다. 러시아인들은 어느 특정한 장르에서만 세계적인 재능을 보인 것이 아니라 음악·미술·발레 등 예술의 모든 부문을 그야말로 석권했다. 러시아 특유의 비합리성이 나름의 필연적 원인에 따른 것이었듯 러시아 예술의 우수성 그 배면에도 나름의 역사적이고 문화적인 이유가 존재한다. 위대한 러시아 예술을 조명하는 3부에서는 러시아 예술의 탄생 배경이 된 역사적 사건을 되돌아보며 한편으로는 개인적이면서도 다른 한편으로 러시아인 내면에 공통적으로 자리 잡은 정신사적이고 문화사적인, 또한 예술적이고 창의적인 원동력이 무엇인지 구체적으로 이야기한다.

먼저 현대 대중음악, 심지어 광고에서도 끊임없이 리메이크되는 쇼스타코비치의 7번 교향곡에 담긴 비극적이지만 영웅적인 사연을 소개한다. 다음으로는 그림과 음악 그리고 작가의 휴머니즘이 절묘하게 융합되어 세계 문화계의 영원한 아이콘이 된 무소륵스키의 〈전람회의 그림〉의 탄생 배경과 그 매력을 이야기한다. 이어 〈백조의 호수〉 등 자타가 공인하는 세계적인 러시아 발레 속으로 들어가 200년 전 러시아 황실에서 펼친 발레 육성 정책을 살펴본다. 그리고 이 모든 예술 발전의 원동력이라고 할 수 있는 '창의력'이 바로 사물을 다르게 보는 러시아인의 독특한 의식구조에서 나온다는 사실을 '역원근법'을 통해 알아본다. 그 외에도 일상화된 비극을 버텨내는 러시아인의 숭고한 정신력과 예술과 인간에 대한 사랑 그리고 모든 것을 극한까지 몰고 가야 직성이 풀리는 러시아인들의 '맥시멀리즘'적 특성이 러시아 예술의 뿌리임을 이야기한다. 이를 위해 아이바좁스키의 〈아홉 번째 파도〉, 렘브란트의 〈다나에〉, 노래 〈백만 송이 장미〉에 얽힌 사연과 러시아의 대표적인 현대화가 샤갈과 말레비치 등을 소개한다.

1

굶주린 도시, 레닌그라드에 울려 퍼진 교향곡

매년 5월 9일은 역사상 가장 참혹했던 제2차 세계대전에서의 승리를 기리는 러시아 최대의 국경일인 전승기념일이다. 이날은 한국에서도 TV 뉴스로 모스크바 붉은광장의 화려한 군사 퍼레이드를 볼 수 있다. 1945년 4월 30일 연합국의 최선봉에 선 소련군의 척후병 그리고리 블라토프가 나치의 상징이었던 베를린 국회의사당에 붉은 기를 꽂았다. 그로부터 약 열흘 뒤인 5월 9일 새벽 1시[1]에 독일군이 무조건 항복 문서에 서명하면서 마침내 4년에 걸친 전쟁이 끝났다. 러시아에서는 19세기의 나폴레옹 전쟁과 20세기의 제2차 세계대전을 '대조국전쟁'이라고 부르며 그 승리를 가장 자랑스러운 역사로 기린다.

---

1 모스크바 시간대 기준. 중앙 유럽 시간으로는 8일 밤 11시라서 유럽에서는 전승기념일이 5월 9일이 아니라 8일이다.

러시아는 제2차 세계대전의 최대 피해국

제2차 세계대전과 관련해서 한국인들이 많이 하는 오해 중 하나가, 러시아는 이 전쟁에 뒤늦게 참전해 별 피해도 입지 않고 승전국 몫만 챙겼다고 생각하는 것이다. 그러나 사실은 정반대다. 오히려 러시아는 이 전쟁의 최대 피해자였다. 제2차 세계대전의 전체 사망자 약 6,000만 명 중 45%에 해당하는 2,660만 명이 러시아인이었다. 그래서 2004년 6월 6일 노르망디 상륙작전 60주년 기념일 행사에서 프랑스의 시라크 대통령은 "동부전선에서 소련군의 희생을 기억할 것"이라고 강조하기도 했다. 동부전선에서 소련군이 버텨주지 않았다면 노르망디 상륙작전은 성공할 수 없었을 것이기 때문이다.

러시아에서 제2차 세계대전의 상처가 가장 크게 남은 곳 중 한 곳이 지금은 상트페테르부르크라고 불리는 레닌그라드이다. 히틀러는 당시 소련의 수도였던 이곳을 포위하고는 "굶주림으로 시민들의 숨통을 끊고 폭격으로 지도상의 흔적을 없애버려라"라는 무시무시한 명령을 내린다. 그러나 시민들의 영웅적 저항에 부딪혀 포위 상태가 900일이나 지속되었고, 역사에서는 이를 '레닌그라드 900일 봉쇄'라고 부른다. 1941년 9월 8일부터 1944년 1월 27일까지 약 900일간 이 도시를 포위한 독일군은 공중폭격 10만 7,158발, 포탄 14만 8,478발을 쏟아 부었다.[2] 바꾸어 말하자면, 레닌그라드 시민들은 3년간 매일 300발 이상의 포탄에 시달린 셈이다.

그러나 폭격보다 더 무서운 것은 굶주림이었다. 3년간 포위망에 둘러싸여 식량 공급이 어려웠고 일반 시민들은 하루에 사람 손바닥보다도 작은 크기

---

2 2005년 Discovery Civilisation(the history channel)에서 만든 다큐멘터리 영상 〈Under Siege : Leningrad 1941-The 900 Days〉 (http://www.youtube.com/watch?v=fAEZfIE9kSM) 참조.

의 빵 125그램으로 연명해야 했다. 이마저도 끊길 때가 많았다. 굶주림을 참지 못한 사람들 중 일부는 차마 사람이 하지 못할 일까지 저질렀다. 1942년 2월 한 달에만 600명 이상이 인육 섭취로 체포되었다. 결국 폭격이 아니라 굶주림으로 사망한 사람이 훨씬 많았다. '뉘렌베르크 전범 재판 서류 25/V'에 따르면 이 도시에서 총 64만 9,000명이 사망했는데 그 가운데 굶주림으로 죽은 사람이 63만 2,253명으로 97% 이상이었다. 너무나 많은 사람이 매일 한꺼번에 죽어갔기 때문에 그들을 매장하는 것도 큰 문제였다. 군인이든 일반인이든 당시 모든 소련 시민의 신분증이 종이로 만들어져 쉽게 훼손되었기 때문에 대부분의 경우 신원 확인을 포기해야 했다. 당시 사망한 사람 중 약 50만 명 정도가 묻힌 피스카료프 공동묘지에는 수백 명을 한꺼번에 묻은 집단 매장지만 조성되어 있다. 그래서 이 묘지에는 일반인과 군인을 구분하는 집단 묘비, 즉 군인을 표시하는 별 문양, 민간인을 표시하는 낫과 망치 문양만 새겨져 있다.

레닌그라드를 살린 생명의 길

수십만 명이 죽어나가는 와중에 레닌그라드 시민들은 어떻게 900일이나 버틸 수 있었을까? 가장 큰 역할을 한 것은 이른바 '생명의 길'이었다. 레닌그라드는 유럽에서 가장 큰 호수인 '라도가 호수'와 접하고 있는데, 독일군이 육지는 다 포위했지만 너무나 넓은 이 라도가 호수의 배후까지는 포위하지 못했다. 폭 25km의 호수 건너편, 즉 도시의 반대편에는 다행히 러시아 군대가 버티고 있었다는 이야기다. 이 호수를 통해 러시아군으로부터 구호품을 전달받을 수 있었고 반대로 도시에서 만든 포탄 등 군수물자를 군대에 전달할 수 있었다. 도시와 러시아 군대가 동시에 버틸 수 있는 유일한 희망이 바로 이 라도가 호수였던 것이다.

하지만 문제는 끊임없이 쏟아지는 독일군의 폭격을 뚫고 호수를 건너야 한다는 것이었다. 시민들의 생명을 살릴 수 있는 유일한 길이지만 구호품을 나르는 사람들에게는 곧 '죽음의 길'이었다. 그러나 가족을 살리기 위해 이 길에 나서겠다는 자원병이 그치지 않았고 여름에는 배로, 겨울에는 언 호수 위를 차로 달려 매일 6,000톤 이상의 구호품과 군수품이 오갔다. 수많은 사람이 호수를 건너다가 목숨을 잃었지만 덕분에 더 많은 시민은 목숨을 연명할 수 있었고 러시아군은 전선을 사수할 수 있었다. 그래서 이 호숫길을 러시아 사람들은 '생명의 길'이라고 불렀다. 지금도 이 '생명의 길'이 그대로 보존되어 있고 길목마다 이 호수에서 전사한 사람들의 묘지와 기념비들이 서 있다.

러시아판 안나의 일기

'생명의 길'에 있는 기념비들 중 특히 이방인들의 눈길을 끄는 것은 아이들과 관련된 것들이다. 태어나자마자 암흑과 폭격 속에서 살아가는 어린아이들에게 어른들이 되뇌던 "그래도 언제나 태양은 뜬다"라는 희망의 약속이 새겨진 기념비도 눈에 띄지만 가장 돋보이는 기념비는 열두 살도 채 안 된 아이가 쓴 일기를 새긴 돌판들이다. 일기의 주인공은 봉쇄가 시작될 때 11세였던 타냐 사비체바Tanya Savicheva, 1930~1944다. 이 아이가 쓴 단 아홉 쪽의 일기는 전후 뉘렌베르크 전범 재판에서 증거물로 채택되었다.

제빵사와 재봉사 사이에서 막내딸로 태어난 타냐는 큰 갈색 눈과 천사

같은 목소리를 가져 장차 가수가 되리라는 기대를 모았다. 아버지가 일찍 죽었지만 아이들은 가족악단을 만들 정도로 즐겁고 단란하게 살아갔다. 오빠 둘은 기타와 만돌린을 연주하고 타냐는 솔로, 다른 형제자매들은 코러스를 담당했다. 그러던 어느 날 공습이 시작되었고 언니 니나가 공습이 끝난 뒤에도 돌아오지 않자 엄마는 니나의 수첩을 막내 타냐에게 물려주었다. 타냐는 이 수첩을 일기장으로 사용했다. 아홉 쪽 중에서 단 여섯 쪽에만 날짜가 기록된 짧은 일기장에는 어린아이의 서툰 글씨로 너무나 잔인한 현실이 너무나 간결하게 기록되어 있어 읽는 이의 심금을 울린다.

- 1941년 12월 28일, 아침 12시 30분에 언니 제냐가 죽었다.
- 1942년 1월 25일, 낮 3시에 할머니가 죽었다.
- 1942년 3월 17일 아침 5시, 오빠 레카가 죽었다.
- 1942년 4월 13일 밤 2시, 삼촌 바샤가 죽었다.
- 1942년 5월 10일 낮 4시, 삼촌 레샤가 죽었다.
- 1942년 5월 13일 아침 7시 30분에, 엄마가.
- 사비체바 사람들이 죽었다.
- 모두 죽었다.
- 타냐 혼자 남았다.

혼자 남아 굶주림으로 의식을 잃은 타냐는 뒤늦게 발견되어 '생명의 길'을 따라 병원으로 후송되었다. 그러나 3년간의 투병 끝에 결핵으로 악화되어 실명까지 한 후 결국 사망하고 말았다. 역설적이게도 공습으로 제일 먼저 죽은 줄 알았던 언니 니나는 오히려 살아남아 군인들의 도움으로 후송되었었고 봉쇄가 풀린 후 돌아와 잿더미 속에서 자신의 수첩, 즉 타냐의 일기장을 발견해 세상에 알리는 역할을 했다.

타냐 사비체바의 기념비는 50만 명이 묻힌 공동묘지에도, 수백만 명의 생명을 살렸던 생명의 길에도, 그리고 그녀의 집에도 세워져 지금 이 순간에도 전쟁의 비극을 만방에 알리고 있다. 전쟁의 상처를 딛고 지금은 세상에서 가장 아름다운 도시 중 하나로 탈바꿈한 레닌그라드, 아니 상트페테르부르크를 방문하는 수많은 방문객이 그녀를 찾아 헌화하고 있다. 타냐의 작은 일기장은 어떤 일이 있어도 전쟁은 일어나지 말아야 함을 역설한다.

타냐와 타냐가 쓴 단 아홉 쪽의 일기.

레닌그라드를 지켜낸 또 다른 버팀목

독일군의 900일 포위를 버텨낸 레닌그라드 시민들의 영웅적 저항은 제2차 세계대전사에서 가장 중요한 사건 중 하나로 기억되고 있다. 그런데 시민들이 끝없는 포화와 굶주림을 버틸 수 있도록 도와준 것은 앞서 이야기한 '생명의 길' 외에 한 가지가 더 있었다. 바로 음악이었다.

'생명의 길'이 봉쇄된 레닌그라드 시민들의 생존에 물적 토대가 되어주었다면 '음악'은 정신적 토대가 되어주었다. 명곡의 반열에 올라 있는 쇼스타코비치의 7번 교향곡 〈레닌그라드〉가 그 주인공이다. 자신의 고향 레닌그라드가 나치에 포위되자 이미 30대 중반의 나이인데도 불구하고 쇼스타코비치는 전방으로 보내달라며 의용군에 지원하지만 나쁜 시력과 건강 때문에 번번이 거절당한다. 오히려 그와 가족은 다른 음악인들과 함께 후방인 근교의 쿠이비셰보로 보내진다. 군대 차출을 포기한 쇼스타코비치는 이미 레닌그라드에서 만들기 시작한 7번 교향곡에 자신의 고향애와 애국심을 쏟아 붓기로 결심한다.

포연과 흰 눈이 끊임없이 교차하던 1941년 겨울 12월 27일, 마지막 4악장을 완성하자 이 곡을 최초로 접한 당시 모스크바 볼쇼이 극장의 지휘자는 깊이 매료되어 그 자리에서 바로 공연 준비에 착수한다. 그러나 전쟁 중인지라 오케스트라 연주용 악보를 구할 수 없었고 단원들이 자기 파트를 각자 손으로 일일이 그려두었다가 연습을 해야 했다. 열악한 환경에서도 1942년 3월 5일 쿠이비셰보 초연에 성공하자 이 곡에 대한 소문이 일파만파로 러시아 전역에 퍼졌다. 특히 모스크바에서는 쿠이비셰보 초연 바로 다음 날 악보를 비행기로 공수받아 3월 29일 모스크바 초연에 성공한다.

러시아인들에게 "쇼스타코비치가 히틀러보다 강하며 러시아가 독일을 이길 것이라는 확신을 부여했다"라고 평가받은 이 음악은 곧 러시아를 넘어 전 세계 음악인들의 구애를 받는다. 뉴욕 · 보스턴 · 필라델피아 · 클리블랜드 오케스트라 등 세계적인 오케스트라 네 곳이 세계 음악연주 역사상 최초로 동시연주 계획을 세우고 4부의 악보 복사본과 러시아에서 연주된 녹음 음반을 요청했다. 악보와 음반은 군용 비행기로 미국에 공수되었고 치열한 경쟁을 뚫고 뉴욕 NBC 심포니 오케스트라의 연주가 결정되었다. 당대 세계 최고의 지휘자 중 한 사람이었던 토스카니니가 지휘봉을 잡았다. 라디오를 통해 울려 퍼진 이 곡은 미국, 캐나다, 라틴아메리카 등 약 2,000만 명의 청취자를 사로잡았다. 한 비평가는 "이런 음악을 만들 수 있는 민족을 히틀러가 어떻게 이길 수 있겠는가?"라고 감탄했다고 한다. 냉혹함과 환희, 슬픔과 희망이 교차하는 쇼스타코비치의 음악은 전쟁에 지쳐 있던 세계인 모두의 영혼을 깊이 감동시켰다. 마이크로필름 악보 복사본이 전 세계로 전파되고 유럽에서는 스웨덴에서 제일 먼저 연주되었다. 스웨덴 주재 독일대사가 스웨덴 외무부 장관에게 "중립의 원칙을 위반했다"라며 정식으로 항의했을 정도라 하니 이 음악의 영향력이 얼마나 컸는지 알 수 있다.

목숨을 걸고 준비한 레닌그라드 초연

그런데 무엇보다 전 러시아가, 아니 전 세계가 기다린 것은 이 곡의 진정한 주인공인 레닌그라드에서의 초연이었다. 독일의 무시무시한 포위망으로 인해 1942년 7월 2일에야 겨우 레닌그라드에 악보가 도착한다. 20세의 공군 중위 리트비노프가 목숨을 걸고 독일군의 대공포를 뚫고 4권으로 된 악보를 레닌그라드에 공수했다. 하지만 더 심각한 문제가 기다리고 있었다. 악기도 연주자도 태부족이었던 것이다. 연주를 책임진 당시 레닌그라드 라디오 교향악단 지휘자 카를 엘리아스베르크는 악보의 1악장만 보고도 당황스러움을 금치 못했다. 보통의 교향곡보다 관악기 구성이 두 배나 많아야 했는데, 쇼스타코비치는 이 숫자는 '필수적'이라며 진한 글씨로 강조하기까지 했다.

그해 3월에 마지막으로 단원 총소집령을 내렸을 때도 일부는 이미 후방으로 소개疏開되었고, 27명은 아사했으며, 나머지는 영양실조로 움직이기도 힘든 상황이었다. 실제로 연주가 가능한 단원은 105명 중 움직일 힘만 겨우 남은 15명이 전부였다. 7월에 쇼스타코비치의 악보가 도착하여 단원을 재소집했을 때는 제1바이올린 주자는 이미 영양실조로 죽어가고 있었고 드럼 연주자는 극장으로 오는 길에 사망하고 말았다. 참으로 끔찍한 상황이었다.

그러나 지휘자 엘리아스베르크는 포기하지 않았다. 레닌그라드 시정부를 설득해 교향악단에 식량을 추가 배급하기로 결정하고 도시의 모든 시민을 대상으로 단원 공개모집을 시도한다. 지휘자와 오케스트라단장이 직접 전 도시를 뒤져 시체실에서 죽어가던 드럼 연주자를 발견해 살려내기도 했다. 이 곡의 가장 중요한 부분인 '침공의 테마'는 드럼 없이는 공연 자체가 불가능했다. 다행히 현악기 연주자는 모두 구했으나 관악기 연주자가 문제였다. 영양실조 상태의 연주자들은 악기를 불 힘조차 없었다. 연습을 시작하자마자 모두 기절해 특별식을 먹여가며 겨우 회복시켰지만 여전히 연주자 수는 절대적으로 부족했다.

결국 군사령부에 협조를 구했고 악기를 다룰 수 있는 병사는 모두 '엘리아스베르그 오케스트라 출장권'을 받게 되었다. 트럼본 연주자는 기관단총 총수, 호른 연주자는 대공포병, 트럼펫 연주자는 굶주림으로 다리가 부어 신발을 신을 수 없는 병사, 플루트 연주자는 두 다리가 잘린 부상병, 그리고 지휘자 엘리아스베르그 자신은 거의 해골만 남은 환자 상태였다. 단원들은 엘리아스베르그의 지휘 아래 밤늦도록 연습했고 정부에서는 단원들에게만 특별히 야간통금령을 해제했으며 교통경찰청은 지휘자에게 자전거를 선물했다. 한번은 연습 도중에 제1트럼펫 연주자가 트럼펫을 다리 밑에 놓으며 연주를 멈추었다. 엘리아스베르그가 "왜 연주를 안 하지요?"라고 묻자 "이제 더는 불 힘이 없어요, 없어"라고 대답했다. 엘리아스베르그는 "그럼 우리한테 힘이 있다고 생각하시오. 어서 일합시다, 어서!"라고 독려했다 하니 참으로 처절한 준비 과정이었다.

시공간을 뛰어넘는, 도시와 전선의 위대한 합주

드디어 초연 날짜와 장소가 잡혔다. 레닌그라드 봉쇄 355일이 되던, 1942년 8월 9일 레닌그라드 필하모니 그랜드홀에서 초연을 하기로 결정된다. 이를 알리는 프로그램의 첫 페이지에는 "파시즘과의 투쟁, 다가오는 승리, 그리고 나의 고향 레닌그라드에 이 곡을 바친다"라는 쇼스타코비치의 헌사가 담겼다. 드디어 연주 당일, 교통편이 없는 일반 시민들은 모두 뼈가 앙상한 모습으로 걷고 또 걸어서, 군사들은 전선에서 군용트럭을 타고 연주장에 도착했다.

그런데 바로 같은 시간에 레닌그라드 최전방의 소련 포병부대는 또 하나의 악보를 펼쳤다. 바로 극장에 사람들이 모이고 연주가 진행되는 총 2시간 20분 동안 독일군 포병과 비행단에 집중적으로 포를 난사하라는 것, 작전명 '태풍storm'이자 일명 '불의 심포니'라는 악보였다. 실제로 연주 30분 전 공연장에 도착한 당시 사령관 고보로프는 소련군의 포격이 시작되자 "우리 심포니는 이미 시작되었군"이라고 말했다. 덕분에 연주는 멀리서 들리는 소련군의 포성을 배경으로 독일의 공습 없이 무사히 끝날 수 있었다. 두 교향곡의 합주가 성공적으로 끝나자 공연장에서 음악을 듣던 사람들뿐 아니라 확성기와 라디오 방송으로 연주를 듣던 시민들 모두가 눈물과 환호 속에서 끝없는 박수를 이어갔다.

전쟁이 끝나고 몇 년 뒤 두 사람의 독일인 관광객이 지휘자 엘리아스베르그를 찾아와 다음과 같이 말했다고 한다. "그날, 1942년 8월 9일 라디오로 이 음악을 들은 우리는 깨달았다. 우리가 전쟁에서 질 것임을, 그리고 우리는 굶주림과 공포, 심지어 죽음까지도 극복할 수 있는 당신들의 힘을 느꼈다."

참으로 아름답고도 놀라운 이야기다. 음악의 중요성을 새삼 깨닫게 된 동시에 그 음악의 중요성을 알고 온몸으로 받아들였던 레닌그라드 시민들과 러시아 지도부의 문화적 소양에 경의를 표하게 된다. 7번 교향곡 〈레닌그라드〉는 그야말로 러시아인의 자존심, 나아가 인류의 자존심이라고 할 수 있다. 그리고 이 자존심은 반세기가 지난 지금까지도 세계 곳곳에서 심지어 우리나라에서도 끊임없이 리메이크되고 있다. '시건방춤'으로 유명한 브라운아이드걸스가 2011년 발표한 노래 〈식스센스〉도 7번 교향곡을 모티브로 만들어졌다. 또한 몇 년 전 국내 H카드 사의 광고 배경음악으로 사용되어 우리에게도 잘 알려진 독일 뮤지션 피터 폭스의 〈Alles Neu〉도 7번 교향곡의 일부를 샘플링한 것이다.

레닌그라드의 역사와 더불어 쇼스타코비치 음악에 대한 놀라움과 긍지는 이렇게 후세에까지 큰 영향을 주며 면면히 이어져오고 있다.

2

〈전람회의 그림〉에 담긴 성공의 원리

러시아 클래식 음악 중 가장 러시아적이면서도 가장 세계적으로 알려진 작품이 국민음악파 무소륵스키의 피아노 모음곡 〈전람회의 그림〉이다. 이 곡은 그 작품성만큼이나 만들어진 사연도 유명하다. 1873년 사랑하는 친구인 화가 빅토르 하르트만이 죽자 무소륵스키는 슬픔을 이겨내지 못하고 거의 1년간 술독에 빠져 눈까지 멀 지경에 이른다. 이를 보다 못한 친구들이 그를 위로하기 위해 죽은 화가의 유작 전시회를 열어준다. 전시회를 방문한 무소륵스키는 거의 넋이 나갈 정도로 기뻐하며 그 자리에서 받은 영감으로 단 3주 만에 불세출의 대작을 만들어냈다.

1874년에 만들어진 이 음악은 우리나라 초등학교 교과서에 실릴 정도로 우리에게도 많이 알려져 있다. 또 클래식 음악사상 세계의 뮤지션들이 가장 많이 리메이크한 곡으로서 무려 40여 개 이상의 리메이크 곡이 있고 지금도 계속해서 리메이크되고 있다. 그 가운데 우리가 가장 자주 듣게 되는 곡은 프랑스의 라벨이 1922년에 이 피아노곡을 관현악곡으로 리메이크한 것인데, 이 리메이크를 또다시 리메이크한 사람이 69명이다. 심지어 1971년에는 영국 프로그레시브 록의 기수라고 불리던 에머슨 레이크 앤 파머Emerson, Lake & Palmer가 록 버전까지 만들었다. 이쯤 되면 세계적 인기 속에 수많은 커버 및 패러디 영상을 탄생시킨 싸이의 〈강남스타일〉에 버금가는 수준이다. 그런데 좀 더 자세히 살펴보면 실제로 〈전람회의 그림〉과 〈강남스타일〉에는 동일한 성공 DNA가 있다는 흥미로운 사실을 발견할 수 있다.

〈전람회의 그림〉과 〈강남스타일〉에 담긴 성공 DNA 세 가지

가장 눈에 띄는 공통점은 쉽고 단순한 반복어구의 중독성이다. 싸이 노래의 중간중간에 계속 반복되는 "오빤 강남스타일"이라는 후렴구의 한 구절처럼 〈전람회의 그림〉에서는 '빠-바-바-빠바바-빠바바'라는 이른바 '프롬나드promenade'라고 불리는 부분이 반복된다. '프롬나드'란 '산책'이라는 뜻으로 전람회에서 친구의 그림을 차례로 옮겨 다니며 감상하는 무소륵스키 자신의 발걸음을 음악으로 묘사한 것이다. 〈강남스타일〉을 들으며 말춤을 추는 싸이를 따라하듯, 이 음악을 듣는 사람도 '프롬나드'를 따라 무소륵스키가 된 듯 이 그림에서 저 그림으로 옮겨 다니게 된다. 물론 싸이의 신나는 말춤과는 달리 친구와 그의 그림에 대한 사랑과 죽은 이에 대한 조의가 결합된 장중하고 우아한 산책이다.

무소륵스키는 이 프롬나드를 매개로 친구의 그림들을 하나씩 음악으로 형상화해낸다. 여기서 싸이와의 두 번째 공통점이 발견된다. 바로 시각의 청각화다. 과연 동영상 없는 싸이의 음악을 생각할 수 있을까? 〈전람회의 그림〉은 세계 음악사상 최초로 눈에 보이는 것을 청각으로 형상화한 작품이다. 시각과 청각, 미술과 음악의 절묘한 결합이다.

그런데 이렇게 프롬나드를 매개로 이어 만들어진 열 개의 소곡들은 그 스타일과 장르가 전혀 다르다. 음악의 원재료가 되는 그림들이 서로 아주 다른 것들이었기 때문이다. 전혀 어울리지 않는 것들을 하나로 결합시키는 파격의 기발함, 이것이 바로 세 번째 공통점이다. 싸이의 동영상에서 정숙하면서도 놀 때는 노는 반전 있는 여자, 점잖지만 때로는 미쳐버리는 사나이, 아이들 놀이터에서 바캉스 즐기기, 삼베옷 입고 장기 두는 할아버지 앞에서 양복 입고 말춤 추기, 사우나에서 무서운 조폭 어깨에 다정하게 기대기 등 상이한 것들이 어우러지던 장면이 기억날 것이다. 〈전람회의 그림〉의 구조적 핵심도 바로 대조적인 것들의 모순된 결합이다.

모순으로 가득 찬 인생의 대서사시

우선 '난쟁이' 그림을 묘사한 첫째 소곡 〈난쟁이〉에서는 안짱다리 난쟁이의 불안전한 뒤뚱거림이 한편으로는 희극적으로 한편으로는 비극적으로 그려진다. 마치 연극의 시작을 알리는 피에로의 춤사위를 보는 듯하다. 그런데 그 뒤를 이어 '프롬나드'가 다시 나오고 그다음 둘째 소곡 〈옛 성〉에서는 그야말로 주옥같은 사랑의 세레나데가 조용히 옛 추억에 푹 빠지게 만든다. 이어지는 셋째 소곡 〈튈르리 궁의 정원〉에 가면 꼬마들이 깨알처럼 뛰어다니며 재잘거리는 소리로 추억의 단잠을 깨운다. 그러나 그것도 잠시, 이번에는 프롬나드도 없이 기습적으로 넷째 소곡 〈우마차〉로 이어가 인생의 무거운 짐을 끌고 가는 어른의 모습을 그려 분위기를 일변시킨다. 그런데 이마저도 다섯째 소곡 〈병아리들의 발레〉에서 껍질이 붙은 채로 우스꽝스럽게 굴러다니는 병아리들의 코믹한 발레로 깨지고 만다.

이렇듯 거듭되는 대조와 반전은 여섯째 소곡 〈폴란드의 부자 유대인과 가난한 유대인〉에서 절정에 다다른다. 과묵하고 덩치 큰 부자 유대인을 표현하는 중후한 멜로디와 가볍고 왜소하며 끊임없이 불평하는 가난한 유대인의 방정맞은 멜로디가 대구를 이룬 뒤 급기야는 두 멜로디가 동시에 전개되어 대조적 모순이 극에 달한다. 일종의 복화술에 해당하는 일대일 대결은 다음 일곱째 소곡 〈리모주 시장〉에서는 시장에 나와 있는 수많은 군중들의 떠들썩한 목소리들의 대결, 즉 정신없는 수다로 확대된다. 그러나 살아 있는 인생의 번잡한 다성악은 그다음 여덟째 소곡 〈카타콤〉에서 죽음에 대한 어두운 레퀴엠으로 무겁게 가라앉는다. 무소륵스키는 이 곡을 쓰면서 죽은 하르트만이 자신을 해골의 세계로 이끈다고 기록했다. 그렇지만 살아 있는 무소륵스키가 이 무거운 죽음의 현실에만 매몰될 수는 없는 일이다. 이 죽음의 현실을 다음 아홉째 소곡 〈닭다리 오두막, 바바 야가〉에서 환상적 민담의 세계로 옮겨놓는다. 러시아 민담의 세계에서 죽음으로 이끄는 무시무시한 마귀할멈 바바 야가를 무섭지만 약간은 희극적으로 묘사하면서 하르트만 개인의 죽음을 민중과 신화의 차원으로 집단화한다. 그리고 이를 바탕으로 마지막 열째 소곡 〈키예프의 대문〉으로 나아간다. 러시아 역사의 기원인 키예프의 대문을 소재로 한 장엄하고 힘차고 영웅적인 악상을 통해 친구 하르트만의 인생과 죽음을 러시아 민족 전체의 역사 차원으로 승화시키는 것이다.

이와 같이 희극에서 시작했던 〈전람회의 그림〉은 장대한 대서사시로 마무리된다. 〈전람회의 그림〉은 희극과 비극, 가벼움과 무거움, 현실과 환상, 개인과 민중, 하급 장르와 고급 장르 등 대조적 요소들이 계속 교차하면서 반전을 거듭하다 결국 하나의 대서사시로 마무리되는 곡이다.

탄탄한 음악적 기초는 러시아성과 휴머니즘

그런데 이 부조화로 가득 찬 악곡에서 전혀 불협화음이 느껴지지 않는 이유는 무엇일까? 음악평론가들은 싸이의 대히트를 설명하면서 일견 가벼워 보이는 〈강남스타일〉에 깔려 있는 탄탄한 음악적 기초를 칭찬한다. 〈전람회의 그림〉에서도 부조화를 조화롭게 통일하는 탄탄한 음악적 기초를 발견할 수 있다. 우선 곡과 곡 사이에 배치된 '프롬나드'가 단순하게 반복되는 것이 아니라 그다음 곡에 어울리도록 조금씩 변주되어 연결을 매끄럽게 만들어 준다. 그러나 전체에 통일성을 부여하는 가장 큰 요소는 '프롬나드'가 아니라 이 음악의 전체를 지배하는 '러시아성'이다.

언뜻 들으면 서구의 전형적인 클래식 음악 같지만 사실 이 곡 전체에는 서구의 7음계가 아닌 러시아 전통 음계인 5음계가 사용되고 있다. 게다가 이 곡에서 가장 중요한 역할을 하는 '프롬나드'는 러시아 민요의 특징, 즉 한 사람이 같은 가락을 선창하면 이어 여러 명이 합창으로 주제를 이어가는 구조를 적용한 것이다. 무소륵스키는 이 곡을 통해 서구 클래식으로부터 B급 문화 취급을 받던 러시아 전통 음악의 일대 반격을 시도했던 것이다. 〈강남스타일〉을 가리켜 B급 문화의 통쾌한 반란이라고 말하는 것과 같은 맥락이다. 혁신적 파격과 탄탄한 음악성의 근저에서는 자신의 것, 민족성과 개성에 대한 자부심이 든든히 떠받치고 있었던 것이다.

그러나 〈강남스타일〉과 〈전람회의 그림〉의 공통점 중 가장 중요한 것은 아직 이야기하지 못했다. 그것은 바로 휴머니즘이다. 〈강남스타일〉 속에 못생기고 뚱뚱한 B급 스타, 게다가 군대 문제로 비난을 받아야 했던 인간 박재상의 숨은 이야기가 녹아 있듯이, 〈전람회의 그림〉에는 죽은 친구를 보내고 1년간 술로 밤을 지새던 무소륵스키의 뜨거운 우정이 녹아 있다. 제대로 인정받지 못하고 가난에 찌들어 살던 친구를 떠나보내며 모순으로 가득 찬 인생의 희로애락을 친구의 그림을 통해, 그리고 다시 자신의 음악을 통해 보편적 차원으로 승화해낸 점, 그것이 바로 이 작품에 대한 시대와 인종을 초월한 끊임없는 사랑의 근본적 이유다.

기발한 파격, 튼튼한 기초역량, 개성, 그리고 묵직한 여운을 주는 진한 휴머니즘, 〈전람회의 그림〉을 감상하면서 이러한 성공 DNA를 되새겨보는 것은 어떨까?

3

200년 뚝심이 탄생시킨 러시아 발레

발레를 잘 몰라도 아나스타샤 볼로치코바Anastasia Volochkova의 사연을 기억하는 사람은 꽤 있을 것이다. 볼로치코바는 2012년 몸무게가 너무 많이 나간다는 이유로 볼쇼이 극장으로부터 쫓겨나 화제가 된 러시아 최고의 발레리나다. 이런 뒷이야기가 세계적으로 화제를 불러일으키는 것은 세계 발레에서 러시아 발레가 얼마나 큰 비중을 차지하는지를 역설적으로 대변해준다. 실제로 세계 5대 발레단[3] 중 두 개가 러시아 발레단이며 규모 면에서 단연 세계 최고를 자랑한다.

러시아 발레는 언제부터 '세계 최고'가 되었을까?

미국과 유럽을 대표하는 발레단의 단원 규모가 보통 100여 명에 불과한 반

3 영국 로열 발레단, 러시아 볼쇼이와 키로프(지금의 마린스키) 발레단, 프랑스 파리 오페라 발레단, 미국 뉴욕시티 발레단(독일 슈트트가르트 발레단을 포함하는 경우도 간혹 있다).

면 볼쇼이 발레단과 마린스키 발레단은 단원이 200명을 넘어서고, 볼쇼이 극장의 1년 예산은 무려 1,000억 원을 넘는다. 규모는 물론 내용 면에서도 러시아 발레가 세계 발레를 지배한다고 해도 과언이 아니다. 즉 5대 발레단 중 영국 로열 발레단은 20세기 초 유럽에 발레 붐을 일으킨 러시아 발레단의 전통을 이은 올드 빅 오페라 발레가 발전한 단체이고, 세계에서 가장 오랜 역사를 자랑하는 프랑스의 파리 오페라 발레단은 러시아에서 망명한 루돌프 누레예프Rudolf Nureyev가, 미국의 뉴욕시티 발레단은 러시아의 안무가 조지 발란신George Balanchine이 장기간 예술감독으로 있으면서 현재 모습을 갖추게 되었다.

발레 극장뿐 아니라 발레리나도 러시아 출신 발레리나들이 세계 최고의 상한가를 누리고 있다. 아나스타샤 볼로치코바는 세계에서 가장 부유한 발레리나로 꼽히기도 하는데, 한 끼 식사비로 3,000달러를 쓴다는 사실이 알려져 구설수에 휘말리기도 했다. 그리고 2011년 《포브스》가 발레리나 중 세계 최고 수익(공식 연봉만 100만 달러)을 낸 주인공으로 선정한 디아나 비쉬네바Diana Vishneva도 러시아인이다.

그렇다면 러시아 발레는 도대체 어떻게, 언제부터 세계 최고가 된 것일까? 사실 발레는 본래 러시아가 아니라 이탈리아에서 기원한 것으로, 1400년대 이탈리아 귀족들이 영주에게 잘 보이기 위해 그 앞에서 직접 춤을 추면서 시작되었다. 이것이 1547년 피렌체의 공주 카트린 드 메디치가 프랑스 국왕 앙리 2세에게 시집가면서 프랑스로 전해졌고, 이로부터 한 세기가 지난 후 태양왕 루이 14세에 의해 본격적으로 꽃피우게 된다. 루이 14세는 늙어 뚱뚱해져 춤을 출 수 없을 때까지 직접 발레 공연을 할 정도로 발레광이었다. 그의 명령으로 1661년 세계 최초의 왕립 발레학교가 세워져 전문 발레 무용수가 등장했다. 그 덕분에 발레의 중심지가 이탈리아에서 점점 프랑스로 옮겨 가 18세기 중반부터 19세기 중반까지는 프랑스 파리가 명실상부한 세계 발레의 메카로 군림했다.

한편 러시아 사람들이 발레를 처음으로 구경한 때는 1673년으로 프랑스 루이 14세에 의해 발레가 한창 유럽을 중심으로 발전하고 있던 시기다. 그것도 이탈리아나 프랑스의 명품 발레가 아니라 독일 발레단의 공연이었지만 로마노프 왕조의 2대 왕이자 유명한 표트르 대제의 아버지였던 알렉세이 왕은 이 공연에 완전히 매료되었다. 뒤늦게 발레를 접한 러시아는 그로부터 200여 년간은 이탈리아와 프랑스의 그늘에서 발레의 후진국으로 남아 있어야 했다. 그런데 바로 이 200여 년이 위대한 러시아 발레의 자양분을 만든 시기다. 느리더라도 결코 포기를 모르는 러시아인의 뚝심이 여기서도 발휘된 것이다.

러시아 황실, 발레학교를 만들다

우선 러시아 황실이 앞장섰다. 황실은 꾸준히 그리고 집중적으로 발레에 대한 지원 정책을 펼쳤다. 표트르 대제는 촌스러운 러시아 귀족들이 발레를 포함한 유럽의 춤에 익숙해지도록 재미있는 법을 만들었다. 그중 하나가 유럽식 무도회 문화를 인위적으로 이식하기 위해 무도회를 개최하고 귀족들은 반드시 자신의 여식과 동반 출석해야 한다는 법이었다. 표트르 대제의 계승자 중 한 명이었던 여왕 안나 요아노브나는 심지어 육군사관학교 정규 프로그램에 발레 수업을 포함시켰다. 라틴어와 동등한 대접을 한 것이다.

마침내 1738년, 러시아 최초의 왕실 발레 학교가 문을 연다. 프랑스보다 무려 80여년이나 늦게 세워진 이 학교가 바로, 오늘날 세계 최고의 발레 학교로 인정받는 상트페테르부르크의 바가노바 발레 아카데미의 전신이다. 이 학교에서는 동호회 수준의 귀족발레가 지닌 한계를 극복하기 위해 궁정하인의 자식들을 남녀 각각 12명씩 뽑아 가르치기 시작한다. 이른바 발레 전문가를 양성한 것이다. 남녀 동수를 뽑은 것은 발레 발전에 매우 의미 있는 일이었다. 19세기 중반 프랑스를 중심으로 한 유럽의 발레가 쇠퇴하게 된 주요 원인 중 하나가 남성 발레리노가 거의 사라졌기 때문이다. 반면 러시아에서는 18세기부터 꾸준히 수준 높은 남성 무용수가 많이 배출되었다. 영화 〈백야〉의 주인공을 맡기도 한 미하일 바리시니코프Mikhail Baryshnikov를 비롯하여 루돌프 누레예프, 19세기 세계 발레의 전설 바슬라프 니진스키Vaslav Nizhinskii 등이 등장한 것은 우연이 아니다.

또한 러시아 황실은 러시아 발레의 발전을 위해 '프리미엄 원칙'을 굳게 유지했다. 오직 세계 최고의 발레 전문가만 지도자로 초청했다. 요즘 식으로 표현하자면 글로벌 최우수 인재에 대한 투자를 아끼지 않은 것이다. 러시아 최초의 발레학교를 창립한 프랑스 최고의 발레 교사 랑데를 필두로 확립된 최고의 교사 시스템은 19세기까지 이어졌다. 차이콥스키의 〈백조의 호수〉, 〈호두까기 인형〉 등을 탄생시킨 유럽 최고의 발레리노이자 안무가인 마리우스 프티파Marius Petipa도 그중 하나다. 나아가, 공연을 보는 러시아 관객과 러시아 무용수들의 눈높이를 올려주고자 세계 최고의 무용수들만 초빙했다. 당시 유럽의 예술 전문가들은 개런티를 가장 후하게 지불하는 러시아행을 기꺼이 선택했다. 심지어 모차르트도 경제적으로 힘들어지자 러시아행을 결심한 적이 있었다. 19세기 중엽 유럽에서 바이올린 신동이자 명지휘자로 알려졌던 오스트리아 빈의 루트비히 민쿠스Ludwig Minkus는 상트페테르부르크로 건너와 〈돈키호테〉와 〈라 바야데르〉 등의 발레곡을 작곡했으며, 이 곡들은 이제 세계적인 발레곡으로 꼽힌다.

러시아 황실은 종합예술로서 발레 공연의 중요한 구성 부분인 다른 예술 분야의 국산화를 위한 투자도 아끼지 않았다. 황실 미술학교와 음악학교를 만들었고, 우수한 인재들은 전 과정을 이수한 후 파리와 로마, 빈 등 유럽 각지로 무상 연수를 다녀올 수 있도록 했다.

이처럼 황실의 일관된 노력 덕분에 러시아에 발레가 선보인 지 200여 년 만인 19세기 중반에 드디어 러시아 태생의 유럽 최고 무용수·안무가·음악가·화가가 등장했다. 장기적이고 일관된 정책이 결실을 맺은 것이다. 여기에는 귀족들의 협조도 큰 보탬이 되었다. 이른바 노블레스 오블리주가 발레의 저변이 되는 예술 분야 지원에 집중된 것이다. 대귀족들은 대부분 자신의 영지 내에 발레 공연을 볼 수 있는 사설 극장을 세웠다. 그리고 자기 소유 농노의 자식들 가운데 춤, 노래, 미술 등 예술 분야에 재능을 보이는 아이들을 선발해 어릴 때부터 집중교육을 시켰고 우수한 인력에게는 신분 상승의 기회도 주었다. 18세기 말에는 러시아 최고 귀족 셰레메티예보Sheremetyevo가 자신의 농노 출신 여가수와 사랑에 빠져 공식 결혼에까지 이르는 일도 있었다. 어쨌든 당시 러시아는 유럽에서 가장 인구가 많은 나라였으며, 이 풍부한 인력풀 역시 러시아 발레의 발전에 중요한 토대로 작용했다. 심지어 한 귀족 가문이 소유한 농노가 20만 명을 넘기는 경우도 있었다.

19세기 중반 이후 유럽은 남성 발레리노 수의 격감과 오페라에 대한 편향 때문에 발레가 거의 사멸 위기에 처한다. 바로 이때 러시아 발레가 유럽 발레의 구세주로 등장하는데, 1909년 세계 발레사에서 가장 중요한 사건이 벌어진다. 최고의 흥행사 세르게이 댜길레프Sergei Dyagilev가 러시아 발레단을 이끌고 프랑스 파리에 등장한 것이다. 유럽의 관객들은 잊었던 발레의 아름다움에 극찬과 감격을 금치 못했다. 급기야 유럽의 음악가들은 최고의 러시아 발레리나에게 자기 곡을 헌사하면서 그녀가 그 곡에 맞춰 춤춰주기를 간청하게 된다. 그렇게 탄생한 대표적인 곡이 프랑스 작곡가 생상스Camille Saint-Saëns의 〈빈사의 백조〉다. 이 곡은 생상스가 발레 역사상 최고의 발레리나로 꼽히는 안나 파블로바Anna Pavlova에게 바친 것이다. 그때부터 100년이 지난 지금까지 유럽인들은 러시아 발레의 영향에서 벗어나지 못하고 있다.

제정 러시아의 일관성 있는 발레 정책 및 그것이 맺은 결실을 확인할 때마다, 모름지기 교육 정책이나 문화 정책은 백년대계라는 사실을 다시금 느끼게 된다. 정권이 바뀔 때마다 교과 과정, 심지어 교과서도 바뀌는 한국의 현실과는 너무나도 대조적이다.

〈백조의 호수〉, 러시아 발레의 혁명

200년 이상의 장기 투자로 발레 후진국에서 발레 최선진국으로 발돋움한 러시아 발레의 백미는 뭐니 뭐니 해도 〈백조의 호수〉다. 그중 가장 아름다운 장면이 백조들의 군무라는 데는 별 이견이 없을 것이다. 이 백조들의 군무를 통해 한 나라의 발레 수준이 판가름 나기도 한다. 한국도 강수진 같은 세계적인 발레 스타를 배출하기는 했으나, 아직 군무 수준은 러시아를 따라가지 못한다는 평가다. 한국 발레의 인력풀이 부족한 탓도 있겠으나, 러시아 발레의 군무가 뛰어난 것은 군무 자체를 매우 중요시하는 러시아 발레의 특징에서 기인한다.

그전에는 무대의 배경에 불과하던 군무를 발레의 중요한 요소로 승격시킨 것이 바로 1830년대 러시아 발레다. 그 이후 지금까지 러시아 발레의 군무는 세계 최고 수준을 유지하기 위해 총력을 기울이는데, 그 핵심은 역시나 기본기가 탄탄한 수준급 댄서들을 대량으로 배출해내는 발레학교 시스템이다. 부모의 체형 등 유전적 요인까지 고려해 선발한 어린 발레 영재들은 이미 저학년부터 볼쇼이나 마린스키 발레단의 공연에 참가한다. 학교와 극장이 바로 연결된 독특한 시스템 덕분이다. 어릴 적부터 세계적 수준의 정식 발레단과 함께 연습함으로써 튼튼한 기초교육을 받을 수 있을 뿐만 아니라 졸업 후 대부분이 극장 단원이 된다. 따라서 진로에 대한 걱정 없이 발레에만 전념한 아이들이 러시아 발레의 풍성한 인력풀을 형성한다.

아름다운 군무를 가능케 하는 또 다른 결정적 요인은 발레리나 한 사람 한 사람의 아름다운 몸매를 한껏 돋보이게 해주는 의상이다. 그전에는 상상도 못했던 튜닉이나 타이츠 등 몸에 착 달라붙는 발레 의상 또한 바로 러시아에서, 이 군무와 함께 탄생한 것이다. 한쪽 다리에만 체중을 실은 채 온몸을 펼쳐 보이는, 가장 힘들지만 가장 아름다운 자세 중 하나인 '아라베스크' 동작이 〈백조의 호수〉에서 절정의 미를 자랑할 수 있는 것도 바로 이 의상 덕분이다.

이 의상의 백미는 바로 팬케이크 모양의 짧은 치마, 발레 용어로는 '클래식 튀튀'라는 것이다. 이는 프랑스에서 만들어진 '지젤'의 하느작거리는 긴 치마 '로맨틱 튀튀'와는 달리 백조공주 오데트의 아름다운 바디라인을 그대로 드러나게 해준다. 클래식 튀튀라고 하는 이유는 〈백조의 호수〉를 비롯한 이 시대 러시아의 발레가 이후 전 세계 모든 발레의 '클래식'이 되었기 때문이다.

클래식 튀튀에 의해 발레리나들은 아름다운 몸매를 마음껏 자랑할 수 있게 되었을 뿐만 아니라 옷의 방해를 받지 않고 몸을 자유롭게 움직일 수 있어 발레 사상 최고의 테크닉을 발휘할 수 있게 되었다. 결국 러시아의 클래식 발레는 군무와 몸과 동작을 모두 해방해주었으며, 따라서 '클래식'이라는 명칭보다는 '혁명적 발레'라는 명칭이 더 어울린다.

발레의 4막 구조를 만들다

그러나 러시아 클래식 발레의 혁명은 의상과 동작 차원에 그치지 않는다. 가장 큰 공헌은 발레 공연의 구조를 완전히 바꿔놓았다는 점이다. 황실과

〈지젤〉의 지젤과 알브레히트의 2인무.
지젤 역을 맡은 발레리나가 입은 의상이 로맨틱 튀튀다.
ⓒ 연합뉴스

〈백조의 호수〉에서 저주에 걸린 오데트 공주와 춤을 추는 지크프리트 왕자. 클래식 튀튀로 동작의 자유와 아름다움을 극대화했다.
ⓒ Ilgar Jafarov

귀족들의 여흥거리에 불과했던 그 이전의 발레는 사실 제대로 된 형식조차 없었다. 여기에 '막'과 '장'이라는 제대로 된 공연 구조를 갖추게 된 것도 러시아 발레 덕분이다. 예를 들어 〈백조의 호수〉는 보통 4막으로 이루어지는 전막발레다. 이때부터 사람들은 발레의 줄거리를 몰라도 어떤 형태로 공연이 전개되리라는 것은 대강 짐작할 수 있게 되었다.

먼저 전체 이야기의 분위기를 알려주는 서막 혹은 서곡이 짧게 펼쳐지고 이야기의 배경이 되는 1막에 이어 남녀 주인공이 만나는 2막, 주인공들에게 위기가 닥치는 3막이 극적으로 전개된 후 4막에서 모든 것이 마무리된다. 이런 스토리 구조는 음악적으로 일정한 리듬을 반복하게 되는데, 느린 아다지오와 빠른 알레그로가 반복된다. 즉 서막-아다지오, 1막-알레그로, 2막-아다지오, 3막-알레그로, 4막-아다지오의 구조다.

이 대칭적인 4막 구조가 탄생할 수 있었던 것은 먼저 서정적인 프랑스 발레와 역동적인 이탈리아 발레를 결합한 러시아 발레의 태생적 특성에서 유래한다. 그리고 발레에 처음으로 장엄한 교향곡 구조를 접목시킨 천재 음악가 차이콥스키의 공이 컸다. 그전에는 누구나 흥얼거릴 수 있는 유행가처럼 가벼웠던 발레 음악에 느림과 빠름이 반복되는 4막 구조의 교향곡을 과감하게 결합시킨 장본인이 바로 차이콥스키다. 이로써 발레는 한 차원 높은 예술 장르로 재탄생했다.

〈백조의 호수〉도 이런 관점에서 보면 이해하기가 훨씬 쉽다. 먼저 〈백조의 호수〉의 전체 분위기를 알려주면서 가장 많이 반복될 테마곡, 그 유명한 '밤~바바바바~밤'을 소개하는 서곡이 천천히 연주된다(아다지오). 춤도 곁들여질 때가 있지만 보통은 음악만 흘러나온다. 이어 1막이 열리면서 이제 지크프리트 왕자의 즐거운 성년 축하연이 열리고 어머니인 왕비로부터 선물받은 화살을 들고 왕자는 백조사냥을 떠난다(활기찬 알레그로). 2막에서는 왕자가 호수에서 백조로 변신한 불행한 공주 오데트를 만나고 사랑으로 마법을 풀어주겠다는 맹세를 한다(슬픈 아다지오). 이어지는 3막에서는 황태자비를 고르기 위해 열린 궁전의 무도회에 가짜 오데트인 흑조가 나타나 왕자를 속여 사랑을 맹세하게 하고 떠난다(열정적 알레그로). 4막에서는 왕자가 호수를 찾아가 마법사를 물리치고 마침내 오데트를 구해낸다(비장한 아다지오).

느린 아다지오와 빠른 알레그로가 반복되는 와중에 모든 관객이 숨죽이며 기다리는 최고의 하이라이트는 역시 '두 사람의 큰 춤'이란 뜻을 가진 '그랑 파 드 되Grand Pas de Deux'다. 그랑 파 드 되는 모든 클래식 발레의 필수적 구성요소로 〈백조의 호수〉에서는 열정적 알레그로로 진행되는 3막에서 지크프리트 왕자와 가짜 오데트 공주가 펼쳐 보이는 춤이다. 이 그랑 파 드 되 안에서도 아다지오와 알레그로가 다시 반복되는데, 먼저 남녀 주인공이 천천히 2인무를 춘 뒤(아다지오) 각자 솔로 바리에이션을 선보인다(알레그로). 이때 남녀 발레의 개인 기교를 한껏 선보이는데, 역시 하이라이트는 각자의 바리에이션이 끝나고 두 사람이 다시 만났을 때 보여주는 여주인공의 32회전 춤이다. 발레 용어로 푸에테fouette라고 불리는 이 춤은 '채찍질하다'라는 뜻으로 한쪽 다리의 발끝으로 몸을 지탱하고 다른 한쪽 다리를 마치 채찍을 휘두르듯 회전하는 것이다.

'푸에테'야말로 클래식 발레의 최고봉이다. 이것의 성공 여부에 그날 공연의 성패가 좌우된다 해도 과언이 아니다. 푸에테는 1890년대에 러시아로 초청된 이탈리아 발레리나 피에리나 레냐니Pierina Legnani가 〈신데렐라〉라는 발레에서 처음으로 선보였는데, 32회전을 하면서도 전혀 어지럽지 않을 수 있는 자기만의 비법을 죽을 때까지 숨겨서 다른 러시아 동료들을 애먹였다고 한다. 나중에 밝혀낸 비법의 핵심은 몸은 돌아가지만 시선만은 정면의 한곳에 고정하고 몸보다 최대한 나중에, 고개를 뒤로, 그러나 매우 빨리 돌

러시아 발레리나 중
푸에테를 최초로 완성한
마틸다 크세신스카야.

려 이 시점을 계속 유지하는 것이었다.

러시아 발레리나 가운데 푸에테를 최초로 완성한 사람은 마틸다 크세신스카야Matilda Kshesinskaya인데 그 덕분에 러시아 마지막 황제의 애인이 되었다는 이야기도 있다. 극중에서 지크프리트 왕자가 가짜 공주에게 사랑을 맹세하고 진짜 오데트를 불행에 빠뜨린 것도, 거대한 러시아 제국의 황태자가 일개 발레리나를 정신없이 사랑하게 된 것도 이 푸에테 때문이었던 셈이다.

〈백조의 호수〉는 이렇듯 군무, 의상, 동작 그리고 발레 형식의 혁명에 의해 탄생한 작품이다. 그런데 이 변화의 핵심에 러시아인들의 사심 없는 수용과 융복합 정신이 숨어 있다. 팬케이크형의 클래식 튀튀를, 그리고 푸에테를 러시아에서 처음 시도한 것은 모두 외국인이다. 하지만 러시아인들은 이 혁명적 변화를 적극 수용했고 프랑스와 이탈리아의 발레와 클래식 교향곡을 융합해 발레의 고전을 탄생시켰으며 학교와 극장을 결합해 발레의 높은 수준을 유지했다. 새로운 것을 수용하고 융복합하는 관점이 19세기 러시아에서 발레의 르네상스를 일으켰던 것이다.

4

러시아 창의력의 비밀, 역원근법

"평행한 두 직선은 영원히 만나지 않는다." 기원전 3세기경부터 무려 2,000년 이상 무너지지 않았던 유클리드 기하학의 공준公準 중 하나다. 그러나 2,000년의 아성을 깨뜨리고 이른바 '비非유클리드 기하학' 시대를 연 사람이 있으니, 19세기 러시아인 니콜라이 로바쳅스키Nikolai Lobachevsky였다. 비유클리드 기하학의 대표 주자 중 한 사람인 앙리 푸앵카레Henri Poincaré가 1904년에 내놓은 '푸앵카레의 추측', 곧 "삼차원 공간에서 닫힌곡선(폐곡선)이 하나의 점으로 모일 수 있다면 그 공간은 구로 변형될 수 있다"라는 가설은 100년 넘게 증명되지 못했다. 하지만 2002년 드디어 러시아의 은둔 수학자 그리고리 페렐만Grigori Perelman에 의해 증명되었다.

시간을 현대로 되돌려보자. 2011년 러시아 기업 룩소프트Luxoft는 유럽 IT아웃소싱협회 선정 최고 기업으로 등극했고, 2012년 국제아웃소싱전문가협회IAOP가 선정하는 '100대 아웃소싱 기업'에 러시아 기업이 여덟 곳이나 포함되었다. IT 전문가들은 러시아와 인도 모두 IT 아웃소싱에서 최고의 기술 경쟁력을 갖추고 있는데, 다만 인도는 이미 정형화된 일을 잘하는 반면 러시아는 기존에 없는 새로운 문제를 풀어가는 데 탁월한 장점을 보인다고 말한다. 한마디로 창의력이라는 기준으로 보자면 러시아인이 세계 IT업계를 선도한다는 것이다.

러시아인들이 보여주는 창의력의 원점

이렇듯 수학이나 IT 등의 분야에서 세계적 수준을 자랑하는 러시아인들의 창의력은 어디에서 나오는 것일까? 흔히 말하듯 창의력이라는 게 사물을 남들과 다르게 볼 수 있는 능력이라면,[4] 러시아인들은 바로 그 '다르게 보기' 능력이 뛰어나다고 할 수 있다. 그런데 러시아인들의 정신적 뿌리가 되는 고대 러시아 정교의 성화를 살펴보면 창의력의 기원을 일부나마 짐작할 수 있다. 우선 15~16세기의 성화 〈수태고지〉를 살펴보자.

이 책 167쪽의 그림 중 위 그림은 러시아 야로슬라블 지역 교회에 소장된 16세기 성화이고 아래 그림은 15세기 말 이탈리아 피렌체의 화가 프라 바르톨로메오Fra Bartolomeo의 작품이다. 러시아의 그림은 마치 아이들이 그린 것처럼 거칠다는 느낌이, 이탈리아의 그림은 보다 세련되었다는 느낌이 든다. 두 그림 사이의 가장 큰 차이는 이탈리아의 회화는 원근법이 잘 지켜지지만 러시아의 성화는 원근법이 지켜지지 않는다는 데 있다. 러시아 성화에서 특히 성모마리아가 밟고 있는 발판을 보면 앞부분이 좁고 작게 묘사되어 있고 뒷부분은 오히려 더 크게 묘사되어 있다. 또 가장 전면에 있는 사람은 그 뒤의 두 사람에 비해 너무 작게 그려져 있다. 가까운 것이 커 보이고 먼 것이 작게 보이는 원근법이 파괴되고 있는 것이다. 이러한 원근법 파괴는 모든 러

---

4 안상헌 (2012). 《통찰력을 길러주는 인문학 공부법》. 서울: 북포스.

러시아 야로슬라블 지역 교회에 소장된 성화 〈수태고지〉.

프라 바르톨로메오.
〈수태고지〉.
1497년.
볼테라 성당.

원근법으로 묘사한 의자(위 왼쪽)는 화가에게 가까울수록 커지지만 역원근법으로 묘사한 의자는 화가에게 가까울수록 작아진다. 원근법으로 묘사한 철도(아래 왼쪽)는 후경의 소실점을 향해 풍경 전체가 점점 작아지며 수렴되지만 역원근법으로 묘사한 러시아 성화 〈성삼위일체〉에서는 전경의 소실점을 향해 점점 작아지며 수렴된다.
자료: Икона (2015. 3. 27). Обратнаяперспектива.

시아 성화에서 발견된다.

원근법에서 가장 중요한 원칙은 고정된 하나의 시점에서 보이는 사물의 모습을 평면에 옮겨 그리는 것이다. 이 하나의 시점은 대상을 바라볼 수 있도록 대상의 바깥쪽 즉 그림의 앞쪽에 고정되어 있다. 따라서 소실점은 그림의 맨 안쪽 뒤에 위치하여 뒤로 갈수록 피사체가 작아진다. 반면 러시아 성화에서는 하나의 시점이 아니라 두 개의 시점이 사용된다. 피사체의 표면은 그림의 바깥 앞에서 본 시점에서 묘사되지만 크기는 반대로 그림 안 뒷면에서 그림 바깥 앞을 바라보는 시점에서 결정되는데, 이것을 미술사에서는 '역원근법'이라고 부른다. 소실점이 오히려 화가의 시점에 있다 보니 피사체가 후경에서 전경으로 올수록 점점 작아지게 된다.

다시점의 향연

이탈리아의 성화가 앞에서 보는 하나의 시점을 사용한다면 러시아의 성화는 앞에서도 보고 뒤에서도 보는 이중시점을 사용하는 것이다. 물론 여기에는 심오한 종교적 의미가 내포되어 있다. 러시아 정교에서 성화는 말씀(성경)의 시각적 표현이다. 성화는 글을 모르는 이들이 성경을 이해하기 쉽도록 돕는 수단인 동시에 그 자체가 말씀의 육화 과정이다. 따라서 한편으로는 인간이 이해할 수 있도록 피사체의 기본 형상은 말씀 밖에 있는 인간의 시점에서 묘사한다. 하지만 다른 한편으로는 신의 말씀을 보여주는 성화의 중심 시점이 말씀 밖에 있는 인간이 아니라 말씀의 근원인 신에서 비롯되어야 한다는 점을 피사체의 크기 비율로 나타내는 것이다.

그런데 러시아 성화의 시점은 전후前後 이중시점에 그치지 않는다. 또 다른 성화 〈구약의 삼위일체〉를 보면, 우선 이 그림에 등장하는 반원형 테이블이 매우 부자연스러워 보인다. 이 테이블은 본래 반원형이 아니라 넓은 오발

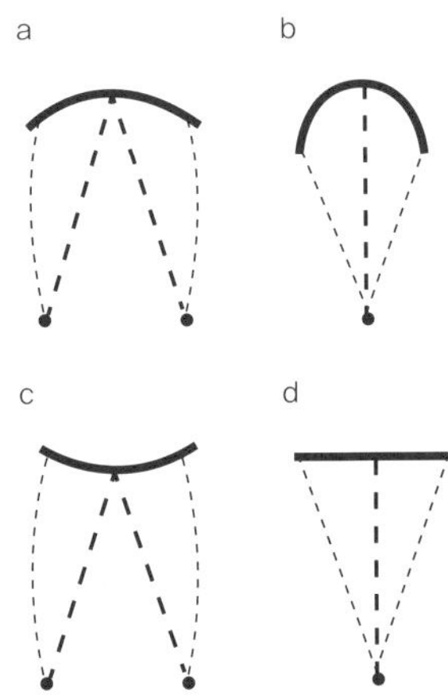

구리 니키틴.
〈구약의 삼위일체〉.
1690년.
본다렌코 컬렉션.

오발형 테이블이 반원형으로 묘사되고 식기들이 모두 테이블 앞쪽 끝단으로 몰려 있다.
역원근법에 좌우대칭적인 또 다른 두 개 시점이 합쳐져 모두 네 개의 시점이 그림 안에 존재한다.

형이다. 반원형으로 보이게 그린 이유는 테이블을 전방의 좌우 양쪽에서 본 다음 두 시점에서 본 모양을 하나로 합쳤기 때문이다. 이 경우 그림에서 보는 것처럼 오발형의 윗 반원은 안으로 휘어지게 되지만 아래 반원은 직선에 가깝게 펴지게 된다. 동시에 테이블의 중심이 앞으로 이동하게 되는데, 테이블 위의 잔이나 접시 등 식기들이 불안하게 테이블 끝 쪽으로 몰려 있는 이유가 바로 이 때문이다. 이중시점인 역원근법을 쓰고, 거기에 좌우대칭적인 또 다른 두 개의 시점이 합쳐져 모두 네 개의 시점視點이 하나의 그림 안에 존재하는 것이다.

시점의 다각화는 여기서 끝나지 않는다. 더 자세히 보면 세 천사의 뒤에서 음식을 대접하는 아브라함과 사라의 모습이 다시 작아지고 있는데 마치 이 부분에만 르네상스식 원근법이 적용되고 있는 듯하다. 이들이 세 천사보다 의미상 비중이 떨어지기 때문인데, 결국 화가는 그림의 대상 하나하나를 다른 시각으로 보고 있는 것이다. 배경이 되고 있는 집, 나무, 산도 모두 각기 다른 각도와 시점에서 그려져 마치 별도의 그림에서 이식해 온 듯한 느낌을 준다.

세잔보다 앞서고 마티스를 감동시킨 러시아 미술

이처럼 러시아 고대 성화에서는 하나의 풍경, 하나의 대상을 그릴 때 한 개의 시점에 고정되지 않고 수많은 시점을 사용하여 대상 하나하나를 살려냄으로써 새로운 의미를 창출해낸다. 이 같은 다시점을 담은 그림이 유럽에서 등장한 것은 러시아 성화가 제작된 뒤로도 수백 년이 지난 19세기 말, 바로 세잔의 정물화들을 통해서다. 세잔에 이르러서야 유럽의 회화는 단시점적 원근법에서 벗어날 수 있었고, 그 덕분에 피카소도 마티스도 등장할 수 있었다.

야수파의 창시자 마티스가 뒤늦게 러시아의 성화를 직접 접한 뒤 한 행동과 말은 러시아 성화의 창조적 독창성을 잘 대변한다. 1911년 10월, 마티스 작품의 최대 고객이던 러시아 화상 세르게이 슈킨이 모스크바로 마티스를 초청한다. 모스크바에 도착한 지 이틀째 되는 날 마티스는 생애 처음으로 러시아 성화를 접하게 된다. 그는 너무나 흥분한 나머지 하룻밤을 꼬박 새우고는 주변 사람에게 "러시아는 이미 모든 것을 가졌다. 러시아의 성화는 미술이 무엇인가를 가르쳐준다"라고 말했다. 마티스는 20세기 초에 이룬 서양 미술의 혁명이 이미 러시아에서 그것도 수백 년 전에 이루어진 것을 발견하고는 경악을 금치 못한 것이다.[5]

우리 사회는 지금 전 분야에서 창의성에 목말라 있다. 격화된 경쟁 상황에서 미래 신사업을 준비해야 하는 기업도, 과정보다 결과만 중시하는 교육제도 역시 그러하다. 하지만 불행히도 창의성을 발휘할 수 있는 환경을 만들어야 할 많은 정치인과 기업인은 고정된 하나의 시점만을 고집하고 있는 것은 아닐까 하는 생각을 떨칠 수 없다. 잠시 고대 러시아 성화를 감상하면서 보다 다양한 시각으로 창조적 해법을 찾는 지혜를 길러보는 것은 어떨까?

---

5 Lazarus James Reid. "MATISSE AND RUSSIAN ICONS : The Metaphysics of Pictorial Space." 〈http://www.jacwell.org/Supplements/Matisse%20and%20Russian%20Icons.htm〉.

5

〈아홉 번째 파도〉와 러시아의 정신

1997년 IMF 외환위기, 2008년 글로벌 금융위기, 2010년 유럽의 재정위기, 2015년 원자재 가격 하락과 미국 금리 인상으로 인한 신흥국 위기……. 이제 경제위기는 거의 일상이 되어버려 비상 상황이라는 말이 무색할 정도다. 끝도 없이 이어지는 위기 상황을 헤쳐나가려면 나름의 굳건한 인생철학이 필요하다. 그런 점에서 19세기 러시아에서 지금보다 훨씬 더 힘겨운 시절을 살아냈을 한 화가의 아름다운 작품 〈아홉 번째 파도〉는 오늘날의 우리에게도 위기를 버틸 수 있는 철학의 단초를 제공한다.

〈아홉 번째 파도〉는 희망의 찬가?

이 그림은 세로가 221cm, 가로가 332cm로 웬만한 미술관의 벽 한 면을 다 차지할 정도로 크다. 그래서 이 그림이 걸린 미술관의 벽 앞에 서면 그 거대한 바다 풍경에 완전히 사로잡히게 된다. 흰 포말의 거대한 격랑이 몰아치는 차가운 바다, 그리고 그 위로 드러난 눈부신 황금빛 여명과 붉은 구름이 장

이반 아이바좁스키.
〈아홉 번째 파도〉.
1850년.
러시아 국립미술관.

〈아홉 번째 파도〉의 아랫쪽에 등장하는 선원들을 확대했다.

관을 이룬다. 거대한 자연의 아름다운 경관을 담은 전형적인 19세기 풍경화다. 하지만 좀 더 자세히 들여다보면, 크기는 작지만 그림 한가운데 아래쪽에서 표류하는 돛대와 그 위에 지쳐 쓰러진 사람들의 모습을 발견할 수 있고 그 때문에 이 그림의 또 다른 주제를 이해하게 된다.

그림의 제목이 '아홉 번째 파도'인 이유도 여기에 있다. 밤새 무시무시한 바다 폭풍에 시달리며 배와 동료들을 잃고 가까스로 목숨을 부지한 선원들이 돛대에 매달려 있다. 운 좋게 돛대 위에 완전히 자리를 잡은 사람이나 겨우 돛대를 붙잡은 사람이나 모두들 녹초가 되어 있다. 그나마 다행인 건 기나긴 사투의 밤이 끝나고 드디어 저 멀리 여명이 밝아오기 시작하고 폭풍도 곧 잦아들 것 같다는 점이다. 무지막지한 자연의 역경을 이겨낸 이 소수의 영웅들에게 귀환의 희망이 보이는 듯하다. 그러나 유감스럽게도 이 그림에 담긴 이야기는 여기서 끝나지 않는다. 여기서 끝났다면 너무나도 낭만적이고 프랑스적이면서 또한 할리우드적이다. 적어도 러시아적이지는 않았을 것이다.

〈메두사호의 뗏목〉과 〈아홉 번째 파도〉의 차이

잠깐 유럽 미술사에서 최초의 낭만주의 작품이라고 여겨지는 20세기 초의 프랑스 화가 테오도르 제리코Théodore Géricault의 그림 〈메두사호의 뗏목〉을 감상해보자. 1819년 유럽에서 커다란 사회적 파장을 일으킨 실화를 토대로 만든 작품이다. 폭풍이 닥치자 제 목숨 지키는 데 급급하던 파렴치한 선장과 선원들이 승객 140명을 바다에 버린다. 그런데 버려진 사람들 중 15명이 인육까지 먹는 사투 끝에 살아 귀환하여 선장의 비리가 백일하에 드러나고 프랑스 사회는 큰 충격에 휩싸인다. 제리코는 이 비극적인 사건을 묘사하기로 결심했다. 그리하여 처절하게 죽은 시신들과 슬픔에 빠진 사람들의 모습

테오도르 제리코.
〈메두사호의 뗏목〉.
1819년.
루브르 박물관.

이 매우 비극적으로, 러시아 그림보다 훨씬 더 비극적으로 그려져 있다. 그러나 뜻밖에도 이 그림은 사실 매우 낙관적인 그림이다. 왜냐하면 이들은 이미 100% 구원을 보장받았기 때문이다.

전형적인 피라미드 구조로 된 이 그림의 정점에 있는 뗏목 맨 앞의 사람을 보자. 수건을 흔들고 있고 주위 사람들의 시선도 그와 같은 방향을 향한다. 자신들을 구조해줄 배 '아르구스호'를 마침내 발견한 것이다. 이 그림은 비극을 이겨낸 승리자들을 묘사한 것으로, 그들에게 이제 비극은 없다. 단지 부도덕한 선장과 선원에 대한 복수가 기다릴 뿐이다. 그리고 이것이 전형적인 프랑스 낭만주의 회화다.

러시아 회화도 분명 제리코의 그림이 보여준 낭만주의의 영향을 받았지만, 러시아인들은 거기서 멈추지 않고 냉정한 현실 쪽으로 한 걸음 더 나아간다. 러시아 회화 〈아홉 번째 파도〉로 되돌아가보자. 여명과 함께 폭풍이 잦아들 것 같기는 하지만, 다시 그림의 양쪽 끝으로 시선을 보내면 그 여명의 아래에서 서서히 고개를 들기 시작하는 잿빛 파도가 보인다. 바로 이것이 이 그림의 진짜 주인공, '아홉 번째 파도'다. 러시아 선원들은 옛날부터 폭풍은 아홉 개의 큰 파도를 몰고 오는데 그중 가장 무시무시하고 치명적인 파도는 제일 마지막에 오는 아홉 번째 파도라고 말한다. 지칠 대로 지쳐 돛대에도 겨우 매달린, 이제 겨우 희망의 빛을 보기 시작한 사람들에게 이 무슨 가혹한 운명이란 말인가? 색채로만 본다면 제리코의 그림보다 훨씬 낭만적일 것 같은데, 사실 이 그림은 '희망의 찬가'가 아니다. 오히려 희망과는 전혀 상관이 없는, 철저한 절망에 관한 그림이다.

왜 러시아 화가는 마지막 희망까지 모조리 짓밟아버린 걸까? 그 이유를 파헤치기 위해 우선 돛대의 방향을 살펴보자. 이 돛대는 아홉 번째 파도를 향해 정면으로 나아간다. 닥쳐오는 위험을 피해 가기보다는 정면승부를 거는 것이다. 오른쪽 아래에 아홉 번째 파도를 발견하고 좌절하는 동료가 있지만 가운데 손수건을 든 사람은 다시 한 번 남은 사람들에게 마지막으로 사활을 걸어보자며 격려하는 듯 보인다. 돛대의 아래쪽에서는 이미 모든 힘이 빠져 물속으로 떨어지고 있는 동료의 손을 놓지 않는 늙은 어부의 사투가 눈물겹다. 이들이 과연 마지막 시험을 이겨낼 수 있을지, 그것은 아무도 모른다.

하지만 이미 그것은 그리 중요한 문제가 아니다. 왜냐하면 작가가 정말로 묘사하고자 하는 것은 낭만적 승자가 아니라 낭만적 투사다. 절망투성이인 현실이 계속된다 하더라도 끝까지 싸우는 불굴의 투사. 그리고 여기에 반드시 휴머니즘, 즉 손을 놓지 않는 늙은 어부의 동료애가 가미되는데, 바로 이것이 러시아적 낭만주의 곧 현실적 낭만주의다. 너무나 비극적이지만 그래서 너무나 아름답다. 그 철저한 비극성에도 불구하고 이 그림이 프랑스의 그림보다 훨씬 아름답게 밝은 색조로 그려진 것도 바로 그 때문이다.

"희망은 제일 마지막에 죽는다"라는 러시아 속담이 있는가 하면 러시아 최고의 시인 푸시킨은 "가슴은 미래에 살고 현실은 슬프다. 이 현실은 반드시 지나가고 지나간 것은 사랑스럽다"라고 노래했다. 절망적인 현실을 끝끝내 살아가는 러시아 사람들의 인생철학이다.

바다를 통해 러시아인의 용기를 묘사한 작가

그렇다면 〈아홉 번째 파도〉라는 작품과 이것을 탄생시킨 작가의 가치는 얼마나 될까? 냉전시대의 반공교육 탓에 러시아 화가들에 대한 지식이 우리에게는 매우 부족하지만, 유럽에서 이 화가는 살아생전에도 그랬고 지금도 아주 유명하다. 화가의 이름은 이반 아이바좁스키Ivan Aivazovsky다.[6] 러시아 국립미술관에 소장된 〈아홉 번째 파도〉보다 훨씬 작고 미술사적 비중이 떨어지는 그의 다른 작품이 2012년 4월 소더비의 동방 미술 경매에서 최고가인 520만 달러(약 60억 원)를 기록했으니 〈아홉 번째 파도〉의 가치를 미루어 짐작할 수 있다.

아이바좁스키는 평생 동안 바다 그림만 6,000여 점을 그려 '바다의 화가 marinist'라고 불렸는데, 놀랍게도 그가 너무나도 정밀하게 묘사해낸 부서지는 파도의 포말 등은 실물을 보면서 그린 것이 아니라 순전히 기억에 의존해서 그린 것이었다. 미술사에서는 "그 이전에는 누구도 빛과 공기와 물을 이렇게 생생하고 정확하게 묘사한 화가가 없었다"라고 기록하고 있다.[7] 그러나 그의 진정한 가치는 단순히 판에 박힌 풍경의 아름다움이 아니라 원초적 자연을 통해 절절한 인생철학을 보여주었다는 점이다. 힘든 현실에 굴복하지 않고 살아가는 인간적 용기의 아름다움, 그것이 이 그림의 매력이고 나아가 러시아인들의 진정한 매력이다.

"살아 있는 흐름을 붓으로 잡아낼 수는 없다. 번개, 터져 나오는 바람, 부딪치는 파도를 실물을 보며 묘사할 수는 없다. 묘사하기 위해서는 이것들을 기억하는 수밖에 없다."[8] 아이바좁스키의 말이다.

---

6 아이바좁스키의 작품 〈카오스〉는 교황 그레고리 14세가 금메달을 수여하고 직접 구입까지 해서 바티칸 박물관에 전시했다. 이 외에도 그의 작품은 당시 로마, 파리, 런던 등에서 선풍적 인기를 얻었다.

7 Н. С. Барсамов (1967). 《Иван Константинович Айвазовский》. Москва: Знание.

8 Дмитрено А и др (1970). 《50 кратких биографий мастеров русского искусства》. Ленингад: Аврора.

6

러시아가 사랑한 여인, 다나에

17세기 유럽 화가 중 현대인들의 사랑을 가장 많이 받는 이라면 아마도 빛과 영혼의 화가라 불리는 렘브란트가 꼽힐 것이다. 렘브란트는 세계 미술사에서 처음으로 그림의 중심을 신분이나 외모가 아니라 인간의 내면 자체로 옮겨놓은 위대한 네덜란드의 화가다. 특히 빛은 그의 작품 속에서 인간의 내면, 그 깊은 영혼을 비추는 마법의 힘을 발휘한다.

그런데 네덜란드로부터 멀리 떨어진 러시아에 세계 최고 수준의 렘브란트 컬렉션이 있다는 사실을 아는 이는 별로 없다. 컬렉션이 있는 곳은 바로 제2차 세계대전의 상흔이 아직도 역력한 레닌그라드, 오늘날의 상트페테르부르크다. 이 아름다운 도시에 있는 세계 3대 박물관 중 하나인 에르미타슈가 그 주인공이다.

에르미타슈 박물관의 한 전시관에 렘브란트의 유화 작품이 23점이나 전시되어 있다. 하나같이 작가 인생의 중요한 전환점을 상징하는 비중 있는 작품들이라 전 세계 애호가들의 끝없는 사랑을 받고 있다. 그런데 이 작품들

중에서도 마치 살아 있는 인간처럼 온갖 운명의 풍파를 겪안으며 항상 새로운 감동을 선사하는 작품이 있다. 작품명 〈다나에〉, 이 박명한 그림의 뒷이야기와 그 속에 숨어 있는, 예술을 향한 러시아인들의 깊은 사랑을 이야기할까 한다.

러시아에서 밝혀진 '다나에'의 비밀

세로 185cm, 가로 203cm의 이 대형 그림 앞에 서면 무엇보다 눈부신 여인의 나체가 관람자의 눈을 사로잡는다. 이 여인이 바로 그리스 신화의 주인공 다나에다. 다나에는 장차 자기가 낳을 아들이 자신의 아버지 아르고스의 왕을 죽이게 되는 비극적 운명을 타고났다. 그 아들이 바로 페가수스를 탄 아름다운 청년 페르세우스다. 다나에의 아버지는 죽음을 모면하기 위해 그녀가 남자를 만나지 못하도록 지하 방에 가두어버린다.

많은 화가가 이 지하 방에 갇힌 다나에가 황금비로 변한 제우스를 만나 페르세우스를 잉태하게 되는 장면을 그림의 소재로 사용했다. 16세기 르네상스 화가 티치아노, 20세기 초 클림트 등의 작품이 대표적인 예다. 그런데 이 그림들과 렘브란트의 그림을 비교해보면 확연한 차이를 느낄 수 있다. 렘브란트의 그림에서는 황금비로 변한 제우스가 아직 나타나지 않고 있고, 다나에 또한 하늘을 향해 고개를 쳐들거나 손을 높이 들지도 않았으며, 무엇보다 사랑하는 남자를 맞이하는 성적 엑스터시도 없다. 그보다는 노파가 열어젖힌 커튼 아래로 스며드는 빛을 바라보며 수줍지만 반갑게 곧 다가올 사랑을 기다리는 마음, 즉 다나에의 영혼의 떨림이 강조되고 있다. 남녀의 만남 자체보다는 만남 직전의 기다림을 묘사함으로써 육체의 아름다움보다는 다나에 내면의 아름다움을 더욱 드러낸 참으로 렘브란트다운 그림이다.

그림을 좀 더 자세히 들여다보면, 오른쪽 상단의 큐피드는 방에 갇혀 사랑

렘브란트.
〈다나에〉.
1636년.
에르미타슈 박물관.

을 할 수 없는 다나에의 상황을 고통스러워하고 있다. 신화는 외려 인간적으로 표현되는 반면 육체적 사랑이 '정신적 사랑'으로 표현되고 있어 젊은 렘브란트가 그린 같은 시기의 다른 작품들보다 훨씬 더 성숙한 느낌을 준다.

그런데 바로 이 성숙한 느낌과 함께 전문가들에게 의혹을 주는 대목이 다나에의 모습에서 이 시기에 단골로 등장하는 화가의 아내, 사스키아가 느껴지지 않는다는 것이다. 그 이유는 현대에 와서야 밝혀졌다. 엑스레이로 촬영을 해보니 이 그림을 렘브란트가 나중에 덧칠로 고쳤다는 사실이 밝혀진 것이다. 즉 현재 그림의 얼굴 아래에는 아내 사스키아의 얼굴뿐 아니라 황금비로 변한 제우스도 있었으며, 사스키아의 얼굴과 손 역시 하늘을 향해 있었던 것이 드러났다. 원래는 신혼 절정기 부부의 열정이 강하게 느껴지는 젊은 렘브란트의 전형적인 작품으로 그려졌던 것인데, 6년 뒤인 1642년 아내가 죽었고 그로부터 한참 뒤 화가의 아내 역할을 해준 헨드리케의 얼굴로 다나에의 얼굴을 바꾸면서 포즈와 그림 내용도 함께 바뀐 것이었다. 결국 이 그림에는 두 개의 시간, 두 명의 여인, 두 명의 렘브란트가 공존하는 셈이다. 그런데 이 그림의 변신은 여기서 그치지 않는다.

다나에에 대한 200년의 사랑, 그리고 순간의 비극

1656년 낭비벽에 빠진 렘브란트는 그림을 포함한 대부분의 재산이 경매로 넘어가는데, 바로 이때 〈다나에〉도 공식적인 무대에서 사라졌다. 이 그림이 다시 역사에 등장한 것은 그로부터 100여 년이 지난 1772년, 제정 러시아의 여제 예카테리나 2세 덕분이었다. 오늘날의 에르미타슈 박물관이 있게 한 장본인인 예카테리나 여제는 에르미타슈 컬렉션을 위해 지인인 프랑스의 계몽주의자 디드로Denis Diderot의 도움을 받는데, 그를 통해 프랑스의 귀족 루이 앙투안이 소장하고 있던 〈다나에〉를 구입한다. 그 이후 〈다나에〉는 동토의 땅 러시아에서 다른 렘브란트의 작품들과 함께 200년 넘게 러시아인들의 사랑을 받게 된다. 그런데 소련이 무너져가던 20세기 후반의 어느 날 누구도 예상치 못한 엄청난 시련이 닥쳤다.

1985년 6월 15일 오전 한 중년의 남자가 여느 관람객과 다름없이 〈다나에〉를 감상하고 있었다. 그런데 갑자기 숨겨온 플라스크 속의 황산을 그림에 뿌리는 것도 모자라 날카로운 칼로 그림을 난자해버렸다. 순식간에 일어난 일이라 누구도 그를 제지하지 못했다. 남자는 그 자리에서 체포되었지만 뿌려진 황산 때문에 그림의 27%가 망가졌고 아름다운 〈다나에〉는 여러 갈래로 흉하게 찢겼다. 당시 공식 발표에 따르면, 이 남자는 단순한 정신병자로 판명되어 정신병원에 수용되는 것으로 결론이 났다. 하지만 그로부터 몇 년 후 소련이 무너진 뒤 가려졌던 진실이 밝혀졌다. 마이기스라는 이름의 이 남성은 리투아니아인으로, 소련에 의해 억울하게 죽은 아버지의 복수를 한 것이라고 주장했다.

제2차 세계대전 이후 리투아니아를 비롯한 발트 3국이 승전국들의 합의로 소련에 합병되었는데, 마이기스의 아버지가 이에 반대하다 처형당했다는 것이다. 이후 40여 년간 복수의 기회가 오기만을 기다린 마이기스는 직장에서 연금도 제대로 받지 못하는 형편이 되자 마침내 복수를 결행하기로 마음먹는다. 애초 그는 러시아의 수도 모스크바로 가려 했지만 정말 우연한 이유로 모스크바에는 가지 못하고 레닌그라드까지만 오는 데 만족해야 했다. 레닌그라드에 도착한 마이기스는 어처구니없게도 그 복수의 대상을 에르미타슈 박물관으로 정한다. 마치 한국의 숭례문에 생긴 것과 같은 일이 30년 전 러시아에서 벌어진 것이다.[9] 박물관에 들어선 마이기스는 무작정 가장 비싼 그림이 어디 있느냐고 묻더니 렘브란트홀의 〈다나에〉에게 다가갔다. 그나마 다행히 그가 따로 준비했던 폭탄은 체포 과정에서 압수되어 더 큰 재앙은 막았지만 어쨌거나 〈다나에〉는 지울 수 없는 상처를 입게 된다.

이 사건 이후 러시아 문화계는 엄청난 논란에 휩싸인다. 〈다나에〉를 살릴 것이냐 아니면 그대로 둘 것이냐 하는 두 의견이 충돌했다. 만약 복원을 한다면 그것은 더는 렘브란트의 작품이라고 할 수 없다는 우려의 목소리가 컸다. 그러나 세계 최고 수준의 복원 기술을 자랑하는 에르미타슈 박물관 측은 결국 복원 쪽으로 방향을 정하고 작업에 착수한다. 남은 73%를 살리고 나머지 부분을 정밀한 형광투시법과 색 분할을 통해 본래 모습으로 회복시키는 데 무려 12년이 걸렸다.

드디어 1997년 다나에는 원래 모습으로 재탄생되어 다시 렘브란트홀로 복귀했다. 하지만 지금도 자세히 보면 황산이 흘러내린 흔적과 난자를 당했던 부분을 찾아낼 수가 있다. 아이러니하게도 이 훼손 사건과 복원 작업 덕분에 렘브란트의 〈다나에〉는 전 세계에 더욱더 유명세를 떨치게 되었고 지금 이 순간에도 에르미타슈 박물관은 〈다나에〉를 보기 위해 몰려든 사람들로 인산인해를 이루고 있다.

마치 신화 속 다나에처럼 기구한 삶을 살고 있는 렘브란트의 이 작품에 앞으로 또 어떤 일이 생길지 모르지만, 분명한 것은 〈다나에〉는 예술 작품이 인간의 역사와 함께 호흡하며 살아가는 하나의 생명이라는 점과 한 작품을 살려내기 위해 12년간 공을 들이는 러시아 사람들의 예술에 대한 깊은 사랑을, 지금도 그리고 앞으로도 전 세계 사람들에게 생생히 전해주리라는 점이다.

---

9 2008년 토지보상 문제에 불만을 품고 숭례문에 불을 지른 사건이 발생했다. 이 화재로 대한민국 국보 1호 숭례문은 누각을 받치는 석축만 남긴 채 불에 타버렸다.

7

〈백만 송이 장미〉와 천재화가

심수봉의 노래 〈백만 송이 장미〉는 한때 노래방에서 많이 불리던 전 국민의 애창곡이다. 그러나 사실 이 노래는 같은 제목의 러시아 곡을 번안한 것이다. 그런데 러시아 원곡을 아는 사람이라면 한국어 번안이 참으로 한국답다는 생각을 하게 된다. 달리 말하자면 번안곡의 가사는 전혀 러시아적이지 않다는 것이다.

〈백만 송이 장미〉의 한국판 가사는 대략 이렇다. "한 별에서 이 세상에 사랑을 전하는 사명을 띠고 지구로 온 외계인이 있었는데, 그는 사랑을 한 번 할 때마다 피는 장미를 백만 송이나 피게 하고는, 즉 인간들에게 백만 번의 사랑을 아낌없이 주고는, 자기 별로 홀연히 돌아갔다." 참으로 동양적이고 불교적이다. 외계인이 지구에 와서 한평생 착실히 사랑의 공덕을 쌓고는 열반에 들었다는 것이다. 그렇다면 러시아 원곡의 내용은 어떨까? 똑같이 사랑을 노래하지만 그 방식은 전혀 다르다.

시골의 무명화가, 천재화가로 인정받다

지방공연을 온 한 여배우가 있었다. 어느 날 아침, 그녀는 숙소 앞 광장이 백만 송이 장미로 가득 채워진 것을 보게 된다. '어느 정신 나간 부자가 이런 짓을 했나'라고 생각하는 찰나 창문 아래에 서서 그녀를 바라보는 웬 가난한 화가가 눈에 들어온다. 그가 바로 그녀에게 백만 송이 장미를 선물한 주인공이었다. 전 재산인 캔버스와 작은 집, 소를 몽땅 팔아 마련한 것이었다. 그날 저녁 아주 짧은 만남 후 여인은 기차를 타고 그곳을 영원히 떠났다. 그녀의 마음속에는 백만 송이 장미에 대한 노래가 남았다. 그 이후에도 여전히 가난하게 평생을 살아간 화가에게는 꽃으로 가득 찬 광장이 남았다.

참으로 러시아적이다. 도스토옙스키의 《죄와 벌》에서 가난한 법대생 라스콜니코프도 마지막 남은 돈을 탈탈 털어 죽은 주정뱅이의 장례비를 치른다. 러시아인의 사랑은 극단적이고 전적이며 그래서 불합리하게 느껴질 정도다. 그런데 이 극단적인 사랑이야말로 극단적 환경을 견디는 러시아인 특유의 힘이자 매력이다.

놀랍게도 이 노래의 주인공으로 등장하는 가난한 화가는 가공의 인물이 아니라 실존 인물이다. 그것도 러시아 전역, 아니 유럽까지 깜짝 놀라게 한 천재화가로, 니코 피로스마니Niko Pirosmani라는 인물이다. 1912년 당시 제정 러시아령, 지금의 조지아(러시아어로는 그루지야)의 한 지방도시에 모스크바의 유명한 화가가 고향 방문차 들르고, 여기서 엄청난 발견을 한다. 당시 유럽 미술을 선도하던 전위적인 그림을 어느 무명화가가 이미 그려대고 있는 것이었다. 게다가 이 화가는 한 번도 제대로 미술교육을 받은 적이 없었고 기껏해야 술집이나 가게의 간판이나 그려주던 사람이었으며 나이도 쉰 줄에 들어선 인물이었다. 너무도 가난했던 그는 식당 테이블보에 그림을 그려주고 받은 돈으로 끼니를 때우거나 돈 대신 술이나 받아 마시며 살고 있었다.

여기서 잠시 당시 유럽 미술계의 상황을 살펴보자. 19세기 후반 화가들은 유럽을 뒤흔들었던 인상파 화풍에 점차 염증을 느낀다. 시시각각 변하는 풍경이 자기 안으로 들어와 남기는 수동적 인상을 그리기보다는, 변하지 않는 보다 깊은 인간의 근원적인 무엇인가를 표현하고 싶다는 욕망이 회화의 새로운 사조로 등장한다. 그 주인공이 바로 세잔, 고흐, 고갱, 그리고 고갱의 영향을 받은 앙리 루소다. 앙리 루소Henri Rousseau는 고갱이 타히티 원주민을 그리듯 현대 프랑스인들을 원시적 기법으로 표현해서 흔히 원시주의의 효시로 불린다.

앙리 루소의 작품 중 1909년에 그린 〈시인에게 영감을 주는 뮤즈〉가 유명한데, 그림 속에 등장하는 인물이 당대 유럽 최고의 시인 중 한 명이었던 기욤 아폴리네르와 그의 연인 마리 로랭상이다. 시인의 아름다운 애인을 왜 이리 거구로 표현했느냐는 질문에 앙리 루소는 최고 시인의 여인이라면 이 정도 크기는 되어야 하지 않겠느냐고 재치 있게 대꾸했다고 한다. 그러나 사실 여기에는 기존의 모든 규칙이나 상식, 나아가 원근법이나 명암법, 신체 비례까지도 파괴하고자 하는 루소의 철학이 반영된 것이었다.

그럼 이제 무명화가 니코 피로스마니가 앙리와 거의 비슷한 시기에 그린 〈여배우 마르가리타〉를 비교해보자. 이 여배우가 러시아 노래 〈백만 송이 장미〉의 주인공이다. 루소의 그림이나 피로스마니의 그림이나 그림 속 주인공의 모습이 아주 비슷할 뿐 아니라 무엇보다 화풍이 거의 일치한다. 더욱 재미있는 사실은 마치 평행이론처럼 두 화가 모두 쉰 살이 넘어서야 세상에 알려졌고 평생 가난에 시달렸으며 죽고 나서야 유명세를 떨쳤다는 것이다. 그래선지 두 사람의 자화상을 보노라면 마치 형제 같다는 느낌마저 든다.

앙리 루소.
〈시인에게 영감을 주는 뮤즈〉.
1909년.
바젤 미술관.

니코 피로스마니.
〈여배우 마르가리타〉.
1909년.
조지아 국립미술관.

앙리 루소의 자화상.
1890년.
프라하 국립미술관.

니코 피로스마니의 자화상.
1900년.
개인 소장.

사랑 이야기와 함께 살아남은 삶과 예술

천재화가 니코 피로스마니는 어떻게 〈백만 송이 장미〉라는 노래의 주인공이 된 것일까?

가난한 집에서 태어나 열 살도 되기 전에 부모를 여의고 친척집을 전전했던 그는, 목동으로 일하면서 유랑하는 무명화가들에게서 그림 그리는 법을 배웠다. 친구와 함께 우유가게를 운영하면서 지나가던 사람의 초상화를 테이블보에 그려주며 시골 마을 사람들의 사랑을 받는 소박한 삶을 살고 있었다. 가난했지만 돈을 모아 작은 집을 장만할 계획도 있었다.

이 무렵 여배우 마르가리타가 나타났다. 그녀에게 한눈에 반해버린 피로스마니는 갖고 있던 돈을 모두 털어 고백하지만 거절당하고 만다. 실연의 상처로 사업에도 흥미를 잃은 그는 그림만 그리며 겨우 끼니를 때웠고 바로 그때 러시아 최고의 화가가 그를 우연히 발견한 것이다. 피로스마니의 작품이 알려지자 미술계의 큰손들은 경악을 금치 못했다. 그의 작품이 모스크바에 전시되었고 유명 비평가들의 격찬을 받았다. 전 러시아, 그리고 전 유럽에 이름을 알리기 시작한 것이다.

그러나 피로스마니의 삶은 달라지지 않았다. 그는 명성을 날리는 데는 전혀 관심이 없었고 동네 술집의 간판이나 벽화 주문에 의지하며 여전히 조용히 살아갔다. 그러다 1914년 제1차 세계대전이 시작되며 금주령이 내려지자 술집의 주문마저 모두 끊긴다. 극단적 빈곤과 가난에 시달리던 그는, 1918년 만 56세의 나이에 홀로 죽는다. 아무도 그의 사망 사실을 몰랐으며 어디에 매장되었는지조차 기록에 남아 있지 않다. 다만 그가 죽은 후 시골 술집과 가게 곳곳에 걸려 있던 그의 그림들은 최고가 작품으로 돌변하였고 대표작들이 러시아 최고 미술관에 전시되었다.

무엇보다도 그의 아름답고 비극적인 사랑 이야기가 시가 되고 노래가 되어 지구 반대쪽 우리에게까지 전해지게 되었다. 1982년 시인 안드레이 보즈네센스키Andrei Voznesenskii의 시를 구소련 최고의 국민가수 알라 푸가초바Alla Pugatchyova가 노래로 만들어 부르면서 알려진 〈백만 송이 장미〉는 앨범 판매량 600만 장이라는 공전의 히트를 친 이후 지금까지도 러시아인들이 가장 사랑하는 노래 중 하나로 애창되고 있다.

러시아, 우크라이나, 조지아 등지에는 아직도 피로스마니의 이름을 딴 레스토랑이 즐비하다. 당연히 그곳에는 그의 모작들이 진열되어 있다. 모스크바에도 고골, 체호프, 흐루쇼프, 옐친 등이 묻힌 유명한 노보데비치 수도원 옆에 피로스마니 레스토랑이 있다. 빌 클린턴 대통령과 슈뢰더 총리와 하시모토 총리, 그리고 신디 크로포드와 리차드 기어 등 세계적인 유명인들이 이곳을 방문하여 가난했지만 사랑을 위해 모든 것을 바쳤던 화가의 그림과 사랑 이야기를 감상했다.

8

러시아인의 맥시멀리즘과 〈검은 사각형〉

2014년 우크라이나 사태가 극단으로 치닫자 독일과 프랑스가 발 벗고 중재에 나섰다. 서방의 온갖 제재와 협박에도 러시아는 아랑곳하지 않고 갈 때까지 가보자는 태도였다. 돌아보면 인류 역사에서 러시아는 항상 가장 천천히 그리고 가장 나중에 변했지만, 일단 변하기 시작하면 누구도 가지 못하는 곳까지 끝내 밀어붙여 결국 자신뿐 아니라 전 인류의 역사를 송두리째 바꾸어놓고는 했다. 이를테면 유럽에서 가장 오랫동안 버텨오던 러시아의 봉건 전제주의를 무너뜨린 사회주의 혁명, 그리고 이후 약 한 세기 동안 세계를 혹독한 냉전으로 옥죄던 소련 체제를 무너뜨린 페레스트로이카는 세계사에 전무후무한 지각변동을 일으켰다.

러시아인의 극단성, 맥시멀리즘

문화사에서는 러시아인의 이러한 극단적 성격을 '맥시멀리즘maximalism'이라 부른다. 뭐든지 한번 하면 중간이 없고 모든 것을 쏟아 부어 맥시멈maximum,

즉 최대치까지 가고야 마는 성격을 이르는 말이다. 러시아인의 이러한 특성은 개인의 성격에서부터 사회, 정부, 국가 차원까지 다양하게 나타난다. 따라서 이것은 러시아인과 개인적 교제를 할 때도 그렇고 회사 간 비즈니스를 할 때도, 나아가 국가 간 외교에서도 반드시 참고해야 할 특성이다.

흥미롭게도 러시아인의 맥시멀리즘은 세계적 수준을 자랑하는 러시아 미술에서도 잘 드러난다. 즉 러시아의 대표적인 미술 작품들에는 너무나 치명적이어서 더욱더 매력적인 러시아인의 맥시멀리즘이 예술적으로 승화되어 있다.

학창시절 미술 교과서에서 처음 접하고는 너무도 황당해했던 그림, 1915년 러시아 화가 카지미르 말레비치Kazimir Malevich가 그린 〈검은 사각형〉이 바로 그러한 예다. 어린아이도 쉽게 그릴 수 있을 것 같은 이 그림이 세계에서 가장 비싼 가격을 자랑하는 명작이라니! 말레비치는 모두 네 개의 '검은 사각형'을 그렸는데, 그중 세 개는 혁명 후 소련의 국립박물관에 소장되어 미술 시장에서 거래된 적이 없고 1932년에 마지막으로 그린 것으로 사이즈가 가장 작은(53.5×53.5cm) '검은 사각형'이 유일하게 거래 기록을 남기고 있다.

1932년에 그려진 〈검은 사각형〉은 말레비치의 처형의 손녀가 남몰래 보관하고 있다가 1993년에야 대출 담보물로 은행(Inkombank)에 맡기면서 세상에 그 존재가 알려졌고 이 은행이 도산하면서 2002년 처음으로 경매 시장에 나왔다. 당시 경매 시장에서 이 작품의 추정 가격은 5,000만~8,000만 달러에 이르렀다. 그러나 러시아 정부가 그림의 해외 반출과 경매 거래를 즉각 중단시킨 후 그림은 러시아 국립미술관에 기증되었다. 이때 한 러시아 갑부가 은행에 지불한 지극히 상징적인 가격은 '100만 달러'였다.

한편 말레비치가 최초의 〈검은 사각형〉 이후 그 아류작으로 그렸던 1916년

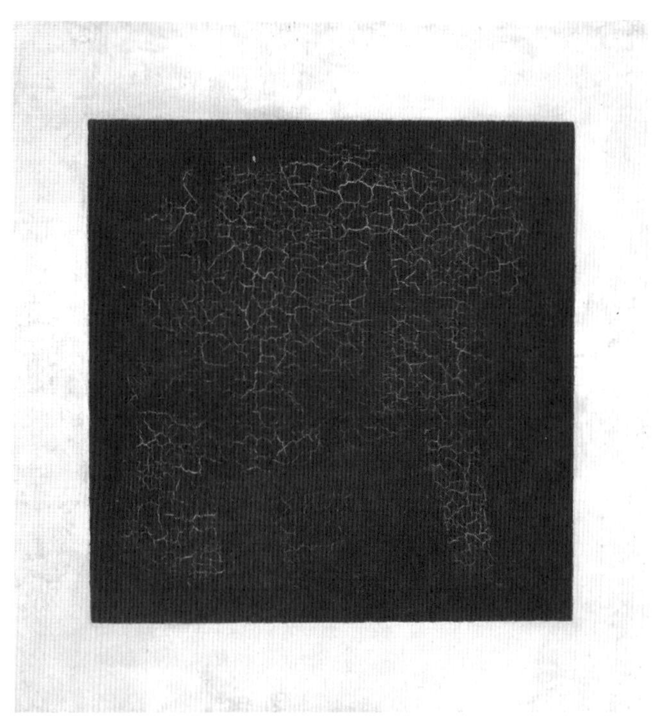

카지미르 말레비치.
〈검은 사각형〉.
1915년.
트레티야코프 미술관.

작 〈절대주의 구성〉이 2008년 11월 뉴욕 소더비 경매에서 약 6,000만 달러(약 730억 원)에 낙찰되었다. 따라서 그의 대표작인 최초의 〈검은 사각형〉의 가격이 실제로 얼마일지는 미루어 짐작할 수 있을 것이다.

'검은 사각형'으로 구현된 러시아의 맥시멀리즘

이 단순한 그림이 이리도 엄청난 가치를 지닌 이유는 무엇일까? 미술 전문가들은 한마디로 이렇게 말한다. "이 단순한 그림을 그리기는 쉬우나 아무도 그것을 생각해내지는 못했다." 다시 말하자면 말레비치의 〈검은 사각형〉은 일종의 '콜럼버스의 달걀'이다. 15세기 콜럼버스에게 손을 대지 않고 달걀을 세우는 과제가 주어졌다면, 20세기 초 말레비치에게는 어떤 과제가 주어진 것일까? 대체 어떤 과제에 대한 대답이기에 이 단순한 '검은 사각형'에 무려 6,000만 달러라는 가치가 매겨진 것일까?

잠시 서양 미술사 여행을 떠나보자. 14세기부터 본격화된 르네상스 미술의 최대 과제는 원근법을 무기로 우리 눈에 보이는 대상을 화폭에 최대한 똑같은 모습으로 담아내는 것이었다. 이후 5세기 동안 서양 미술은 대상의 재현이라는 과제에 매달렸다. 이것을 최초로 깬 것은 19세기 후반에 등장한 인상파 화가였다. 튜브 물감의 등장으로 오랜 시간 야외에서도 그림을 그릴 수 있게 되면서 빛의 강도와 각도에 따라 색깔이 시시각각 바뀌는 것을 보고 대상의 고유한 성질, 나아가 대상 자체에 대해 의심하기 시작한 것이다.

곧이어 등장한 세잔은 그 유명한 정물화를 통해 화가의 다양한 시각에 따라 비틀리고 왜곡되는 대상의 모습을 담아냈고, 이 세잔의 다시점多視點에서 영감을 얻은 피카소는 대상을 수많은 큐빅, 즉 입방체로 분해하고 다시 임의로 종합하는 큐비즘cubism을 창시했다. 칸딘스키는 더 나아가 대상을 직접적으로 표현하기보다는 대상에 대한 인간영혼의 정서적 반응을 색깔과 형태로만 나타냄으로써 최초의 추상화 작가라는 명성을 얻었다. 한편 몬드리안은 다양한 크기와 색깔의 사각형을 통해 수직과 수평의 만남으로 구성된 대상세계의 보편적 원리를 새롭게 구현했다. 한마디로 말해, 현대미술의 발전은 대상으로부터 점점 멀어지는 과정이라고 할 수 있다.

인상파에서 몬드리안에 이르는 현대 화가들 모두가 이렇듯 대상으로부터 거리를 두려 했으나 결코 대상으로부터 완전히 자유로워지지는 못했다. 르네상스의 큰 틀, 대상의 재현에 대한 미련에서 완전히 벗어나지 못한 것이다. 그런데 대상으로부터의 탈출을 극단까지 몰고 간 사람이 바로 말레비치다. 그는 모든 대상을 불태워 검은 사각형 안에 매장시키고, 동시에 모든 과거의 미술과 문화를 전적으로 부정하고 그 순수한 무無 위에서 출발해야만 진정한 창조가 가능하다고 말한다. 그는 자신의 '검은 사각형'이야말로 세계 미술사 최초의 '순수한 창조'라고 주장했다. 대상으로부터 자유롭지 못한 기존의 미술이 대상을 베끼는 '기술'이고 그 주체인 화가가 '장인'에 불과했다면, 모든 대상을 부정하고 그 위에 서는 것, 이것을 말레비치는 쉬프레마티슴 suprematism, 즉 절대주의라고 선언한다. 라틴어로 'supre'는 '모든 것을 압도하는', '모든 것 위에 있는'이라는 뜻이다. 검은 사각형을 통해 말레비치는 "나는 모든 것의 시작이며, 그 안에 아무것도 없는 것이야말로 최고의 예술이다."[10]라고 말했다.

대상에 대한 거리 두기를 극단으로 밀어붙여 대상을 전적으로 부정하는 '맥시멀리즘'. 말레비치의 맥시멀리즘에 의해 현대미술이 본격적으로 시작되었다. 미술사에서 이러한 혁명이 일어난 때가 1915년이며, 그로부터 2년

---

10 《Я НАЧАЛО всего》, и после всего заявил : 《Высшим произведением искусства является то, в чем нет ничего существующего》.

뒤 전 세계를 뒤흔든 사회주의 혁명이 또한 성공을 거두었다.

이렇듯 러시아 미술, 정확히는 러시아 미술에 드러난 맥시멀리즘을 통해 러시아인과 러시아 역사, 나아가 인류 역사의 중요한 변곡점을 읽어낼 수 있다. 러시아 현대미술사에는 말레비치 이후 샤갈, 수틴Chaïm Soutine, 필로노프Pavel Filonov 등 수많은 러시아 태생 화가가 나름의 독자적 영역에서 러시아 정신의 맥시멀리즘을 구현하였다.

9

샤갈의 몽상적 회화, "꿈이 아니라 현실이다"

영국, 캐나다, 프랑스, 브라질 등 11개국에서 운영되는 세계적인 문화포털 '블루인 아트인포blouin artinfo'는 세계 100대 화가를 선정해놓고 있다. 이 중 바실리 칸딘스키(38위)와 마르크 로스코(15위)를 제치고 러시아 태생 중 유일하게 세계 10대 화가에 포함된 화가가 마르크 샤갈이다. 우리에게는 김춘수 시인의 〈샤갈의 눈 내리는 마을〉로 더 친숙해진 샤갈은 1963년에서 2010년까지 글로벌 경매에서 무려 1만 2,191개 작품이 팔려 피카소(3만 857개), 앤디 워홀(1만 6,726개)에 이어 세 번째로 많이 팔린 화가다. 특히 2010년 홍콩에서 열린 서울옥션 경매에서 샤갈의 〈동물들과 음악〉(1969)은 3,200만 홍콩달러(약 41억 6,700만 원)에 낙찰되어 아시아 시장에서 팔린 역대 서양 작품 중 가장 비싸게 팔린 작품으로 기록되었다.

샤갈은 '소박함을 추구하는' 이상한 부류?

샤갈의 그림 가운데 대중적으로 가장 사랑받는 작품은 1918년 작 〈산책〉이다. 작가의 다른 작품에서 그렇듯 자신과 아내 벨라가 고향 비텝스크 위로 꿈 속인 양 날아다니고 있다. 이렇듯 주로 자신의 개인적 생활을 몽상적으로 그린 한 유대계 러시아인의 작품이 왜 이리도 시대와 공간을 초월한 인기를 누리는 것일까? 그리고 미술사에서는 어떤 의미가 있는 것일까? 미술 애호가라면 누구나 한 번쯤 읽어봤을 E. H. 곰브리치의 《서양미술사》에는 샤갈에 대해 딱 여덟 줄의 짧은 언급이 있는데, 요약하자면 이렇다.

"20세기 초 소박하고 때 묻지 않은 것을 추구하는 이상한 부류의 미술가들 중에서도 직접 소박한 생활을 체험했기에 더욱 경쟁력 있는 화가 중 한 사람이 샤갈이다. 그는 현대미술의 여러 가지 실험을 알고 있었지만 그로 인해 어린 시절의 추억을 잊어버리지는 않았다. 샤갈의 그림들은 민속미술의 묘미와 어린아이 같은 순진한 경이감을 그대로 보존하고 있다."

20세기 초 유럽 미술에는 왜 소박함을 추구하는 이상한 부류의 사람들이 등장했을까? 이는 〈검은 사각형〉을 그린 말레비치와 같이 그림의 대상이 되는 현실에 대한 부정에서 기인한다. 19세기 말과 제1차 세계대전에 이르는 기간 동안에는 모든 것이 끝나버릴 것이라는 세기말적 공포와 인간의 온갖 추악함을 드러내는 전쟁으로 인해 지식인들 사이에 현실에 대한 극단적 혐오가 팽배했다. 화가들에게도 그림의 대상이 되는 그 현실이 너무나도 추악하고 부정적인 것으로 여겨졌다. 게다가 19세기 말 사진 기술의 발달로 눈앞의 현실을 재현하는 것이 더는 화가의 전유물이 되지 못했다. 한마디로 대상의 재현은 추악할 뿐만 아니라 무의미한 일이 되어버렸다.

이제 진정한 화가라면 이 추악하고 무의미한 대상을 재현하는 대신 새로운 무언가를 스스로 만들어내야 했는데, 그들은 이러한 작업이야말로 '진정한 창조'라고 불렀다. 이러한 기조 변화에 따라 먼저 대상에 대한 관심을 접는 동시에 원근법 같은 대상을 재현해내는 데 쓰이던 기존의 방식도 버리게 된다. 피카소의 큐비즘, 말레비치의 절대주의, 마티스의 야수파는 이렇게 등장했다. 그들은 대상 자체보다는 대상을 구성하는 기하학적 형태와 색에 더 관심을 가지거나 아예 대상 자체를 지워버리고 새로운 무언가를 만들고자 애썼다. 이들은 새로운 '대상'보다는 새로운 '기법'을 발견하는 데 집중했다.

그런데 일부 화가들은 새로운 기법과 함께 기존의 대상을 대체할 만한 새로운 대상도 물색하기 시작했다. 남태평양 원주민을 그린 고갱, 원시 정글의 맹수에 집착한 루소가 그 대표적 경우다. 곰브리치는 바로 이들을 '소박함을 추구하는 이상한 부류'로 분류한 것이다. 그런 곰브리치에게 피카소의 큐비즘에 영향을 받은 동시에 유럽인들에게는 잘 알려지지 않은 러시아 마을 비텝스크와 그 마을 사람들을 반복해서 그리는 러시아 태생 화가 샤갈이 같은 부류로 보인 것은 지극히 당연했다. 샤갈의 대표작 〈산책〉도 예외가 아니다. 실제로 샤갈은 20대 초반에 프랑스 파리로 건너가 피카소를 직접 만나기도 했으며 스스로 자신의 그림은 다른 세계로 가는 창이라고 말했다.

샤갈은 현실을 그린 화가

곰브리치의 평가는 러시아를 유럽의 먼 변방으로 보는 지극히 서구 중심의 사고방식에서 나온 것이라고 볼 수 있다. 특히 냉전시대를 거치면서 러시아에 대한 인지적 거리감이 더욱 커진 오스트리아인 곰브리치에게 러시아의 변방감은 아무래도 클 수밖에 없었을 것이다. 그러나 샤갈은 현대문명 세계를 벗어난 먼 이국의 소박한 인간 혹은 어린 시절의 소박한 기억을 그리는 화가에 머물지 않는다. 비텝스크 사람들도 그의 아내 벨라도 모두 러시아인 샤갈에게는 동시대를 살아가는 현실의 인간이다. 바로 이 점이 샤갈이 피카소 같은 실험가와도 또 소박함을 추구한 원시주의자 루소나 고갱과도 구별되는 이유다.

마티스 같은 실험가들의 작품에서 인간은 색과 형태의 부속 장치로 등장하고 고갱 같은 원시주의자들이 그린 남태평양 원주민의 원색 향연과 심오한 종교철학 속에는 현대를 살아가는 인간의 삶이 없다. 어린 시절의 놀이와 낙서를 모티브로 삼아 유명해진 스페인 작가 호안 미로의 초현실주의 작품에도 아이들의 순진한 감성은 살아 있지만 현실을 살아가는 어른들의 삶은 없다. 고흐와 고갱처럼 이들 역시 동시대를 살아가는 온전한 현실의 인간은 포기한 것이다. 그러나 샤갈은 자신이 그들과는 달리 현실을 그리고 있음을 수차례 강조했다.

샤갈이 이미 세계적 명성을 누리고 있던 1958년 2월 시카고의 한 강연에서 "당신은 문득 떠오른 꿈을 그리는가? 당신은 꿈을 그대로 재현해내는가?"라는 질문에 그는 "꿈이 아니라 삶이다"라고 대답했다. 그리고 다시 질문자가 "당신의 꿈은 당신의 그림에 나타난 현실에 영향을 미치는가?"라고 되묻자 샤갈은 단호하게 "나는 꿈을 꾸지 않는다"라고 대답했다.[11] 샤갈이 동시대 작가들과 달리 현실을 그린 것이라면 그의 그림 속 주인공들의 비현실적 공중부양은 무엇으로 설명할 수 있을까? 심지어 샤갈 스스로 1908년부터 초현실주의를 작품에 반영했다는 말까지 하지 않았던가. 이는 꿈이 아니라 현실의 삶을 그렸다는 주장과 모순되는 게 아닐까? 이 모순된 샤갈의 예술관을 이해하기 위해 잠시 그의 작품에 등장하는 공중부양의 역사를 따라가보자.

1911년 작인 〈나와 마을〉에서는 고향 러시아의 비텝스크 마을, 특히 사랑

---

11 마로니에북스 편집부 (2006). 《마르크 샤갈1: 마로니에북스 Taschen 포트폴리오 11》. 서울: 마로니에북스.

스러운 당나귀와 얼굴을 맞대고 있는 샤갈의 표정이 재미있다. 그러나 자세히 보면 후경에 그려진 비텝스크 마을에서 유독 가운데 집 두 채가 거꾸로 서 있고 그 위에 러시아 여인도 거꾸로 떠 있다. 이것이 바로 샤갈의 작품세계에 등장한 최초의 공중부양이다. 그런데 이 최초의 공중부양이 뒤집혀 있어 비상이 아닌 추락처럼 보이기도 한다. 또한 같은 해에 그린 〈당나귀와 다른 것들이 있는 러시아로〉에서는 공중부양한 러시아 여인의 머리가 몸체로부터 분리되어 있다. 이렇듯 샤갈의 초기 공중부양에서는 특유의 행복감보다는 추락과 상실감, 분열감이 여실히 느껴지는데, 그 이유는 무엇일까?

1910년 샤갈은 처음으로 고향 러시아를 떠나 이국만리 파리로 갔다. 파리는 그에게 에펠탑으로 상징되는 신문명과 큐비즘 등 새로운 미술 사조를 접할 수 있는 경이로운 곳인 동시에 낯설기만 한 비현실적 공간이었다. 1913년 작 〈창에서 바라보는 파리〉를 한번 보자. 에펠탑으로 상징되는 파리에 역시 공중부양하는 인물들이 등장한다. 그런데 이들은 건물보다 훨씬 낮게 저공비행하거나 비상하기보다는 추락하는 듯한 모습이다. 그리고 창가에서 이를 바라보는 샤갈은 제대로 눈도 뜨지 못한 채 보랏빛의 기괴한 모습을 하고 있다. 비록 파리를 향해 벌린 손바닥에 사랑을 표시하는 하트가 그려져 있기는 하지만 불편해하는 샤갈의 속내가 역력하다. 샤갈의 몸은 파리에 있지만 마음은 온통 러시아에 있었기 때문이다. 결국 샤갈의 얼굴은 야누스처럼 두 개로 분열되는데, 파리의 반대편, 즉 러시아를 바라보는 얼굴이 훨씬 편안해 보인다. 그러나 파리에 있는 한 러시아의 이미지도 균열될 수밖에 없다. 앞서 살펴본 두 개의 러시아 그림에 나타나는 추락과 분열의 이미지는 바로 여기서 비롯된 것이다.

샤갈은 "나의 그림들은 내가 지닌 내면의 이미지를 늘어놓은 것이다"라고 말했다. 실제로 1913년 작 〈손가락이 일곱 개인 자화상〉에는 당시 샤갈의 분열된 내면이 잘 드러나 있다. 화실에 앉아 작업 중인 샤갈은 앞서 이야기한 그림 〈창에서 바라본 파리〉에서는 등을 돌린 채 마음속에 담았던 러시아의 모습(구름 위에 떠 있는 형상)을 곧 사라질까 두려운 듯 황급히 화폭에 옮겨 담아, 또 하나의 그림 〈당나귀와 다른 것들이 있는 러시아로〉를 만들어내고 있다. 빨간 뒷벽에 유대인의 언어 이디시어로 왼쪽엔 '파리', 오른쪽엔 '러시아'라고 쓰여 있다. 내면의 러시아를 서둘러 형상화하려는 샤갈의 마음은 일곱 개 손가락으로 표현되는데, 이디시 언어로 '일곱 개 손가락으로'는 '매우 빨리'라는 뜻이다. 그러나 서둘러 그린 러시아 그림 속 러시아 여인은 목이 잘려 있고 화가의 얼굴은 어두운 그늘이 드리운 채 잔뜩 찌푸리고 있다. 샤갈은 가상과 기억 속의 러시아가 아니라 진짜 현실로 존재하는 러시아로 가야만 했던 것이다. 샤갈의 내면 이미지는 진정한 현실의 공간과 접할 때만 온전한 형상을 취할 수 있다.

현실과 비현실의 중첩, 행복의 맥시멀리즘

결국 이 그림을 완성하고 1년 뒤인 1914년에 샤갈은 러시아로 돌아간다. 그리고 다시 1년이 지나 현실 속에 살아 있는 뮤즈, 벨라와 결혼했다. 샤갈은 "진실한 예술은 사랑 안에서만 존재한다"라고 말했다. 그가 "나의 눈, 나의 영혼, 나의 인생"이라고 표현한 벨라, 그리고 벨라가 있는 고향 비텝스크와의 현실적 만남은 샤갈로 하여금 파리에서 경험한 내면과 외면의 균열을 극복하고 내면의 현실과 외면의 현실이 구분되지 않는 궁극의 합일에 이르게 한다. 그러자 비로소 제대로 된 공중부양과 행복한 비행이 시작된다. 흥미로운 것은 샤갈, 그리고 그와 함께 날아다니는 아내 벨라 두 사람 모두 그림 속의 이 비상을 현실로 받아들인다는 점이다.

1915년 벨라는 샤갈에게 소박하지만 정성이 담뿍 담긴 꽃다발을 생일선물로 준다. 샤갈은 이 순간의 행복을 영원히 남기기 위해 즉석에서 그 유명한 〈생일〉이라는 그림을 그렸다. 그리고 바로 이 그림에서 처음으로 온전하게 행복한 공중부양이 등장한다. 후일 벨라는 회고록 《타오르는 빛》에서 이 순간을 다음과 같이 기록한다.

> "나는 아직 꽃을 들고 서 있었다……. 당신은 붉은색, 파란색, 흰색, 검은색 물감으로 날아다녔고 나를 색채의 회오리 속에 춤추게 하더니 갑자기 발을 박차고 땅에서 솟구쳐 올랐다……. 고개를 젖히고는 내 머리를 당신 쪽으로 돌렸다. 당신의 입술이 내 귀를 스쳤고……. 우리는 하나가 되어 방안을 날아다닌다. 함께 위로 비상한다. 유리창을 통해 푸른 하늘과 구름이 부르는 곳으로 자유롭게 날아가고 싶다."

벨라는 마치 그림 속 이야기가 현실인 것처럼 회고한다. 또 좁은 방안을 날아다니는 것이 당연한 현실이며 이제 여기서 나가 넓은 하늘로 날아가고 싶다는 소망을 피력한다. 이 소망은 전작 못지않게 유명세를 얻은 1918년 작 〈도시 위로〉라는 그림에서 실현된다. 샤갈의 세계에서는 마치 비유법의 접사가 다 사라진 듯하다. "너무나 행복해서 날아갈 것 같다"라는 표현에서 '같다'가 생략되고 "너무 행복해서 날아간다"라고 말하는 식이다. 현실과 내면의 구분이 사라져 현실은 내면이 되고 내면은 현실이 되면서 서로 다른 차원의 공간이 하나로 중첩된다. 현대 물리학의 거장 휴 에버렛Hugh Everett의 다중세계 이론, 즉 실제로 전자電子는 동시에 하나 이상의 장소를 점유하고 있다는 '중첩superposition' 상태를 이미 샤갈이 100년 전에 그림으로 구현한 것이다.

이 중첩을 통해 현실은 비현실과 하나가 되고 삶은 꿈과 그리고 현실주의는 초현실주의와 하나가 된다. 그 결과 샤갈의 작품세계에서 현실의 작은 행복은 최대치로 무한 확장된다. 특히 1918년 작 〈산책〉이 이를 직접적으로 표현한다.

마르크 샤갈.
〈산책〉.
1918년.
러시아 국립미술관.

행복한 미소를 머금은 샤갈이 지상에 붙박고 서서 한 손으로 날아가는 벨라를 꼭 붙잡고 있다. 그런데 자세히 보면 샤갈은 다른 한 손에 '박새'를 붙잡고 있고 벨라는 '학'의 날갯짓을 하고 있다. 러시아인들은 이 모습에서 자연스럽게 "하늘에 있는 학보다 손 안의 박새가 낫다"라는 러시아 속담을 떠올리게 된다. 불가능한 큰 행복보다는 현실의 작은 행복을 즐기라는 뜻이다. 그러나 샤갈은 손안의 박새도 잡고 하늘의 학도 잡을 수 있다는 '행복의 맥시멀리즘'을 보여준다. 샤갈 특유의 현실적 공중부양, 즉 '중첩의 철학'은 이렇듯 러시아인 특유의 '맥시멀리즘'을 자기만의 방식으로 구현하고 있다.

:: 4부 ::

전 세계가 감동하는 대문호의 나라

zoom in 러시아 '문학'

19세기 러시아 문학은 한국인들에게도 끊임없이 그 존재감을 과시하며 삶을 살아갈 힘을 주고 있다. 그러나 이른 나이에 단순한 과시욕 때문에 접했거나 장편을 읽기에는 너무 바쁜 우리의 일상 탓에 그 내용을 하나하나 마음속에 오롯이 새기며 정독한 경우는 매우 드물다. 그래서 러시아 문학에 대해 제대로 알지 못한다는 자괴감과, 이 자괴감을 언젠가는 해소하고 싶은 인문학적 욕구가 많은 사람에게 공존한다. 하지만 보통 사람들이 편하게 접할 수 있는 러시아 문학 전반에 대한 소개서를 찾기는 쉽지 않다. 이러한 갈증을 조금이나마 해소할 수 있도록 4부에서는 러시아 문학을 대표하는 작가와 작품들을, 부담 없이 읽어나갈 정도로 쉽지만 조금은 깊이 있게 다루어본다.

먼저 도스토옙스키와 톨스토이를 능가하는 러시아 문학의 최고봉 푸시킨의 흥미로운 삶을 소개한다. 이어 푸시킨의 자양분을 얻고 탄생한 도스토옙스키와 톨스토이의 인생과 그들의 작품세계를 《죄와 벌》, 《안나 카레니나》, 《사람은 무엇으로 사는가》 등을 통해 살펴본다. 또한 19세기 러시아 문학의 휴머니즘적 리얼리즘의 전통을 계승하면서도 새롭게 현대화하는 데 성공한 체호프의 냉정하면서도 인간적인 작품세계를 그의 단편을 통해 소개한다. 20세기에 다소 약해진 러시아 문학의 힘은 노벨상 수상 작가 보리스 파스테르나크와 알렉산드르 솔제니친에 의해 복구된다. 동명의 영화로 더 잘 알려진 《닥터 지바고》의 작품세계를 영화와 원작소설을 오가며 새롭게 감상해보고, 시베리아 수용소의 감옥에서 '인간'으로 살아남는 방법을 사실적으로 그려낸 《이반 데니소비치의 하루》를 분석해본다.

1

러시아 국민작가, 푸시킨의 비밀

차이콥스키의 오페라 〈예브게니 오네긴〉에서 가장 유명한 장면은 약혼자를 희롱한 친구에게 결투를 신청한 시인 렌스키가 결국 주인공 오네긴의 총에 맞아 죽는 장면이다. 그런데 이 오페라의 원작을 쓴 시인에게도 작품을 완성하고 6년이 지났을 때 같은 일이 일어난다. 아내를 희롱한 프랑스 장교에게 결투를 신청했다가 39세의 아까운 나이에 총상을 입고 사망한 것이다. 그가 죽자 온 러시아가 최고의 시인이 죽었다며 통곡했다. 너무나 많은 인파가 모여들어 대규모 시위로 확대될 것을 두려워한 니콜라이 황제는 장례식을 비밀리에 거행하도록 명령했고 그에게 총을 쏜 프랑스 장교는 서둘러 러시아 땅을 떠나야 했다. 생전에 이미 러시아 국민시인으로 인정받았고 200년이 지난 지금까지도 러시아 최고의 시인으로 추앙받는 알렉산드르 푸시킨이 바로 그 주인공이다.

러시아 영혼의 고갱이를 형상화한 작가

한국인들이 러시아 문학 하면 제일 먼저 떠올리는 작가는 사실 푸시킨이 아니다. 한국인 대다수는 《부활》의 레프 톨스토이나 《죄와 벌》의 도스토옙스키, 아니면 《닥터 지바고》의 보리스 파스테르나크를 떠올린다. 그런데 러시아 사람들에게 러시아 최고 작가는 논란의 여지가 없이 단 한 사람, 푸시킨이다. 우리나라 사람들에게는 "삶이 그대를 속일지라도 결코 슬퍼하거나 노여워하지 말라"라는 시구로 그나마 알려진 푸시킨이지만, 러시아에서는 톨스토이도 도스토옙스키도 감히 넘볼 수 없는 최고의 작가로 숭앙받는다. 그는 시뿐 아니라 희곡, 소설, 역사극까지 문학에서 가능한 모든 장르에서 러시아 최고의 작품을 남긴 작가다. 유명한 차이콥스키의 오페라 〈예브게니 오네긴〉, 무소륵스키의 음악 작품 〈보리스 고두노프〉, 전란 와중의 숭고한 사랑을 그린 〈대위의 딸〉 등이 모두 푸시킨의 작품을 원작으로 한다. 특히 운문소설 대작 《예브게니 오네긴》은 1831년 작품임에도 불구하고 지금도 러시아에서는 꼬마들까지 줄줄 외울 정도로 변함없이 사랑받고 있다. 고대로부터 현대까지 러시아 문학사상 가장 뛰어난 작품으로 인정받는 이 작품에 비하면 《부활》이나 《죄와 벌》은 아류에 불과하다는 평가를 받을 정도다.

1999년 푸시킨 탄생 200주년이 되었을 때 러시아의 국영 방송에서는 매우 재미있는, 그러나 외국인 입장에선 너무나 놀라운 프로젝트를 진행했다. 1년 동안 매일 길에서 우연히 마주친 사람에게 총 8장 389연 5,446줄로 구성된 대작 《예브게니 오네긴》의 한 부분을 즉흥적으로 이어 외우게 하여 작가의 생일에 작품 전체를 완성시킨 것이다. 길거리 청소부, 전차 운전사, 유치원 아이까지 포함된 이 프로젝트는 세계 어느 나라에서도 경험하기 어려운 감동을 선사했다.

외국인, 특히 우리나라를 포함한 동양인들에게 푸시킨이 덜 알려진 이유는 유감스럽게도 번역의 어려움 때문이다. 그의 문장이 복잡하거나 어려워서가 아니라 너무나 러시아적이라서다. 푸시킨은 가장 간명하면서도 가장 아름답게, 그러면서도 가장 깊고 정확하게 러시아인의 영혼을 문학으로 형상화했다. 김소월 시인의 시를 외국어로 번역하기가 거의 불가능한 것과 마찬가지다. 실제로 "나 보기가 역겨워 가실 때에는 죽어도 아니 눈물 흘리오리다"라는 김소월의 시구는 아직도 적당한 영어 번역을 찾지 못한 듯하다.[1]

푸시킨은 대형 장편소설을 쓸 때도 시처럼 음악처럼, 러시아인이라면 누구나 대중가사를 흥얼거리듯 2박자에 맞추어 읽을 수 있도록 배려했다. 대작《예브게니 오네긴》도 그런 작품 중 하나다. 그래서 이제 막 말을 배운 유아들도 이 작품을 외울 수가 있는 것이다. 게다가 이 한 작품에 당시 러시아의 모든 삶, 고뇌, 자연, 풍습, 역사를 압축했다. 일견 네 사람의 사랑 이야기 같지만 러시아인들은 이 작품을 러시아 삶의 백과사전이라고 불렀다.

작가 니콜라이 고골은 "푸시킨은 러시아 정신의 유일한 현현顯現이다. 그에게 러시아의 자연, 러시아의 영혼, 러시아의 말, 러시아인의 성격이 마치 돋보기 거울에 비친 것처럼 가장 깨끗하게 반영된다"라고 했다. 러시아의 시인이자 비평가 아폴론 그리고리예프Apollon Grigoriev는 "푸시킨은 우리의 모든 것"이라고 했다. 외국인이 러시아에 대해 뭔가 안다고 하면서도 푸시킨에 대해 모른다면 사실 러시아에 대해 아무것도 모르는 셈이라 해도 과언이 아닌 것이다.

푸시킨의 별명은 원숭이?

러시아 사람들의 모든 것이며 러시아인의 영혼을 대표하는 푸시킨에게는 혈

---

1 I'll never never shed tears (고창수 역), I'll bite my lips to stop my tears (김종길 역), Never will I weep though I perish (김재현 역)

통의 비밀이 있다. 먼저 작가의 얼굴을 한번 보자. 도저히 러시아인이라고 믿기지 않을 것이다. 이 뜻밖의 외모는 러시아의 영혼을 대표하는 푸시킨에게 놀랍게도 흑인의 피가 흐르고 있다는 것, 즉 그가 흑인 혼혈임을 말해준다. 더욱 놀라운 것은 푸시킨은 한 번도 자신의 혈통을 부끄러워한 적이 없었고 오히려 자랑하고 다녔다는 것이다. 그가 일찌감치 철이 들어서도 아니었다. 한창 철없고 민감한 사춘기에도 학교 급우들에게 당당히 자기 별명은 원숭이라고 말했을 정도다. 오히려 친구들은 이 아이가 프랑스어를 너무 잘해 프랑스인이라는 별명을 지어주었는데 말이다. 그렇다면 당시 러시아 귀족들 사이에는 흑인 혼혈이 많았던 것일까? 그 역시 아니다. 푸시킨은 당시 러시아에서 거의 유일한 흑인 혼혈이었다.

흑인 혼혈이 자기 혈통을 자랑하고 주변 슬라브계 러시아인 역시 놀리기는커녕 러시아 최고의 시인이 탄생했다고 칭찬해주는 이 독특한 사회 분위기는 어떻게 가능했을까? 더군다나 2010년 이른바 '스킨헤드'들이 유색인종에 대해 테러를 가해 우리 유학생들에게도 안타까운 일이 일어났을 정도로 최근의 러시아는 종종 배타적이라고 느껴지는데 말이다.

그 배경에는 17세기 말부터 18세기 초 러시아의 역사를 완전히 바꾸어놓은 위대한 개혁가 표트르 대제가 있다. 경쟁력 있는 국가를 만들기 위해 표트르는 먼저 케케묵은 러시아인의 구습을 타파하고 보수적인 계급제도를 송두리째 뒤집었다. 가장 총애하던 신하가 어린 시절 크렘린의 붉은광장에서 만난 떡 파는 소년이었을 정도다. 표트르 대제는 능력 있는 인재라면 천민이든 귀족이든 혹은 러시아인이든 외국인이든 가리지 않고 기용했다. 심지어 왕의 장자 세습제도 철폐하고 현직 왕이 선택하는 사람이면 누구나 그다음 왕이 될 수 있도록 지명제로 바꾸어버렸다. 그야말로 솔선수범의 전형이었다. 당시 표트르 대제의 황실은 구태의연한 관습에 얽매이지 않는 개혁

오레스트 키프렌스키.
〈푸시킨의 초상〉.
1827년.
트레티야코프 미술관.

정신과 실무능력으로 충만한 신흥 귀족들로 채워져 있었다. 그러나 흑인까지 등장하리라고는 아무도 예상하지 못했다.

푸시킨의 흑인 조상이 러시아로 온 것은 이러한 개방적 상황에서도 이례적이었다. 사실 당시 유럽 왕실과 귀족사회를 풍미하던 매우 독특한, 어떻게 보면 매우 반인간적인 유행 덕분이었다. 손님이 오면 각양각색의 꽃을 선보이듯 각양각색의 유색 아동노예들을 자랑하는 게 유행이던 시절이었다. 백인, 황인, 흑인 아이들을 노예로 사들여 만찬식 행사 등에 예쁜 옷을 입혀 이른바 '도우미'로 내세웠다. 유럽의 문화를 적극 수용하고자 했던 표트르 대제는 이러한 유행도 그대로 받아들였고 이를 위해 아프리카 노예 시장에서 흑인 아이들을 사 올 것을 명령한다. 그 와중에 아프리카에서 지중해와 흑해를 건너 팔려 오던 노예 소년 중 배를 타고 오는 동안 러시아어를 배울 정도로 명석한 두뇌를 가진 흑인 아이가 눈에 띄었는데, 알고 보니 이디오피아의 한니발 장군의 자손이었다.

이 아이를 눈여겨본 표트르 대제는 사람들의 예상을 깨고 아이의 대부가 되어 자신의 이름으로 부칭을 만들어주었을 뿐 아니라 유럽으로 유학까지 보냈다. 특별한 배려로 최고의 교육을 받게 된 이 흑인 아이는 장성하여 결국 제정 러시아를 위해 큰 공을 세우며 표트르 대제의 중요한 개혁 가신으로서 러시아 최초의 흑인 귀족이 된다. 물론 표트르 대제 자신도 바로 이 아이가 훗날 러시아 문학을 세계 수준으로 올려놓을 러시아 최고의 시인 푸시킨의 할아버지(외증조부)가 되리라고는 전혀 예상하지 못했을 것이다.

표트르 대제의 개혁과 개방 정신은 푸시킨의 외증조부를 구원했을 뿐만 아니라 훗날 러시아 귀족사회에서 푸시킨이 백인들 사이에서도 인종차별을 받지 않고 오히려 러시아인들의 영혼을 대표하는 작가로 성장할 수 있게 하는 토양이 되었다. 관습에 얽매이지 않는 과감한 투자, 특히 교육에 대한 투자가 역사를 바꿀 엄청난 위인을 탄생시킨 것이다. 천재 시인 푸시킨은 표트르 대제의 개혁과 개방 정신을 이어받은 듯 '자유'의 정신으로 충만했고 이러한 성격 덕택에 결국 러시아 사회 전체를 요동하게 만드는 희대의 반항아가 되기도 했다.

최고의 교육, 최고의 동문, 그리고 천재 푸시킨

한 명의 천재가 10만 명을 먹여 살린다는 말이 있지만 푸시킨의 경우에는 그야말로 수십억 명의 영혼을 먹여 살리고 있는지도 모른다. 그런데 여기서 우리가 놓치지 말아야 할 것은 이 천재가 수많은 영혼을 구할 수 있게 되기까지 그 천재성을 맘껏 발휘할 수 있도록 노력한 수많은 사람의 배려와 노고가 배경에 있었다는 점이다.

푸시킨은 어린 시절 러시아 황실로부터 그야말로 최고의 기회를 선물받았다. 나폴레옹 전쟁에 참여한 러시아 황제와 귀족들은 당시 유럽에 만연한 자유주의적 계몽사상에 매료된다. 전쟁이 채 끝나기도 전인 1811년 이 계몽주의에 입각한 러시아 최초의 황실 기숙학교 '리체이'가 설립된다. 세계에서 가장 넓은 나라에 사는 수많은 아이 중에서 단 30명만이 1기 입학생으로 선발되는데 여기에 열세 살의 흑인 혼혈 푸시킨도 포함되었다. 여기서 6년 동안 푸시킨은 그야말로 최고의 교육을 받는다.

이 학교에서는 학생 체벌이 금지되었을 뿐 아니라 교사도 학생에게 항상 존댓말을 썼으며 가장 중요한 것은 학생들의 개성이 십분 발휘되도록 수업에 대한 자율적 태도를 허용했다는 것이다. 이를테면 관심 있는 과목에서 높은 점수를 받을 경우 그 과목 수업시간에는 제일 앞자리에 앉도록 했고 관심이 없어 낮은 점수를 받았을 경우에는 제일 뒷자리에 앉도록 했다. 푸시킨의 경우 프랑스어, 러시아어, 미술, 펜싱에서는 A+를 받았지만 나머지 과목에서는 거의 F를 받았다. 그래서 졸업성적표를 보면 푸시킨은 꼴찌에 가깝다. 그러나 이 학교에서는 어느 누구도 등수에는 관심을 두지 않았다.

졸업을 앞둔 어느 날, 동급생 다섯이 의기투합해 학교 앞 정원에 재미있는 비석을 세운다. 그 비석에는 "제니오 로시GENIO LOCI"라는 황금 글씨가 새겨졌는데 "여기에 있었던 천재에게 바친다"라는 뜻이다. 여기서 푸시킨이라는 천재가 공부했음을 자랑스럽게 기억하라는 취지로 푸시킨의 동급생들이 세운 비석이다.

동급생뿐만이 아니다. 3년에 한 번 있는 진급시험과 관련한 일화도 매우 유명하다. 이 진급시험을 감독하기 위해 당대 러시아의 최고 시인 가브릴라 데르자빈Gavrila Derzhavin이 초대되었다. 이미 72세였던 이 노시인은 학생들의 지루한 발표를 들으며 꾸벅꾸벅 졸기까지 했다. 그러나 푸시킨의 자작시

황실학교 리체이의 정원에 세워진 비석.
"여기 있었던 천재(푸시킨)에게 바친다"라는 문구가 새겨져 있다.
자료: 〈http://tsarselo.ru/〉.

낭송이 시작되자 깜짝 놀라 자리에서 일어나더니 갑자기 어린 푸시킨에게 다가가 껴안으려 했고 놀란 푸시킨은 도망가 숨어버린다. 푸시킨이 없는 자리에서 러시아 최고의 시인은 이렇게 말했다. "나는 아직 죽지 않았는데 벌써 나를 대신할 사람이 여기 있구나." 참으로 대인다운 풍모다. 그러나 천재에 대한 인정은 여기에서 끝나지 않는다.

리체이를 졸업하고 3년 뒤 푸시킨은 이전의 모든 규칙을 깬 파격적인 서사시 〈루스란과 류드밀라〉를 발표한다. 그러자 선배이자 스승이었던 시인 바실리 주콥스키Vasilii Zhukovskii가 축하의 의미에서 자신의 자화상을 선물로 보내면서 너무나 멋진 글을 첨부한다. "패배한 스승이 승리한 제자에게."

유형에 처해진 국민시인

이렇게 동료와 선배의 인정과 사랑을 받던 천재 푸시킨은 전근대적인 러시아 전제군주제를 비판하는 혁명적인 시들을 발표하기 시작한다. 열아홉 살의 나이에 쓴 〈자유〉라는 시는 출판되지도 않았는데 러시아에서 글자를 아는 청년이라면 누구나 암송할 정도였다. 이런 푸시킨이 러시아 황실에 눈엣가시였던 것은 당연하다. 그러던 중 드디어 푸시킨의 운명을 결정하는 사건이 벌어진다.

프랑스에서 자유와 평등을 기치로 내건 혁명이 완전히 진압되고 반동적 부르봉 왕조가 복귀하자 이에 반대하는 한 공화주의자가 프랑스 황제 루이 18세의 유력한 계승자였던 조카 베리 공작을 암살한다. 이 소식을 접한 푸시킨은 암살자 루이 루벨의 초상화를 러시아 황실극장에 갖고 들어가 객석에 돌리는데 그 초상화 아래에는 "러시아 황제에게 주는 교훈"이라는 말이 적혀 있었다. 황제의 분노는 극에 달하고 스물한 살의 푸시킨에게는 사망선고와도 같은 시베리아 유형이 내려질 참이었다. 그런데 이때도 푸시킨의 천재성을 아끼던 황실의 유력 인사들이 황제를 가까스로 설득해 시베리아가 아니라 남부 캅카스 지역으로 전배轉拜시키는 '약화된 형태의 유형'이 선고된다.

따뜻한 흑해 연안으로 좌천당한 푸시킨은 창작 활동을 계속해나갈 수 있었다. 그러나 푸시킨을 감독하고 관리하는 임무를 맡은 지방 관리들에게는 러시아 최고의 시인이라는 푸시킨의 존재가 여간 성가신 것이 아니었다. 드디어 한 주지사가 푸시킨의 자존심을 꺾을 묘책을 찾아냈다. 당시 남부의 한 지역이 메뚜기가 창궐해 엄청난 피해를 보고 있으니 그곳으로 가서 이 메뚜기 떼를 소탕하라고 명령한 것이다. 러시아 최고의 시인이자 귀족인 푸시킨이 메뚜기를 잡고 다닌다는 것은 당시 정서로서는 엄청난 치욕이었다. 1824년 6월 어쩔 수 없이 메뚜기 박멸 출장을 떠난 푸시킨은 현지에서 다음과 같은 공식 보고서를 올린다. "메뚜기가 날아왔네, 앉았다네, 다 먹어치웠다네, 그리고 날아갔다네."

정말 시인다운 보고서이자 통쾌한 복수였다. 더는 푸시킨을 감당할 수 없다고 판단한 러시아 당국이 시골 영지에 있는 그의 아버지에게 푸시킨에 대한 감독을 맡기기로 결정하면서 그의 유형 생활은 막바지에 접어든다.

데카브리스트 반란 그리고 푸시킨의 자유

바로 이 시기에 러시아사에서 가장 유명한 사건이 하나 발생한다. 1825년 12월 수도 상트페테르부르크에서 푸시킨의 친구들이 주동이 되어 황제에게 저항한 데카브리스트Dekabrist[2] 반란이 일어난 것이다. 그러나 의기만 충천했

2 1825년 12월 러시아 최초로 근대적 혁명을 꾀한 혁명가들을 가리키는 말로 12월당원(黨員)이라고도 한다. 러시아어로 12월을 '데카브리'라고 한 데서 유래한 명칭이다.

을 뿐 전혀 조직적이지 못했던 이 반란은 그 자리에서 유혈 진압되고 푸시킨의 친구들은 교수형에 처해지거나 시베리아 유형길에 오른다.

러시아 최고 엘리트들의 처형과 유형 이후 흉흉해질 대로 흉흉해진 민심을 잠재우기 위해 신임 러시아 황제 니콜라이 1세는 푸시킨을 유형에서 풀어주기로 결정한다. 단, "이제 푸시킨에 대한 검열과 감독을 황제가 직접 한다"라는 조건이 붙었다. 이를 위해 황제는 푸시킨을 모스크바로 불러들여 최종 면담을 하는데 그 자리에서 황제는 푸시킨에게 다음과 같은 질문을 한 것으로 알려져 있다. "그대가 당시 수도에 있었다면 데카브리스트 반란에 참여했겠는가?" 푸시킨은 주저 없이 "예"라고 대답했다. 푸시킨의 이 솔직하고도 담대한 면모에 감동한 것인지는 알 수 없으나 이 면담 이후 푸시킨은 곧 자유의 몸이 되었다. 그리고 그 덕분에 《예브게니 오네긴》, 《보리스 고두노프》 등 유명한 푸시킨의 대표작들이 탄생할 수 있었다.

동료와 선배, 심지어 정치적 적대자였던 황제마저 푸시킨의 천재성을 인정하고 그의 창작 활동을 독려했던 19세기 러시아의 분위기는 진보냐 보수냐를 따지기 전에 국가의 가장 소중한 재산에 대한 순수한 애정의 발로였는지 모른다. 자유를 노래했던 천재 푸시킨은 이렇듯 많은 사람의 숨은 배려 속에 창작열을 불태울 수 있었다. 그러나 불행히도 서른아홉이라는 아까운 나이에 세상을 떠나게 되는데, 그 이유는 앞서 말한 것처럼 바로 사랑이었다. 이제 푸시킨이 어떻게 결투로 그 짧지만 화려했던 생을 마감하게 되었는지를 이야기할 때다.

최고 시인과 최고 미인의 결합

러시아 사람들이, 조금만 더 오래 살아줬더라면 러시아 역사가 지금보다 더 나아졌을 거라 생각하는 세 사람이 있다. 18세기 초 러시아의 근대화를 이루어냈지만 54세의 나이로 사망한 표트르 대제, 1917년 러시아혁명을 일으키고 55세의 나이로 사망한 레닌, 그리고 바로 진정한 의미의 러시아 문학을 탄생시켰지만 39세의 나이로 아깝게 세상을 떠난 푸시킨이다. 재능이 절정에 이르렀고 가정적으로도 최고의 행복을 만끽하던 푸시킨의 갑작스러운 죽음은 러시아 전체를 충격에 빠뜨렸다.

유감스럽게도 사망의 원인은, 작가가 너무도 사랑했고 너무도 아름다웠던 아내 나탈리아 곤차로바Nataliya Goncharova였다. 나탈리아와 푸시킨의 결혼을 두고 당시 러시아인들은 러시아 최고 시인과 러시아 최고 미인의 결합이라고 말했다. 키가 165cm도 되지 않았던 푸시킨의 구애를 받은 나탈리아는 175cm의 늘씬한 몸매에 순백색 피부를 지닌 아름다운 여인이었다. 황제 니콜라이 1세도 이 미녀의 얼굴을 먼발치에서나마 구경하기 위해 궁으로 갈 때면 일부러 먼 길을 돌아 푸시킨의 집 옆으로 지나가곤 했다고 전해진다. 그것으로도 성에 차지 않았는지 황제는 푸시킨이 공식 관직을 버리고 러시아 최초의 전업 작가가 되었음에도 불구하고 그에게 강제로 말단 장교직을 공직으로 부여했다. 공직에 있는 한 황제가 베푸는 무도회에 반드시 부부동반으로 참석해야 한다는 의무조항을 지켜야 했기 때문이다.

물론 아무리 푸시킨이라도 이런 '세기의 미인'과의 결혼 과정이 그리 순탄하지는 않았다. 모스크바의 무도회에서 열다섯 살 나탈리아를 만나 첫눈에 반한 스물아홉 살의 푸시킨은 그다음 해에 바로 청혼했다. 하지만 황제로부터 쫓겨나 유형까지 다녀온 사람을 사위로 맞으려는 부모는 흔치 않다. 2년 후 푸시킨은 재차 청혼을 시도했는데 당시 갑자기 경제적 사정이 어려워진 나탈리아의 부모는 그의 청혼을 긍정적으로 받아들일 수밖에 없었다. 그럼에도 불구하고 한 가지 아주 특이한 조건을 달았다. 황제로부터 '결혼 보증서'를 받아 오라는 것이었다. 보증서의 내용은 "푸시킨이 믿을 만한 공민임을

알렉산드르 브률로프.
〈나탈리아 곤차로바〉.
1831~1832년.
푸시킨 박물관.

황제가 보증한다"라는 것이었다. 우여곡절 끝에 보증서까지 받아낸 푸시킨은 1831년 드디어 서른두 살의 나이로 열여덟 살의 아리따운 아내를 맞이한다. 결혼 후 3명의 자녀를 낳으며 러시아 최고의 시인은 자기 삶에서 가장 행복한 시기를 보낸다.

프랑스 장교와의 구설수에 휘말린 시인의 아내

그러나 행복은 어이없게도 저 멀리 프랑스에서 건너온 한 장교에 의해 깨진다. 당시 러시아 사회는 황실과 귀족 모두 러시아어보다 프랑스어를 더 자연스럽게 구사할 정도로 프랑스 문화의 영향을 많이 받고 있었다. 따라서 프랑스보다 출세하기가 훨씬 쉬운 러시아로 건너오는 프랑스 장교들이 꽤 있었다. 조르주 단테스라는 외모가 걸출한 한 청년 장교도 그중 한 명이었다. 그런데 문제는 그가 동성애자였다는 것이었다.

단테스는 러시아로 입국하는 과정에서 알게 된 러시아 주재 네덜란드 공사 헤케른과 연인 관계가 되어 급기야 동거에 들어간다. 물론 공식적으로는 헤케른의 양자로 입양되어 아버지와 같이 살게 된 것이었지만 두 사람의 관계를 의심하는 소문이 퍼지기 시작한다. 이 소문을 무마하기 위해 헤케른과 단테스는 한 가지 묘안을 찾아낸다. 단테스가 동성연애자가 아님을 입증하기 위해 러시아 사교계에 귀부인과의 염문설을 내는 것이었다. 물론 사실 여부는 중요하지 않았다.

헤케른의 주선으로 사교계에 입성한 단테스의 눈에 가장 먼저 띈 것은 푸시킨의 아내 나탈리아였다. 단테스의 일방적 구애 행위는 러시아의 모든 귀족 사이에서 구설수에 올랐으나 아내의 정절을 믿은 푸시킨은 아랑곳하지 않았다. 그러던 어느 날 괴편지 한 통이 푸시킨의 친구들에게 도착했다. "뿔 달린 남편 협회의 회원이 되신 것을 축하합니다"라는 내용이었다. 서양, 특히 러시아에서는 바람난 아내를 둔 남편을 일컬어 "뿔 달렸다"라고 놀렸다.[3] 화가 난 푸시킨은 이 편지의 주인공이 단테스와 헤케른이라 확신하고 결투를 신청한다. 결혼 이전에 푸시킨은 몇 번의 결투에서 모두 이긴 유명한 명사수였다. 겁이 난 단테스는 "나탈리아에게 접근한 것은 그녀의 시집 못 간 언니 예카테리나에게 구애하기 위해서였다"라고 변명했다. 푸시킨은 바로 그날 저녁 단테스가 예카테리나와의 약혼을 선언하는 조건으로 결투 신청을 철회한다.

⚜ 결투 그리고 시인의 죽음

그러나 그들이 결혼한 후 채 보름도 지나기 전에 상황은 악화될 대로 악화되고 말았다. 나탈리아의 친척이 된 단테스는 이제는 아예 공공연하게 나탈리아에게 추근댔고 급기야 "뿔 달린 남편 협회의 부회장이 된 것을 축하한다"라는 괴편지가 다시 나돌았다. 황제 니콜라이 1세는 푸시킨에게 "부인 관리를 잘해야겠다"라면서 비아냥거렸다. 아내에 대한 사랑과 그녀의 명예를 지켜야 한다는 의무감은 푸시킨으로 하여금 더는 결투를 미룰 수 없게 만들었다.

1837년 1월 27일, 드디어 결투의 시간이 다가왔고 아들이자 애인인 단테스의 죽음을 확신한 헤케른은 그의 주검을 실어 올 마차를 결투 장소로 보낸다. 그러나 뜻밖에도 결투의 결과는 정반대로 나타났다. 겁먹은 단테스가 제한선에 닿기도 전에 먼저 총을 꺼내들어 쏜 것이다. 눈밭에 쓰러진 푸시킨은 상체만 든 상태로 대응사격을 했고 옆으로 돌아서 있던 단테스는 정신을

3 일설에 의하면 중세 시대에 십자군원정을 떠나는 남편에게 아내가 뿔 달린 투구를 씌웠고 원정 기간 동안 아내들은 자유분방한 생활을 누렸기 때문에 생긴 표현이다.

잃고 쓰러졌으나 금세 다시 일어났다. 그러나 다시 정신을 잃은 푸시킨은 단테스를 위해 준비해두었던 마차에 실려 집으로 돌아와 이틀 후 "아내에겐 책임이 전혀 없다"라는 말을 몇 번이고 반복하며 죽음을 맞이했다.

푸시킨의 죽음이 러시아 전역에 알려지자 황제의 음모설이 파다하게 퍼졌다. 의사를 너무 늦게 보냈다는 비난이 거세게 일었다. 급기야 황제는 대규모 시위를 우려하여 러시아 최대 성당에서 거행될 예정이던 장례식을 무산시키고 비밀리에 가까운 친지들만 모인 졸속 장례식을 치르게 했다. 그러나 시골 외가의 수도원으로 향하는 푸시킨의 시신을 따르는 행렬은 인산인해를 이루었다. 단테스는 러시아를 떠나야 했고 황제는 푸시킨의 모든 부채를 탕감해주고 아이들의 생계를 보장해주겠다고 약속했다. 아내 나탈리아는 어떻게 되었을까? 스물여섯의 젊은 나이에 과부가 된 그녀는 그로부터 7년 뒤 러시아의 한 장군과 재혼하여 51세까지 살았다. 그녀는 푸시킨과 주고받은 모든 서신을 죽을 때까지 간직했다.

한 편의 대하소설과도 같았던 푸시킨의 삶은 이렇게 마무리된다. 러시아에는 그의 삶에 대한 모든 스토리가 200년이 지난 지금까지도 실물로 간직되어 있다. 그가 태어난 곳, 기숙학교, 유형지, 결혼한 곳, 결투하기 전에 마지막으로 차를 마신 곳, 결투 장소, 그리고 무덤까지. 최고의 문화적 자산을 실물화하여 경제적 자산으로 승화시키는 러시아의 저력을 다시금 확인하게 된다. 더불어 현대의 러시아인에게도 푸시킨이라는 작가가 여전히 큰 비중을 차지한다는 점도 되새기게 된다.

2

도스토옙스키, 내조의 여왕을 만나다

2008년 글로벌 금융위기 이후 세계 경제는 저성장의 늪에 빠졌다. 더는 국가와 기업에 과거와 같은 폭발적 성장은 없을 것이다. 이제 성공의 잣대는 급속한 성장세보다는 장기 저성장의 시대를 견뎌내는 내구성에 있다. 한마디로 길고 긴 고통의 터널을 빠져나가는 해법을 찾는 것이 국가 · 기업 · 개인에게 중요한 과제가 되었다. 그런데 《데미안》의 작가 헤르만 헤세는 "고통의 한계까지 시달렸을 때, 희망은 사라지고 절망을 호흡해야 할 때, 우리는 도스토옙스키를 읽어야 한다"[4] 라고 말했다.

19세기 후반 유럽 전체가 세기말의 불안과 좌절에 빠져 있을 때 세계의 지성들은 도스토옙스키Fyodor Dostoevskii의 작품에서 위안을 얻었다. 톨스토이는 "이 세계에 있는 모든 책, 특히 문학 작품은 내 자신의 것을 포함해서 모두 불살라버려도 무방하다. 그러나 도스토옙스키의 작품만은 예외다. 그

4 Hermann Hesse (1978). *Life and Art*. Berkeley: University of California Press, p. 133.

의 작품은 모두 남겨두어야 한다"라고까지 말했을 정도다. 이런 관점에서 보자면 도스토옙스키는 세계 문학사상 가장 위대한 작가라고 해도 과언이 아니다.

'구원'의 작가 도스토옙스키를 '구원'해준 여인?

그런데 만약 한 여인이 없었다면 도스토옙스키의 위대한 작품들은 결코 탄생할 수 없었으리라는 사실을 아는 사람은 그리 많지 않다. 이 위대한 여인의 이름은 안나 스니트키나다. 마흔다섯 살의 도스토옙스키가 절체절명의 위기에 빠졌을 때 혜성처럼 등장한 여인인데 그때 나이가 겨우 열아홉 살이었다. 이 어린 여인은 한낱 속기사에 불과했지만, 작가를 위기에서 구해냈을 뿐 아니라 이후 14년간 작가가 죽을 때까지 그의 인생과 창작에 없어서는 안 될 동지가 되었다.

지금 우리가 알고 있는 도스토옙스키의 엄청난 대작들, 예컨대 《죄와 벌》, 《백치》, 《악령》, 《카라마조프가의 형제들》 등은 사실 작가가 안나 스니트키나를 제때 만나지 않았다면 세상에 나오지 못할 뻔했다. 도스토옙스키의 치명적 약점 때문이다. 지금도 제정 러시아의 수도 상트페테르부르크에 가면 이 대문호가 살았던 집들을 볼 수 있다. 그런데 이 집들에는 재미있는 공통점이 있다. 하나같이 '모서리집'이라는 점이다. 도스토옙스키는 왜 이렇게 모서리집을 선호했을까?

혹자는 작가가 상경해 처음 살았던 공병사관학교의 기숙사 방이 모서리집이었기 때문에 그 습관이 평생을 갔다고 추측하기도 한다. 그러나 많은 사람이 그가 모서리집에 산 실제 이유는 경제적 사정 탓이라고 말한다. 즉, 거의 평생을 빚쟁이들에게 쫓겨 살던 도스토옙스키로서는 언제 어느 방향에서 갑자기 나타날지 모를 빚쟁이를 미리 발견하고 피할 수 있도록 시야를 확

바실리 페로프가 그린 도스토옙스키 초상화.
1872년 51세 때의 모습이다.

속기사로 일하다가 도스토옙스키와 만나 그의 동반자이자 구원자가 된 아내 안나 스니트키나.

1864년부터 1867년까지 도스토옙스키가 살던 집이 있는 건물.
여기서 《죄와 벌》을 집필했다.
역시 모서리에 위치하여 두 개의 주소가 겹친다.
자료: 〈http://turbina.ru/〉.

보해둘 필요가 있었다는 것이다. 당연히 이 집들은 모두 작가 소유물이 아니라 임대한 것이었다. 그렇다면 도스토옙스키는 왜 그렇게 늘 빚독촉에 시달려야 했을까?

우선 선하고 약한 마음 때문이었다. 그는 시베리아 유형 시절에 만난 아이 딸린 과부와 결혼하는데 그 과부가 병으로 죽자 그녀의 아이를 책임져야 했고 또 형이 죽자 형수와 다섯 아이의 생계, 그리고 형이 남긴 부채까지 책임지게 된다. 그의 형이 남긴 부채는 자그마치 1만 5,000루블이었는데, 도스토옙스키가 출판사 편집장으로 일하면서 받은 월급이 250루블이었으니 이 월급을 하나도 쓰지 않고 5년간 꼬박 모아야만 갚을 수 있는 액수다. 게다가 도스토옙스키 자신은 도박, 특히 룰렛 게임에 완전히 중독되어 있었다. 룰렛을 하지 않으면 손이 떨리고 머리가 어지러울 정도로 심하게 중독되어 있던 도스토옙스키는 항상 돈을 몽땅 잃었지만 딸 수 있다는 환상을 끝내 버리지 못하고 다시 도박에 매달렸다. 이 때문에 정신병리학에는 정식으로 '도스토옙스키 신드롬'이라는 용어까지 생겼다.

늘 빚에 쫓기던 도스토옙스키는 새로운 작품을 쓰는 대가로 출판사로부터 선금을 받아 탕진하는 것이 일상이 되어버렸다. 또 마감시한에 쫓겨 급하게 작품을 썼고, 《죄와 벌》 같은 긴박한 스토리 전개도 사실 시간이 부족해서 그렇게 된 것이라는 속설이 있을 정도다.

세기의 청혼 그리고……

도스토옙스키의 인생에 안나 스니트키나가 등장한 것도 바로 작가가 쫓기며 《죄와 벌》을 쓰고 있을 때였다. 당시 도스토옙스키는 스텔롭스키라는 악덕 출판사 사장에게 선불을 받는 대신 매우 위험한 계약에 서명했다. 한 달 안에 새로운 소설을 탈고하지 않으면 향후 9년간 모든 새로운 작품의 저작

권을 몽땅 스텔롭스키에게 넘기기로 한 것이다. 《죄와 벌》 집필을 불가피하게 뒤로 미룰 수밖에 없었던 작가는 아이러니하게도 새로운 작품의 주제를 자기를 그토록 지독하게 고생시키던 '도박'으로 정하고 집필을 준비한다. 그러나 한 달 안에 완성하는 것은 당시 도스토옙스키의 체력으로는 사실상 역부족이었다. 결국 친구의 권유로 뛰어난 속기사를 고용하기로 결정했다. 이렇게 해서 고용된 속기사가 바로 안나 스니트키나였다.

가난한 귀족의 딸로 태어난 안나는 어린 시절 문학애호가였던 아버지의 서재에서 이미 도스토옙스키의 《죽음의 집의 기록》이라는 작품을 읽고 깊이 감명받아 교육을 통해 세상을 바꾸겠다는 꿈을 가지고 사범대에 입학했다. 그러나 아버지의 갑작스러운 죽음으로 사범대를 중퇴하고 가족의 생계를 위해 속기사가 되었다. 이미 도스토옙스키의 작품세계를 잘 이해하고 있던 지혜롭고 부지런한 안나의 헌신적인 도움으로 작가는 단 26일 만에 《노름꾼》이라는 소설을 탈고하여 악덕 출판사 사장으로부터 자유로워질 수 있었다. 그뿐 아니라 채 끝내지 못했던 《죄와 벌》의 탈고 작업까지 안나 덕분에 무사히 마쳤다.

이 과정에서 어린 안나의 매력에 완전히 매료된 도스토옙스키는 모든 작업이 끝나고 며칠 후인 1866년 11월 8일, 그녀에게 청혼을 한다. 그런데 이 나이 많은 대작가가 어린 연인에게 한 청혼은 러시아 문화사에서 오랫동안 회자될 정도로 인상적이었다. 안나의 거절을 너무도 두려워한 작가는 마치 새로운 작품 구상을 하는 것처럼 에둘러 안나의 의중을 떠보기로 했다. 늙고 병들고 가까운 이들마저 떠나보낸 중년의 화가가 젊은 여인을 사랑하게 되는 소설 스토리를 들려주며 이렇게 질문한다. "이 젊은 여인이 늙고 병든 이 남자를 사랑할 수 있을까? 이 사랑은 이 여인에게 너무 큰 희생이지 않을까?" 이에 안나가 "이 여인이 선한 마음이 있다면 사랑할 수 있지 않을까요?"

라고 대답하자 도스토옙스키는 "만약 당신이 잠깐 그녀의 입장에 서 있다고 상상해보자. 그리고 이 화가가 나이고 내가 당신에게 사랑을 고백하고 청혼한다고 상상해본다면, 당신은 어떻게 대답하겠는가?"라고 되물었다. 그러자 안나는 도스토옙스키를 지그시 바라보며 대답했다. "나라면 아마도 '당신을 사랑합니다, 그리고 평생 사랑하겠습니다'라고 대답할 거예요."

이렇게 해서 다음 해인 1867년 2월 15일 상트페테르부르크의 아름다운 트로이츠키 성당에서 두 사람은 멋진 결혼식을 올리게 된다. 아름다운 결혼식을 올린 46세 중년 남자와 21세 젊은 여인의 앞날은 그 후 어떻게 전개되었을까? 아무리 위대한 작가이지만 빚과 도박, 그리고 7명의 식객에서 헤어나지 못하던 중년 남자의 힘든 삶은 젊은 여인에게는 너무 무거운 짐이 아니었을까?

'블랙 허니문'을 이겨내며 시작된 깊은 사랑

남들처럼 달콤한 신혼살림을 기대한 것은 아니었지만 안나에게 결혼 초 한 달은 악몽 그 자체였다. 도스토옙스키의 전기 작가들이 이 한 달을 가리켜 블랙 허니문black honeymoon이라고 부를 정도다.

빚더미 위에 있던 도스토옙스키는 결혼자금을 마련하기 위해 새 작품《백치》원고료 3,000루블을 선불로 받아낸다. 그러나 기존의 급한 빚, 전처소생 아들과 죽은 형의 아내와 다섯 아이의 생계비로 대부분을 금세 써버리고 1,000루블만 달랑 남게 된다. 게다가 한 달도 지나지 않아 형수의 가족들이 아예 한 지붕 밑으로 들어와서는 매일 생활비를 요구하며 작가의 어린 새신부를 들들 볶기 시작한다. 행여나 이 굴러온 돌 때문에 도스토옙스키로부터 받았던 금전적 지원이 끊기지 않을까 걱정한 것이었다. 좁은 집 안에서 다툼이 끊이지 않았고 상황이 이렇다 보니 도스토옙스키의 작품 활동 역시 불가능했다. 안나에게는 고통의 나날이, 작가에게는 절필의 나날이 이어졌다.

결국 우유부단한 도스토옙스키에게 더는 기댈 수 없다고 판단한 안나는 특단의 조치를 단행한다. 모든 것을 바로잡고 작가가 다시 창작을 시작하게 할 수 있는 사람은 오직 안나 자신뿐임을 깨달은 것이다. 무엇보다도 현재의 환경에서는 어떤 일도 할 수 없다고 판단한 안나는 모든 것을 과감히 버리고 러시아를 떠나자고 말한다. 친척들의 반대를 무릅쓰고 폐물을 팔아 여비를 마련한 안나는 3개월 계획으로 멀고 먼 이국땅 스위스로 떠난다. 그러나 문제는 여기에서 끝나지 않는다. 스위스로 가는 여정에서 독일 바덴바덴에 들른 도스토옙스키는 다시 카지노의 룰렛게임에 빠져 가져간 재산을 모두 탕진한다. 돈뿐 아니라 자신의 양복, 심지어 어린 아내의 원피스까지 날린다.

설상가상의 상황이라고 할 수밖에 없다. 그런데 여기에 놀라운 반전이 숨어 있다. 안나는 이런 도스토옙스키에게 바가지를 긁기는커녕 직접 나서서 도스토옙스키의 도박을 부추겼다. 남편의 손을 잡고 도박장에 데려다주고 돈이 모자라면 다시 빚을 내서라도 실컷 도박을 즐기게 한다. 돈을 구해달라고 어린 신부에게 무릎까지 꿇고 사정하는 남편을 위해 식기 세트와 귀걸이 등을 내다팔아 돈을 구해준다. 생활고는 어린 안나가 스스로 해결했으며 이 힘든 생활이 애초 계획한 3개월을 훌쩍 넘어 4년간 이어진다. 그사이 세 명의 아이까지 낳았으니 일가친척 하나 없는 이국땅에서 이 어린 여인에게 지워진 생활의 짐이 얼마나 무거웠을지는 상상하기 어렵지 않다.

그런데 왜 이런 어려움을 자처하면서까지 안나는 도스토옙스키의 도박을 오히려 장려했을까? 설탕이나 소금 등 가장 기본적인 생필품조차 없는 상황에서 심지어 자신의 도박병이 아내 때문이라며 책임까지 전가하는데도 말이다. 도스토옙스키를 너무나 사랑한 안나는 간질 환자인 도스토옙스키가 그동안 쌓인 정신적 스트레스와 불안을 해소하는 유일한 방법이 그 당시에는 도박뿐이었다는 것, 그리고 이를 나무랄 경우 정신 상태가 더욱 나빠지고 발작도 더 잦아지리라는 것을 잘 알았기 때문이다. 무엇보다도 당분간은 도박을 해야만 창작 활동이 가능하다는 것을 너무나도 잘 파악하는 지혜로움이 있었고, 자신이 사랑하는 위대한 작가의 영감을 위해 모든 것을 희생할 준비가 되어 있었던 것이다. 자신의 희생과 사랑이 극단적 자학과 자책에 빠진 도스토옙스키의 영혼을 결국 갱생시키리라는 믿음이 있었기에 가능했던 일이다. 《죄와 벌》에서 살인자 라스콜니코프를 구하는 가엾은 창녀 소냐가 사실 작가 도스토옙스키 옆에 실제로 존재하고 있었던 셈이다. 안나는 도스토옙스키의 성격상 절망과 고통의 밑바닥과 그 끝을 맛보아야만 다시 일어날 수 있음을 알았던 것이다.

그토록 기다리던 기적의 순간이 정말로 찾아온다. 긴 도박의 늪에 빠져 있던 도스토옙스키는 어느 날 문득 임신한 어린 아내가 따뜻한 옷 한 벌 없이 내버려져 있고 이런 상황이 계속된다면 뱃속 아이까지 죽을 수 있다는 무서운 현실을 불현듯 깨닫고 대성통곡한다. 그러고는 "나에게 위대한 일이 일어났다. 거의 10년간 나를 괴롭혔던 더러운 환상이 사라졌다. 이제 모든 것이 끝났다. 이것을 평생 기억하고 매번 나의 천사를 축복할 것이다"라는 갱생의 변을 시작으로 완전히 새로운 삶을 향해 나아간다.

도박으로부터의 승리는 안나가 도스토옙스키를 위해 해낸 수많은 일 중 그저 한 가지에 불과하다. 그녀는 먼저 러시아 여성 특유의 강단으로 채권자들을 설득한다. 도스토옙스키가 형으로부터 물려받은 채무에 대해 채권자들에게 장기간 할부로 변제하게 해주지 않으면 아예 한 푼도 돌려받지 못할 것이라고 으름장을 놓아 협상에 성공한다. 그리고 경제 개념이 전혀 없어 늘 불리한 출판계약에 시달리던 도스토옙스키를 위해 직접 출판업에 뛰어든다. 《악령》을 출판하려 할 때 원고료로 단돈 500루블을, 그것도 2년에 걸쳐 나누어 지불하려는 출판사의 횡포에 저항하여 직접 인쇄소를 찾아가 외상으로 종이를 구해 책을 찍어낸다. 그리고 단 한 달 만에 전량 판매에 성공하여 4,000루블의 순이익을 낸다.

그 돈으로 작가의 도박빚을 청산했고, 이후 그녀는 수완을 본격적으로 발휘하여 남편의 작품뿐 아니라 다른 작가들의 작품까지 출판하여 도매업자로서 성공한다. 세간에서는 도스토옙스키가 아내를 얻은 것이 아니라 공짜로 매니저를 얻었다는 소문까지 돌았다. 결국 아내 덕분에 도스토옙스키는 인생에서 처음이자 마지막으로 비록 시골이지만 이층집도 마련한다. 그 와중에도 아내는 작가의 충실한 속기사 노릇을 계속했으며 아이들의 사랑스러운 엄마 역할도 잘 이행하며 그야말로 슈퍼맘의 전형을 보여주었다. 덕분에 도스토옙스키는 마지막 작품 《카라마조프가의 형제들》에 이르기까지 최상의 조건에서 최고의 작품들을 안정적으로 집필할 수 있었으며, 살아생전에 이미 당대 최고의 작가로 대우받을 수 있었다.

그러나 불행히도 결혼한 지 14년이 지난 1881년 60세의 도스토옙스키는 치명적인 병인 폐기종에 걸린다. 어느 날 후두 출혈로 밤새 잠을 이루지 못한 작가는 아침부터 아내를 불러 그녀의 손을 잡은 채 놓지 않고 자기가 오늘 죽을 것 같다면서 성경책을 아무 쪽이나 펼쳐 읽어달라고 부탁한다. 어려운 일이 닥칠 때마다 도스토옙스키는 성경책을 아무 쪽이나 펼쳐 나오는 글귀로 운명을 점치는 습관이 있었다. 그날 펼친 마태복음 3장 14~15절에는 세례요한이 자신에게 세례를 받으려는 예수를 만류하자 예수가 우리는 장차 위대한 진리를 실현할 것이니 "허락하라"라는 구절이 있었다. 도스토옙스키는 "여보, 이제 내가 저세상으로 갈 테니 허락하시오"라고 말한다. 그리고 하루 종일 아내의 손을 놓지 않았던 도스토옙스키는 마지막으로 안나에게

다음과 같은 말을 남겼다고 한다. "기억하오, 안나. 나는 당신을 항상 뜨겁게 사랑했고 그리고 한 번도 당신을 배신한 적이 없다오, 심지어 생각으로도 말이오."[5]

남편이 죽은 뒤 안나는 손수 일곱 권으로 된 남편의 전집을 출판했다. 이때 안나는 시력을 거의 잃어 돋보기로 교정을 봐야 했다고 한다. 그리고 자녀들에게 넘긴 출판 수익 이외의 자기 몫은 대부분 자선단체에 기부하며 여생을 남편의 뜻을 전하는 데 매진했다. 불행히도 볼셰비키 혁명이 일어나고 1년 후 집을 빼앗긴 안나는 72세의 나이에 굶주림을 이기지 못해 사망했다. 그로부터 100년이 지난 지금 실패한 볼셰비키 혁명은 사람들의 기억 속에서 어느새 희미해졌지만 안나 스니트키나의 이름은 도스토옙스키와 함께 사람들 가슴속에 남아 있다.

도스토옙스키의 《죄와 벌》을 탄생시킨 질문

한국인에게 도스토옙스키의 대표작은 뭐니 뭐니 해도 역시 《죄와 벌》이다. 학창 시절 필독 고전이라 읽고는 싶었지만 너무나 방대한 양과 무거운 철학적 담론 때문에 도스토옙스키의 작품을 부담스러워했던 기억이 누구에게나 있을 것이다. 《죄와 벌》도 예외는 아니다. 가난한 법대생 라스콜리니코프가 전당포 노파를 살해하고 창녀 소냐를 만나 회개하게 된다는 줄거리 외에는 그저 너무 심오하고 무거운 소설이었다는 인상만 남아 있는 경우가 대부분이다.

그러나 나이가 들어 이 소설을 다시 읽어보면 그렇게 어려운 소설만은 아니라는 사실에 놀라게 된다. 마치 탐정소설처럼 박진감 넘치는 구성도 재미

---

5 Достоевская А. Г. (1987). 《Воспоминания》. Москва: Художественная литература.

있고, 무엇보다도 작가가 거대한 철학을 장황하게 설명하려 하지 않고 오히려 소설 속 주인공들이 내세우는 철학이 실상 별 게 아니며 인생의 진리는 훨씬 단순한 데 있다는 사실을 말하려 했던 것임을 발견하게 된다. 무시무시한 살인 사건은 이 단순한 진리를 가장 극명하게 드러내기 위한 과장법에 불과하다. 사실 도스토옙스키가 이 작품을 쓰게 된 계기는 다음 질문의 답을 찾기 위해서였다.

당신이 지금 파리에 살고 있는 동전 한 푼 없는 가난한 대학생이라고 상상해보라. 그런데 한 마법사가 다가와 묻는다. "저 멀리 중국 어딘가에 다 늙어 언제 죽을지 모르는 관리가 있는데 그저 당신이 바로 이 자리에서 '죽어라'라고 한마디만 하면 멀리 있는 그는 죽고 당신은 100만 달러를 받게 될 것이다. 사실 그가 어느 도시에 있는지 아무도 모르고 당신이 그에게 죽어라 하고 말하더라도 세상 누구도 듣지 못한다. 자, '죽어라'라는 말 한마디를 하겠는가?"

이 질문이 팍팍한 현실을 살아가는 우리에게 실제로 주어졌다면 우리는 어떻게 답했을까? 이 중국 늙은이는 어차피 죽을 사람이고 내가 아니어도 결국 누군가는 "죽어라"라고 말할 것이 뻔하다. 어떤 직접적 행동도 필요 없고 그저 눈 한번 질끈 감고 말만 한마디 던지면 100만 달러가 손에 떨어진다. 이 질문은 19세기 프랑스의 대표 작가 발자크의 1835년 소설《고리오 영감》의 한 부분이다. 소설의 배경인 1819년은 프랑스혁명 발발, 나폴레옹의 등장과 몰락, 부르봉 왕조의 부활이 있었던 유럽사의 최대 격동기였다. 모두가 자유와 평등이라는 거대한 정치적 이념을 외칠 때 발자크는 왜 이런 뜬금없는 질문을 했을까?

이로부터 약 30년 뒤 쓰인 빅토르 위고의《레미제라블》에서도 비슷한 질문이 반복된다. 시장이 된 장발장에게 자베르가 말한다. "당신을 장발장이라고 의심한 것을 용서해달라. 진짜 장발장을 잡았다는 소식을 들었다." 2013년 한국에서 크게 흥행한 뮤지컬 영화에서 갈등하는 주인공 장발장을 연기한 휴 잭맨의 모습이 떠오른다. 어차피 언젠가는 감옥에 갈 부랑자가 대신 감옥에 가고 자신은 가엾은 판틴의 딸을 살리고 또 다른 선한 일을 할 수 있는데 굳이 자백을 해야 할까 하는 갈등이다. 이 소설의 배경도 역시 발자크의 소설과 비슷한 시기로, 프랑스혁명 이후 다시 군주정이 선포된 뒤 일어난 1838년 6월혁명 때였다.

도스토옙스키가 내놓은 대답

《레미제라블》이 등장하고 4년이 흐른 뒤 도스토옙스키는 1860년대 러시아를 배경으로 비슷한 질문을 던진다. 그러나 러시아인답게 그는 발자크와 빅토르 위고의 질문을 극단까지 밀고 간다. 러시아는 그 어느 곳보다도 춥고 어두운 시베리아의 겨울이 있는 나라다. 반면에 여름은 덥고도 밝은 백야의 나날이 이어진다. 또한 러시아의 농노들은 전 세계에서 가장 오래도록 제정 군주의 지배 아래 살아야 했으며, 그 결과 어느 나라보다도 확실히 세상을 뒤집은 사회주의 혁명도 이루어냈다. 이런 점이 러시아인의 극단성을 잘 대변한다 하겠다. 도스토옙스키 역시 극단적 성향의 러시아인으로서, 앞서 프랑스 작가들이 내놓은 질문을 최극단까지 몰고 가 인간 영혼의 밑바닥을 보여준 것이다.

전술한 프랑스 작가들의 질문에서는 희생당할 사람이 나쁜 사람인지 좋은 사람인지에 대한 언급이 전혀 없다. 그저 한 명은 어차피 곧 죽을 사람이고 또 한 명은 어차피 이러나저러나 감옥에 들어갈 사람이다. 선택의 기로에 놓인 주인공도 그저 말 한마디 내뱉거나 아니면 아예 아무 말 안 하면 그만인 상황이다. 주인공의 처지 역시 그리 극단적이지 않다. 이런 상황에 놓였다고 상상을 하면 되는 경우이거나, 죄수에서 시장까지 산전수전 다 겪은 돈 많고 능력 있는 사람이라 선택의 여지가 얼마든지 있는 경우다. 그래서 《고리오 영감》 속의 대학생도, 《레미제라블》의 장발장도 결국 이름도 얼굴도 모르는 타인의 희생을 선택하기보다는 100만 달러를 포기하거나 자신의 정체를 드러내는 고상한 선택을 한다.

도스토옙스키의 주인공 라스콜리니코프는 그야말로 극단적인 상황에 처해 있다. 손을 뻗으면 방의 모든 벽이 닿는 붙박이장 같은 다락방에 살면서 월세도 제대로 못 내는 폐병 환자이며, 사랑하는 누이는 돈 때문에 불한당에게 팔려 갈 처지에 있다. 그러면서도 러시아 최고 법대에 다니는 지성인인 그는 없는 돈에도 불구하고 말에 치여 죽은 술주정뱅이의 장례식 경비를 책임지는 착하기 이를 데 없는 사람이다. 그야말로 돈만 있다면 주인공은 많은 사람을 행복하게 해주었을 사람이다. 그런데 그 반대편에는 악독하고 기생충 같은 악덕 고리대금업자이자 불쌍하고 착한 여동생을 착취하는, 게다가 이미 늙을 만큼 늙은 노파가 있다. 당구장에서 당구나 치며 노는 젊은이조차 이 쓸모없고 못된 노파를 죽이고 그 돈을 많은 사람을 위해 쓰는 게 훨씬 나을 거라는 농담을 할 정도다. 라스콜리니코프는 절박하고 그에게 희생당할 노파는 죽어 마땅한 존재다. 작가는 여기에 거대한 이념적 정당성까지 부여한다. 앞의 작품들의 배경이 여기서 다시 등장하는데, 바로 프랑스혁명이다. 그것도 프랑스혁명의 이념을 극단적으로 형상화한 나폴레옹의 철학이다.

당시 러시아 청년들에게 나폴레옹은 신격화된 영웅이었다. 그들이 보기에 세상에는 오직 두 부류의 인간이 있을 뿐이었다. 나폴레옹 같은 비범한 영웅 아니면 몸에 기생하는 '이'같이 보잘것없는 평범한 인간이다. 나폴레옹에게는 더 큰 대의, 즉 인류 전체의 발전이라는 목표가 있었으며 이를 위해서는 불가피한 살인을 할 수 있다. 그것이 집단살인이라 해도 범죄가 아니다. 영웅에게는 그야말로 모든 것이 허용된다는 것이었다. 그 반대편에는 세상에서 없어져도 전혀 지장이 없는 벌레 같은 군중이 있다. 그러므로 소설 속 주인공 라스콜리니코프에게도 이 두 가지 중 하나의 선택이 있을 뿐이다. 그는 벌레 같은 전당포 노파를 죽임으로써 자신은 벌레가 아니며 나폴레옹일 수 있다는 이념적 실험을 감행하기로 결심한다. 필요한 것은 오직 영웅이 갖는 용기, 즉 '갈등하지 않고 실행에 옮기는 용기'였다. 왜냐하면 그의 뒤를 위대한 프랑스혁명의 이념이 든든하게 받쳐주고 있기 때문이다. 우리의 주인공은 결국 노파를 죽인다. 앞서 프랑스 작가들이 만든 주인공은 감히 하지 못했던 일을 러시아 작가는 하도록 만든 것이다. 과감하게 타인의 희생을 선택한 것이다.

이념의 반인간적 허상을 드러내다

도스토옙스키는 왜 상황을 이렇듯 극단적으로 밀어붙인 것일까? 그것은 프랑스 작가들이 꾸물대며 제대로 말하지 못한 것을 분명히 말하기 위함이었다. 이를 통해 타인, 인간의 희생을 합리화하는 이념의 실체, 즉 인간의 머리에서 만들어낸 이념이 결국 인간의 본성에 정면으로 위배된다는 것을 적나라하게 보여주려 했다. 프랑스 작품 속 주인공들이 감행하지 못한 일을 러시아 주인공은 결국 해내도록 만듦으로써 도스토옙스키는 역설적으로 그것이 얼마나 잘못되었는지를 드러낸다. 라스콜리니코프는 사실 살인을 하기 전부터 살인에 대한 계획만으로도 너무나 힘들어한다. 살인을 합리화하는 이념이 주인공에게는 너무나 버거운 짐, 맞지 않는 옷이었던 것이다. 그리고 실제 살인 현장에서 죄 없는 노파의 여동생까지 죽이게 되면서 프랑스혁명 이념의 실상은 더욱 적나라하게 드러난다. 많은 사람의 이익을 위해서라면 몇 사람은 희생되어도 괜찮다는 공리주의나 모든 가치의 기준은 오직 '나'라는 개인에게만 있다는 극단적 자유주의는 결국 살아 있는 모든 타인의 가치를 부정하는 일이라는 것이다.

공리주의와 자유주의를 모두 부정하는 마이클 샌델의 '정의란 무엇인가'라는 화두는 19세기 러시아 작가에 의해 이미 제기된 것이다. 톨스토이와 마찬가지로 도스토옙스키가 이해하는 인간은 그렇게 복잡하고 거창한 이념과는 관계가 없다. 그저 가까운 타인 한 사람 한 사람의 존재를 소중히 여기고 그들을 구체적으로 사랑하면서 살아가는 게 가장 행복한 존재다. 가족을 위해 자신을 희생하는 창녀 소냐를 만난 후 라스콜리니코프가 갱생하는 이유는 라스콜리니코프도 본래는 어머니와 누이 그리고 소냐의 주정뱅이 아버지의 고통에 가장 아파하던 '인간'이었기 때문이다. 구체적 인간으로서 타인은 모두 소중한 존재임을 보여주기 위해 도스토옙스키는 전당포 노파와 함께 그의 불쌍하고 착한 여동생까지 죽게 만들었다. 결국 이 악독한 노파를 죽이는 것은 착한 여동생을 죽이는 일과 다를 바 없다는 의미다.

라스콜리니코프는 노파와 그 동생을 죽이면서 자신의 이념도 함께 죽였다. 그런 의미로 볼 때 《죄와 벌》에서 '죄'는 프랑스혁명 이념이 저지른 죄를 가리키며 이 이념으로부터 벗어나는 것이 바로 작가가 말하는 '벌'이었다. "사람은 무엇으로 사는가"라는 고민은 비단 톨스토이만의 것이 아니라 도스토옙스키의 고민이기도 했던 것이다.

3

톨스토이의 질문, "사람은 무엇으로 사는가?"

2007년 영어권 작가 125명이 선정한 역사상 최고의 문학작품에 톨스토이의 작품 《안나 카레니나》가 선정되었다.[6] 1930년대 이후 이 소설은 네 번이나 영화화되었고 그때마다 그레타 가르보(1935), 비비안 리(1948), 소피 마르소(1997), 키이라 나이틀리(2013) 등 최고의 여배우들이 비련의 안나 역할을 맡았다. 무려 140여 년 전(1877)에 쓰인 바람난 귀부인의 자살 이야기의 인기가 이렇듯 식지 않는 이유는 무엇일까? 그건 아마도 이 작품이 영원히 해결되지 않는 우리 인생의 문제를 이야기하고 있기 때문인 것 같다. 그것은 톨스토이 전 작품에 걸쳐 반복적으로 던져지는 질문, 바로 "사람은 무엇으로 사는가?"라는 화두다.

소설 《안나 카레니나》는 타락한 사회를 살아가는 인간에게 욕망과 사랑 그리고 행복이 무엇인지를, 깨끗한 영혼을 소유했던 안나 카레니나를 통해

---

6 출판사 노튼 앤 컴퍼니(W. W. Norton & Company) 조사.

'진정한 사랑'이란 무엇인가 하는 문제를 끝없이 고민하며
작품으로 형상화했던 톨스토이.
ⓒ 연합뉴스

극명하게 보여준다. 이런 의미에서 한때 청순미의 대명사였던 프랑스 여배우 소피 마르소는 원작소설 속 안나 카레니나의 캐릭터와 비극을 가장 잘 표현했다고 평가받는다. 안나 카레니나는 한마디로 거짓말을 못하는 맑은 영혼이며 이 맑은 영혼이 사랑에 눈뜨게 된 것이 그녀를 비극의 구렁텅이로 몰아가는 주된 원인이었다. 흥미로운 점은 당시 러시아 귀족사회에서 안나의 죄는 '바람을 피운 것'이 아니라 외간 남자와 사랑에 빠진 것을 '솔직하게 공개한 것'이라는 사실이다.

타락한 사회에서 진정한 사랑은 가능한가?

19세기 러시아 귀족사회는 한마디로 '바람난 가족'으로 이루어진 '바람난 사회'였다. 수도 상트페테르부르크에 살던 20대 귀족청년의 하루일과를 잠시 살펴보자.

거의 점심시간이 다 되어서야 잠을 깬 귀족에게 먼저 집사가 편지를 전한다. 주로 그날 밤에 열리는 무도회 초대장이다. 점심을 먹고 몸단장을 하는데 몇 시간을 보낸 청년은 오후 늦게야 친구들을 만나 한담을 나눈 뒤 저녁 무렵에 발레나 오페라를 상연하는 극장으로 향한다. 공연이 끝나면 무대 뒤로 가서 평소 찜해둔 프리마돈나를 유혹하기 위해 온갖 물량 공세를 퍼붓지만 항상 목적을 달성하는 것은 아니다. 프리마돈나에 대한 뜨거운 구애를 하는 사이 어느덧 밤이 깊어지면 대귀족의 무도회에 참가할 시간이 다가온다. 무도회에서는 고관대작의 어린 딸이나 젊고 아름다운 부인들에 대한 추파와 구애가 이어진다. 이윽고 새벽 즈음 무도회가 끝나면 귀족 청년들은 아직 풀리지 않은 욕정을 해결하기 위해 사창가로 몰려간다. 이른 아침, 마침내 긴 하루가 끝나면 오전 내내 숙면을 취한다. 그리고 그날 점심에 다시 똑같은 하루 일과가 시작된다. 전쟁만 나지 않으면 이 쳇바퀴 같은 일상은 몇 년이고 계속된다. 이러한 생활을 이어가느라 대부분의 귀족 청년들은 엄청난 빚을 진다.

그러나 빚 때문에 걱정할 필요는 없다. 우선 당시에는 부채가 많으면 많을수록 잘나가는 집안 자제라는 이미지가 강했다. 그리고 이 빚은 수확기가 되면 시골 영지의 아버지로부터 올라오는 목돈으로 단번에 갚을 수 있었다. 물론 이런 생활도 무한할 수는 없다. 언젠가는 시골 아버지의 능력으로도 해결할 수 없는 한계 상황이 오기 마련이다. 30대 중반이 넘어서면 귀족은 그제야 결혼을 서두른다. 바로 새 신부가 가져올 엄청난 지참금 때문이다. 이렇게 선택되는 부잣집 귀족의 딸은 대부분 10대 중반의 어린 처녀들이다. 따라서 부부간의 나이 차이가 보통은 스무 살을 넘기게 된다. 톨스토이의 《전쟁과 평화》의 여주인공 나타샤도 10대 중반에 결혼하고, 안나 카레니나(28세)도 남편(48세)과의 나이 차가 스무 살 정도다. 결혼 후 사교계를 떠난 귀족은 주로 시골 영지의 수확물을 관리하며 여생을 보낸다. 그리고 그 수입의 일부는 자신의 아버지가 그랬던 것처럼 아들의 호사스러운 생활비를 충당하는 데 쓰게 된다. 그리고 아들은 다시 아버지의 일생을 반복한다.

이렇다 보니 러시아 귀족 부부의 전형적인 모습은 늙은 남편과 젊고 아름다운 부인의 어울리지 않는 동거였다. 무도회에서 젊은 귀족 총각들에게 이 젊은 부인들은 손쉬운 사랑의 사냥감이 될 수밖에 없었다. 그래서 당시 귀족사회에서 젊은 부인들이 젊은 장교들과 바람을 피우는 것은 지극히 당연한 관례로 여겨졌다. 19세기 러시아 귀족사회는 한마디로 '바람난 사회'였던 것이다.

이 바람난 사회를 유지하기 위해 반드시 지켜야 할 규칙이 한 가지 있었다. 모두가 짐작하거나 알고 있다 해도 공개적으로는 아무도 모르는 듯 행동해야 한다는 것이다. 이 규칙만 지켜진다면 웬만한 불륜은 넘어가주는 것이 불문율이었다. 그런데 톨스토이의 주인공 안나는 바로 이 금기를 깨버렸다. 순진한 안나는 잠깐 즐기는 가식적인 사랑이 아니라 진정한 사랑을 원했다. 그리고 자기의 연애를 공개한 순간 그녀는 러시아 귀족사회에서 완전히 소외되었다. 지인들도, 남편도, 심지어 멋진 애인 브론스키까지도 점점 멀어졌다. 모든 것을 잃고 절망이 극에 달한 안나는 마침내 달려오는 기차에 몸을 던진다.

톨스토이는 안나의 죽음을 통해 무슨 이야기를 하고 싶었던 것일까? 안나는 불문율을 어긴 대가로 러시아 귀족사회로부터 복수를 당한 것일까, 아니면 자신을 밀어낸 귀족사회의 가식에 대해 죽음으로써 복수한 것일까? 톨스토이는 둘 다 답이 아니라고 말한다. 작품의 제사題詞에 작가는 "복수는 나의 것이니 내가 갚으리라"라는 성경구절을 인용한다. 신의 입장에서 볼 때 어느 누구도, 즉 러시아 사회도 안나도 복수할 권리가 없다는 것이다. 왜냐하면 모두가 잘못했기 때문이다. 러시아 사회의 잘못은 쉽게 짐작이 가는데, 안나의 잘못은 무엇일까? 안나는 왜 죽어야만 했을까?

안나 카레니나는 사랑 때문에 죽었는가?

여기서 잠시 2009년 한국에서 톨스토이 붐을 일으켰던 베스트셀러 《사람은 무엇으로 사는가?》를 살펴보자. 이 작품은 《안나 카레니나》를 출간하고 4년쯤 뒤에 집필되었는데, 제목을 좀 더 정확히 번역하자면 "사람은 무엇에 의해 살아 있는가?"이다. 달리 말하자면 안나가 죽은 이유는 바로 살아 있게 하는 이 '무엇'이 없었기 때문이다. 한 천사가 막 쌍둥이를 낳은 과부의 영혼을 거두어 오라는 신의 명령을 거부했다. 그 벌로 인간이 되어 추운 러시아의 겨울에 벌거벗긴 채 던져진다. 신은 그에게 세 가지 질문에 대한 답을 구할 때까지 돌아올 수 없다고 말한다. 첫 번째 질문은 "사람 안에는 무엇이 있는가?", 두 번째 질문은 "사람이 알 수 없는 것이 무엇인가?", 세 번째 질문은 "사람은 무엇에 의해 살아 있는가?"였다. 첫 번째 질문에 대한 답은 가난한 구두수선공 부부로부터 얻었다. 끼니도 제대로 연명하지 못하고 다 떨어진 외투를 입고 살아가는 구두수선공 부부가 알몸으로 버려진 천사를 자기 집으로 기꺼이 거둬들였기 때문이다. 천사는 사람 안에는 '사랑'이 있다는 것을 깨달았다. 두 번째 대답은 구두를 주문한 부자 나리로부터 얻었다. 바로 하루 뒤에 죽게 되는지도 모르고 1년을 신어도 끄떡없을 구두를 만들어달라고 위협한 부자 나리를 통해, 사람은 자기가 언제 죽을지 알 수 없음을 깨달았다. 마지막 질문은 구두수선공 부부만큼이나 가난한 여인으로부터 얻었다. 천사가 차마 죽일 수 없었던 한 가엾은 과부가 기어코 죽은 뒤 남겨진 쌍둥이가 그 과부 못지않게 가난했던 이웃의 여인에 의해 길러지고 있었던 것이다. 천사는 "사람은 사랑으로 살아 있다"라는 것을 깨닫게 된다.

언제 죽을지 모르는 인간이 살아 있는 근거는 바로 인간의 마음속에 있는 타인에 대한 사랑이다. 톨스토이는 안나의 잘못은 그녀가 그토록 원했던 진정한 사랑을 하지 못한 것이라고 말한다. 안나가 진정한 사랑이라고 생각했던 그것은 사랑이 아니라는 것이다. 안나의 사랑은 사실 자신의 감정, 즉 자신의 욕망에만 충실한 자기애에 불과했다. 톨스토이는 극단적 자기애는 결국 죽음으로 치닫고 결국 죽음에 의해 너무나 무력하게 깨져버리는 허망한 것이라고 말한다. 너무나 아름다운 소피 마르소의 육체가 기차에 산산조각 나버린 것은 비극적인 자기애의 피할 수 없는 결과였다. 진정한 사랑은 자신을 돌보기에도 벅찬 사람들이 자기보다 못한 이들을 도와주는 이타적 사랑이다. 안나가 가장 괴로워했던 것도 바로 전남편에게 버려두고 온 가엾은 아들, 누구보다도 자신의 도움이 필요했던 아들 때문이었다. 이 소중한 사랑을 버리고 자기 욕망에 충실했던 안나는 1년 신을 가죽구두를 만들라며 호통치던 부자 나리와 다를 바 없는 것이다. 그 부자 나리처럼 안나는 자신의 사랑이, 자신의 욕망이 죽음에 의해 한순간에 사라지리라는 것을 알지 못했다. 반면에 자기를 버리는 이타적 사랑은 타인을 살리고 마침내 자신도 궁극적으로 살리는 힘, 즉 죽음을 극복하는 힘을 발휘한다.

물론 이 이타적인 사랑은 문학작품 안에서는 가능할지 몰라도 현실에서는 실현하기 힘든 것이다. 참된 사랑을 갈구했던 톨스토이도 말년에 재산을 포기하지 못하는 자신과 아내의 이중성에 괴로워하다 82세의 노구를 이끌고 집을 나왔고 결국 시골 간이역에서 객사했다. 이 죽음으로 톨스토이는 자신의 이상적 사랑을 이룬 것일까? 아니면 신의 징벌을 받은 것일까? 한 가지 분명한 것은 죽을 때까지 인간에 대한 진정한 사랑을 지향했던 그의 영혼의 여정은 작품을 통해 우리에게 영원토록 이어지고 있다는 것이다.

4

체호프, 인생은 드라마가 아니다

지독히도 춥고 긴 러시아의 겨울, 하루의 대부분을 방안에 갇혀 지내야 하는 러시아인들에게 독서와 창작은 커다란 위안이었다. 특히 러시아의 대문호들이 겨울밤을 꼬박 새우며 창작한 작품들은 겨울밤에 읽으면 그 감동이 더 깊은 듯하다. 그중 안데르센의 동화《성냥팔이 소녀》처럼 해마다 크리스마스가 다가오면 마음속 깊은 곳의 생채기처럼 아프게 떠오르는 작품이 있다. 안톤 체호프의 단편소설 〈반카〉다.

아홉 살 소년의 비극과 주소 없는 편지

크리스마스를 앞둔 추운 모스크바의 겨울밤, 한 구두장이의 공방에서 아홉 살짜리 소년이 주인 부부와 선배 도제들이 잠들기를 기다렸다가 주머니에서 꼬깃꼬깃해진 종이를 꺼내든다. 나무의자 위에 종이를 놓고 바닥에 무릎을 꿇은 채 누군가에게 들킬까 연신 주위를 살피며 뭔가를 끄적댄다. 금방이라도 터질 것 같은 울음을 간신히 참고 흘러내리는 눈물을 훔쳐대며 이

꼬마가 쓰고 있는 내용은 도대체 무엇일까?

편지는 "사랑하는 할아버지 콘스탄틴 마카리치!"라는 문장으로 시작한다. 소년은 3개월 전 할아버지가 계신 시골에서 대도시 모스크바의 구두공방으로 보내졌다. 엄마가 갑자기 죽었기 때문이다. 소년은 시골 귀족의 집에서 하녀 일을 하던 홀어머니와 야간 경비를 하던 할아버지와 가난하지만 행복한 유년을 보내고 있었다. 사람 좋은 할아버지는 언제나 취한 눈을 하고 계셨지만 웃기게 생긴 개 두 마리와 함께 온 동네 아낙네들에게 코담배로 짓궂은 장난을 걸며 입가에서 미소가 떠나지 않던 분이었다. 성탄절이 다가오면 항상 소년을 데리고 겨울숲으로 가 크리스마스트리를 함께 베어 오곤 했다. 또 주인마님은 소년을 매우 귀여워해 사탕도 주고 글도 가르쳐주고 심지어 귀족들이나 배우는 춤인 카드리유quadrilles도 가르쳐주었다. 그런데 갑자기 엄마가 죽자 난데없이 모스크바의 구두공방으로 보내져 지옥 같은 생활을 하게 된 것이다.

주인 부부는 구두 만드는 기술을 가르치는 대신 온갖 잡일을 시키는 것도 모자라 틈만 나면 매질을 해댔다. 아침에 빵 한 조각, 점심에 채소죽, 저녁에 빵 한 조각이 식사의 전부다. 게다가 공방의 선배들은 시시때때로 소년을 괴롭히고 보드카 심부름에다 주인집에서 오이를 훔쳐 오라고 강요한다. 힘겨운 하루 일과가 끝나면 지저분한 창고에서 잠이라도 실컷 자고 싶지만 밤새 주인집 아기의 흔들이 침대를 흔들어줘야 하는 일이 남아 있다. 아기가 우는 것도 모르고 깜박 조는 바람에 주인에게 매질을 당하는 일이 다반사다. 아홉 살 소년에게는 너무 가혹한 삶이었다. 추운 겨울, 신발이 없어 도망도 갈 수 없는 소년은 드디어 하나밖에 없던 동전으로 편지지와 봉투를 사서 할아버지에게 자기를 시골로 데려가달라는 부탁 편지를 쓰기로 한 것이다.

"할아버지, 성탄 축하드려요. 나에겐 아빠도 엄마도 없고 이제 할아버지밖에 없어요. 제발 절 데려가주세요. 여기서 저는 죽을 것만 같아요. 할아버지 코담배도 빻아드리고 평생 할아버지를 위해 기도할게요. 어른이 되면 할아버지를 끝까지 모시고, 돌아가시면 엄마한테 하듯이 하늘나라로 가시도록 기도할게요. 참 이번 성탄절에는 절 위해 황금색 호두를 크리스마스트리의 초록색 가방에 숨겨주세요. 주인마님에게 제 이름을 이야기하고 부탁하면 들어주실 거예요. 할아버지 제발 절 데려가주세요. 여기선 하루 종일 절 때리고 전 하루 종일 울고 있답니다. 정말 개보다도 못하게 살고 있어요. 참 할아버지, 제 아코디언 아무한테도 주지 마세요. 평생 할아버지의 손자로 남을 테니, 제발 절 데리러 와주세요."

아홉 살 어린아이가 쓴 것이라 두서는 없지만 눈물 나도록 절절하게 써내려간 편지를 소년은 정성스럽게 봉투에 넣고는 한참을 생각한 끝에 겉봉 주소란에 이렇게 쓴다. "시골 할아버지께" 그리고 머리를 긁적이며 다시 추가로 "콘스탄틴 마카리치에게"라고 쓴 다음 아무에게도 들키지 않은 걸 기뻐하며 외투도 걸치지 않고 한달음에 가장 가까운 우체통으로 달려간다. 그러고 돌아와 그제야 깊이 잠든 소년의 꿈속에서 시골 할아버지는 페치카 옆에 양말도 신지 않은 다리를 걸치고 앉아 부엌 하녀 아줌마들에게 소년의 편지를 읽어주고 그 옆에서는 웃기게 생긴 개가 꼬리를 흔들고 있다.

러시아 소설사에 종지부를 찍은 체호프의 리얼리즘

소년이 주소란에 주소가 아니라 "시골 할아버지께. 콘스탄틴 마카리치에게" 라고 쓴 대목에서 독자들의 가슴이 미어진다. 소년에게 일말의 희망의 가능성도 주지 않고 냉정하게 소설을 끝내버린 작가가 원망스러울 정도다. 그런데 바로 이 짧은 단편소설이 러시아의 대문호 안톤 체호프Anton Chekhov의 작

일상의 미학을 추구하며
기존의 러시아 문학과 작별을 고한
안톤 체호프.

품세계에서 고갱이 중 고갱이다. 러시아 문학사에서 안톤 체호프는 푸시킨, 도스토옙스키, 톨스토이 등이 이룩한 위대한 러시아 소설사에 종지부를 찍은 작가로 평가된다. 많은 전문가가 러시아의 소설은 체호프에서 완성되고 체호프에서 끝났다고 말한다.

사실 체호프는 대부분의 한국 독자들에게는 희곡 작가로 알려져 있다. 세계 문학사상 가장 위대한 희곡으로 알려진 《갈매기》, 《바냐 아저씨》, 《세 자매》, 《벚꽃동산》 등이 그의 대표작이다. 예술의전당에서도 그의 희곡을 바탕으로 한 연극 〈세 자매〉가 종종 공연된다. 그런데 체호프는 사실 단편소설 작가로 이름을 날리기 시작했고 그의 단편소설들은 그의 희곡만큼이나 세계문학사에 큰 획을 그었다. 2013년 10월 노벨문학상 수상자로 캐나다의 앨리스 먼로를 선정한 한림원이 선정 이유에서 먼로를 "현대 단편소설의 대가"라고 칭하며 "그는 러시아 작가 안톤 체호프로 거슬러 올라가는 전통을 완성했다. 많은 이가 그를 체호프와 비교해왔다"라고 말할 정도로 체호프는 단편소설 작가로서 명성이 높다. 체호프는 1886년 26세의 어린 나이에 단편소설 〈황혼〉으로 러시아 최고 문학상인 '푸시킨상'을 수상했고 〈귀여운 여인〉이라는 작품으로 톨스토이의 극찬을 받은 바 있다.

그런데 평단은 물론 톨스토이 같은 대문호의 극찬을 받은 체호프가 왜 위대한 러시아 소설사에 종지부를 찍은 사람이라는 걸까? 이는 그가 단편소설 〈반카〉에서 소년의 마지막 희망에 냉혹한 종지부를 찍은 것과 유사하다. 이 소설의 제목 '반카'는 주인공 소년의 이름이다. 반카는 러시아에서 가장 흔한 이름인 '이반'의 애칭이다. 체호프는 이 흔한 이름을 통해 이 소년의 운명이 당시 러시아 사람 전체의 운명, 나아가 당대를 살았던 보편적 인간의 운명과 별반 다르지 않음을 말하려 했다. 그런데 이 보편적 인간의 운명에 대해 체호프는 기존의 톨스토이와도 또 도스토옙스키와도 전혀 다른 방식으로 이야기한다.

톨스토이의 주인공 '안나 카레니나'는 너무나 순수해서 아름답기까지 했던 욕망의 극단을, 도스토옙스키의 '라스콜니코프'는 너무나 고귀한 이념의 극단을 보여주었다. 결국 안나 카레니나는 기차에 몸을 던져 자살했고 라스콜니코프는 노파를 살해했다. 그리고 톨스토이와 도스토옙스키는 욕망과 이념의 끝을 보여준 뒤 해답을 기독교적 사랑에서 찾았다. 그러나 체호프는 어떤 극단적 욕망이나 이념도, 어떤 드라마틱한 사건도 제시하지 않으며, 무엇보다 그 어떤 해답도 강요하지 않는다. 반카의 안타까운 현실을 낙관적 복선 하나 없이 보여준 것처럼 그저 냉정하게 보통 사람들의 현실을 날것 그대로 독자에게 던져준다. 위대한 러시아 선배 작가들과는 확연히 다른, 어떻게 보면 비인간적일 정도로 냉정한 리얼리즘을 통해 체호프는 기존의 문학사에 종지부를 찍은 것이다.

희곡에서도 반복되는 '주소 없는 편지'

체호프의 냉정한 리얼리즘은 그의 4대 희곡 중 하나인 《세 자매》를 통해 더욱 풍부하게 그리고 더욱 절망적으로 드러난다. 단편소설 〈반카〉에서 어린 반카가 써 보낸 '주소 없는 편지'는 체호프의 작품세계에서 자주 반복되는 중요한 모티브다. 희곡 《세 자매》에도 여지없이 이 요소가 등장한다. 물론 보다 진화된 형태다.

주인공 세 자매 중 막내인 이리나는 전신국에서 일한다. 하루는 한 여인이 자기 아들이 방금 사망했다는 소식을 다른 도시에 사는 오빠에게 급히 전하러 온다. 그러나 그 여인은 사라토프라는 도시 이름 말고는 구체적인 주소를 도무지 기억해내지 못한다. 아홉 살의 반카는 주소에 문제가 있다는 것을 모르기 때문에 잠시나마 행복할 수 있었지만 성인인 이 여인은 주소에 문제가 있다는 사실을 알기 때문에 잠시의 위로조차 받을 수 없다. 참으로 딱한 상황이지만 여기서 독자의 주의를 더욱 끄는 것은 주인공 이리나의 반응이다. 이 답답한 여인을 자기도 모르게 너무나 심하게, 거칠게 박대하고는 그 때문에 심한 자책에 빠진다. 왜냐하면 자신의 처지도 그 여인과 크게 다를 바 없었기 때문이다. 사실 체호프의 4대 희곡 모두가 이 '주소 없는 편지', 출구 없는 불행에 대한 자의식을 담은 것이라고 볼 수 있다.

세 자매인 올가, 마샤, 이리나의 유일한 희망은 하루빨리 고향 모스크바로 돌아가는 것이다. 연대장이었던 아버지를 따라 지방소도시로 온 세 자매는 1년 전 아버지가 죽자 지긋지긋한 시골의 삶을 버리고 모스크바로 떠날 준비를 하고 있다. 모스크바에 가면 모든 것이 좋아지리라 철석같이 믿고 있다. 남동생 안드레이도 모스크바 대학에서 교수가 될 수 있을 것 같다. 때마침 모스크바에서 아버지의 옛 부하인 베르슈닌 중령이 도착하고 세 자매의 기대감은 더욱더 부풀어 오른다. 유부녀인 둘째 마샤는 유부남 베르슈닌과 기다렸다는 듯 사랑에 빠진다.

그러나 불행히도 4막으로 이루어진 이 희곡의 이야기는 1막으로부터 한 발짝도 앞으로 나아가지 못한다. 한마디로 세 자매의 소망은 하나도 이루어지지 않는다. 자매들에게 활기를 불어넣었던 베르슈닌은 자신의 군대와 함께 폴란드로 떠나고 남동생 안드레이는 속물 같은 아내의 손아귀에서 벗어나지 못하며 노름빚 때문에 집까지 저당 잡힌다. 심지어 모든 것을 포기한 막내 이리나가 늙은 귀족 장교와 결혼해 다른 도시로 떠나려 했지만 이 장교마저 결투로 사망하고 만다. 결국 이 드라마 아닌 드라마는 모두가 떠나버린 텅 빈 시골도시에 외로이 남은 세 자매의 애처로운 모습으로 마무리된다. 모스크바를 향한 또 하나의 수신자 없는 희망 편지가 발신자에게로 되돌아온 것이다.

❦ '저기'가 아닌 '여기', 곧 일상의 미학을 이야기하다

위대한 작가 체호프는 왜 이 '수신자 없는 희망 편지'에 매달리는 인간군상을 반복해 보여주는 것일까? 아무런 대책도 해답도 없이 말이다. 위대한 그의 선배들 도스토옙스키와 톨스토이는 비록 주소 없는 편지일지라도 '신神'이라는 정확한 수신자를 달아 출구를 제시했다. 그러나 체호프는 "작가의 몫은 정확한 질문을 던지는 것이지 해답을 주는 것이 아니다"라고 말하며 불행한 독자들을 계속해서 괴롭힌다. 좀 더 구체적으로는 많은 사람이 자기가 살고 있는 '이곳'이 아니라 자기와는 전혀 관계없는 '저곳'만 쳐다보는 것이 문제라고 말한다. 희망 편지의 주소지는 애초 존재하지 않는다는 것이다. 또한 체호프는 대부분의 사람들이 불행하다고 생각하면서 불행과 행복의 진짜 원인이 되는 '이곳'을 직시하지 않는다고 말한다. 보다 정확하게는 현실을 인정하고 소중히 껴안으려 하지 않고 회피하려 든다는 것이다.

《세 자매》에서 베르슈닌과 사랑에 빠진 마샤는 자신도 모르게 늘 푸시킨 작품의 한 구절을 되뇐다. "어느 외딴 바닷가 푸른 참나무에 황금사슬 감겨 있어……"라는 구절이다. 희곡의 말미로 가면 갈수록 마샤는 거의 정신병적으로 이 구절을 반복하면서 자기가 미쳐가는 것 같다고 말한다. 마샤에게 이 구절은 어떤 의미일까? 바다라고는 거의 볼 일이 없는 광활한 대륙에 사는 러시아인들에게 바다는 영원한 피안의 상징이자 시원의 세계다. 그리고 이 피안의 세계에서 황금사슬로 둘러쳐진 참나무는 일종의 생명나무다. 그런데 세 자매가 사는 지방소도시에도 사실 거의 비슷한 것들이 실제로 존재한다. 다만 바다가 아니라 강이 있고 집의 정원에는 참나무가 아니라 단풍나무가 있다. 구색은 갖추었어도 조금씩 함량 미달인 것이다. 그런데 사실 마샤가 꿈꾸는 그런 바다나 참나무는 실재하지 않는 환영에 불과하다. 실제로 존재하는 것은 강과 단풍나무인데 억울하게도 존재하지 않는 바다와 참나무 때문에 함량 미달이라는 평가를 받고 있다. 실재하는 '여기'가 아니라 '저기'만 바라보는 세 자매에게는 그 어떤 현실도 함량 미달일 수밖에 없는 것이다. 작품에서 베르슈닌 중령이 "세 자매가 설사 모스크바에 간다고 해도 행복하진 않을 것"이라고 말하는 것은 바로 그 때문이다.

그렇다면 체호프가 직시하길 바라는 이른바 '함량 미달'의 현실은 어떤 것일까? 그것은 낭만적이지도 드라마틱하지도 않은, 하찮고 잡다한 일상으로 가득 찬 현실이다. 하지만 체호프는 하찮게 보이는 우리의 일상이 가장 소중한 삶의 근거지라고 말한다. 그는 "정말로 중요하고 심각하다고 여긴 고상한 계획이나 꿈들이 결국 전혀 중요하지 않게 되거나 심지어 잊히는 경우가 허다하다. 우리가 매번 결투나 자살을 하거나 사랑을 고백하거나 멋진 말을 하는 것은 아니다. 우리는 대부분의 시간을 먹고 마시고 쓸데없이 돌아다니거나 바보 같은 말을 하는 데 보낸다. 우리의 행복도 우리의 불행도 바로 이때 만들어진다"라고 말한다. 그리고 희곡, 즉 드라마도 바로 이런 우리의 삶을 그대로 보여줘야 한다고 주장한다. 이 때문에 체호프의 모든 희곡에서는 다른 작가의 작품이라면 무대 전면에서 본격적으로 다루어졌을 드라마틱한 사건들이 모두 무대 뒤로 밀려난다. 《세 자매》에서는 '도시의 화재', '결투와 살인' 등의 장면이 무대 뒤로 밀려났다. 또한 삶의 의미, 희망, 미래 등에 대한 고상한 철학적 대화가 자주 "배고프다", "귀가 안 들린다" 같은 허언 혹은 페치카의 소음이나 웃음소리 등 잡음에 의해 어이없이 끊겨버린다. 그리고 주인공들이 가끔씩 행복해하는 것은 고상한 말과는 무관한 그저 아침의 따뜻한 햇살이나 집안 곳곳에 활짝 핀 꽃들 때문임을 은연중 드러낸다. 한마디로 인생은 '드라마'가 아니라 '일상'이라는 것이고 드라마는 이 일상으로 가득 찬 인생을 보여줘야 한다는 것, 바로 '일상의 미학'이 체호프의 창작관이다.

체호프는 45세라는 젊은 나이에 결핵으로 요절했다. 그런데 마지막 운명의 순간에 그는 몸소 이 '일상의 미학'을 보여주었다. 1904년 7월의 어느 날 밤 독일의 한 도시에서 체호프는 난생처음 의사를 불러달라고 청한다. 그러고는 아내에게 샴페인 한 잔을 부탁한 다음 독일어로 "나는 죽는다Ich sterbe"라고 말하고 아내를 위해 러시아어로 이 말을 친절하게 반복한다. 이어 샴페인을 조금 들이켜고 아내에게 웃으며 말한다. "샴페인 마신 거 정말 오랜만이네."[7] 그런 다음 남은 잔을 마저 비우고는 조용히 옆으로 누워 운명한다.

---

7 Бердников Г. П. (1978). 《Чехов. Серия биогр. Жизнь замечательных людей》. Москва: Мол. гвардия.

5

러시아 로망을 심어준 작가, 파스테르나크

한국인의 기억 속에서 러시아의 풍경과 가장 멋지게 어우러지는 러시아 소설은 역시 보리스 파스테르나크Boris Pasternak의 《닥터 지바고》다. 물론 대부분의 사람들은 소설보다는 영화 〈닥터 지바고〉를 통해 그 아름다운 이야기와 러시아 풍경을 접했을 것이다.

영화로 더 유명한 '닥터 지바고'의 이야기

데이비드 린 감독이 1965년에 만든 영화의 첫 장면은 유명한 라라의 테마 음악 〈Somewhere My Love〉와 함께 러시아 가을의 황량하고 쓸쓸한 정취를 애잔하게 전하며 시작된다. 어머니의 장례식장에서 어린 소년 지바고는 "고개를 들어 황량한 가을 풍경과 수도원의 둥근 지붕을 멍한 시선으로 바라보고 있었다". 영화 속에 등장하는 라라의 테마 음악, 노란 꽃물결, 시베리아의 설원, 그리고 이를 배경으로 펼쳐지는 너무나 슬프지만 너무나 아름다운 지바고와 라라의 사랑은 한국인들에게 러시아에 대한 막연한 동경을 불러일으켰다.

〈아라비아의 로렌스〉, 〈콰이강의 다리〉의 감독으로도 유명한 세계적인 명감독 데이비드 린은 1966년 〈닥터 지바고〉로 아카데미상 6개 부문을 휩쓸었다. 이 영화의 백미는 보리스 파스테르나크의 원작소설이 가지는 서사적 구성과 서정적 문체를 씨줄과 날줄로 엮고 여기에 아름다운 영상미와 음악까지 얹어 세계 영화사상 불멸의 작품을 만들어낸 데이비드 린의 뛰어난 연출력, 그리고 마치 실제 인물이라는 착각을 일으킬 정도로 주인공 배역을 훌륭하게 소화해낸 오마 샤리프와 줄리 크리스티의 놀라운 연기력이다.

19세기 러시아 문학의 인문주의 전통을 계승

파스테르나크는 지바고와 라라의 이야기로 무엇을 전하고 싶었을까? 역사의 격동 속에 희생된 비운의 사랑을 찬미하는 것일까? 또 파스테르나크의 작품은 러시아 문학사에서 어떤 의미를 가질까? 파스테르나크의 실제 창작 의도를 영화를 통해 들여다보는 것은 한계가 있다. 마지막 장면에서 드러나듯 영화는 원작과 달리 두 남녀 주인공의 사랑 이야기에만 너무 집중하는 탓이다. 그렇다면 이제 닥터 지바고의 원작 소설을 통해 파스테르나크의 작품세계를 제대로 '줌 인'해보자.

왜 세계의 많은 사람이 러시아 문학의 매력에서 빠져나오지 못하는 것일까? 푸시킨, 톨스토이, 도스토옙스키, 체호프로 이어지는 러시아 문학이 불러일으키는 깊은 애정과 경외심은 바로 '어떤 가혹한 현실에서도 결코 인간 구원에 대한 희망을 버리지 않는 위대한 리얼리즘' 때문이 아닐까 생각된다. 홍상수 감독의 영화 〈생활의 발견〉에서 등장인물들은 마치 계주 주자들이 바통을 이어가듯 "인간이 되기는 힘들어도 괴물은 되지 말자"라는 말을 반복한다. 그러나 러시아 작가들은 "아무리 힘들어도 인간으로 남자"라는 신

다시 보는 〈닥터 지바고〉

추억도 더듬을 겸 너무 오래되어 흐릿하게 몇몇 이미지로만 남은 영화의 주요 장면들을 다시 떠올려보자.

어머니의 장례식 이후 고아가 된 지바고는 양부모의 따뜻한 양육으로 전도유망한 의사이자 시인으로 훌륭하게 자랐고 양부모의 딸 토냐와 결혼할 예정이다. 그런데 1906년 1월의 겨울날 자살 기도를 한 여인을 치료하러 갔다가 그 여인의 딸 라라와 변호사 코마롭스키를 처음으로 만난다. 이때 라라는 지바고에게 깊은 인상을 남긴다. 17세에 불과한 라라를 성적 노리개로 삼은 파렴치한 중년의 변호사 코마롭스키는 사실 지바고의 아버지를 죽음으로 내몰고 유산마저 가로챈 사람이었다. 이렇게 지바고와 라라의 우연한 만남은 공통된 악연에서 시작된다. 그로부터 5년 뒤인 1911년 지바고는 크리스마스 무도회에서 코마롭스키를 향해 총을 발사하는 라라를 목격한다. 그러나 이때까지는 두 사람의 만남이라기보다는 지바고가 라라를 일방적으로 관찰하는 것이었고 라라는 지바고의 존재조차 알지 못한다.

두 사람의 만남이 시작된 것은 1914년 제1차 세계대전의 전선 한복판이다. 지바고는 군의관으로, 라라는 출전한 남편 파샤 안티포프의 행방을 찾아 간호사로 야전병원에서 함께 일하게 되면서다. 서로에 대한 사랑이 서서히 싹트지만 그 감정을 제대로 확인하기도 전에 1917년 혁명이 발발하고 전쟁도 마무리되어 라라는 고향인 우랄의 유리아틴으로, 지바고는 가정이 있는 모스크바로 떠나야 할 때가 다가온다. 라라가 떠나기 일주일 전 마침내 지바고는 라라에게 자신의 감정을 드러내는데, 감정을 애써 억누르는 라라가 다리미로 옷감을 태우는 장면이 압권이다.

이렇게 헤어진 두 사람이 다시 만나는 것은 몇 년이 지나 혁명으로 모스크바에 살기가 힘들어진 지바고의 가족이 아내 토냐의 집안 영지인 우랄의 바리키노로 이주하고 나서다. 우연히도 바리키노 가까이에 라라의 고향인 유리아틴이 있었고 그곳 도서관에서 두 사람은 재회한다. 이제 두 사람은 거스를 수 없는 운명적 사랑에 완전히 몸을 맡기게 되고 지바고는 아내 토냐에 대한 양심의 가책으로 괴로워한다. 어느 날 마침내 지바고는 눈물로 라라에게 이별을 고하고 바리키노로 가지만 가는 길에 이내 후회하고 라라에게로 말을 돌린다. 그러나 이때 가혹한 운명의 손길이 지바고를 라라와 토냐 모두에게서 앗아간다. 의사가 필요했던 적군 빨치산이 라라에게 돌아가는 지바고를 강제로 납치한 것이다.

그로부터 18개월의 시간이 지난 어느 겨울날 지바고는 마침내 빨치산 부대에서 탈영해 천신만고 끝에 유리아틴으로 돌아온다. 둘째 아이를 낳은 토냐는 이미 모스크바로 떠나고 라라만 그곳에 남아 지바고를 기다리고 있었다. 그러나 반가운 해후도 찰나일 뿐 귀족 출신 탈영병이자 사상이 불온한 시인 지바고와 어디 있는지는 모르지만 이제 숙청의 대상이 된 남편을 둔 라라에게 파국의 시간이 빠르게 다가오며 그들을 옥죈다. 파멸이 가까울수록 두 사람의 사랑은 더욱 깊어간다. 원작소설에서는 이 대목을 "파멸이 운명 지워진 두 사람에게 마치 영원의 입김처럼 정열의 입김이 날아들었다"라고 묘사한다. 결국 검거 압박이 목전까지 다가오고 두 사람은 얼마 남지 않은 마지막 시간을 외떨어진 바리키노에서 보내기로 결심한다.

영화 〈닥터 지바고〉의 포스터.
원작과의 차이점을 찾아보는 것도
흥미로운 감상 포인트다.

마지막 시간을 보낼 바리키노를 향해 시베리아 설원을 달리는 두 연인의 밝은 웃음소리가 주는 비극적 여운에 관객들의 가슴이 미어진다.

두 사람의 마지막은 생각보다 훨씬 빨리 다가온다. 겨우 13일이 지난 어느 날 불쑥 코마롭스키가 나타나 라라의 남편이 처형당해 이제 라라의 생명도 위험하니 자기와 함께 극동으로 떠나자고 제안한다. 이에 지바고는 라라를 떠나보내기로 결심한다. 영화에서 뒤따라가겠다는 거짓말을 한 지바고가 설원을 달리는 라라의 마차를 하염없이 바라보는 모습은 라라의 테마 음악과 함께 많은 영화팬의 가슴에 오랜 여운을 남겼다. 지바고는 그때 라라의 뱃속에서 자신의 아이가 자라고 있다는 사실은 전혀 모르고 있었다. 결국 이렇게 헤어진 후 두 사람은 살아서는 다시 만나지 못한다. 영화에서는 약 9년 뒤 혼자 모스크바로 돌아온 지바고가 전차 안에서 길을 걸어가는 라라를 발견하고 급히 전차에서 내리다가 심장발작으로 죽는다(실제 원작에서는 라라가 아니라 플레리라는 노부인이 등장한다).

념을 세대에서 세대로 이어간다.

톨스토이와 도스토옙스키가 《부활》과 《죄와 벌》에서 죄 지은 인간의 영혼을 구원하려 했다면, 체호프는 너무나 지독한 현실에 처한 불행한 인간을 있는 그대로 보듬어주려 했다. 이 위대한 거장들이 사라진 지 거의 반세기가 지나 나타난 보리스 파스테르나크에게 사람들이 열광한 이유는 그가 오랜만에 그것도 스탈린 치하라는 지상 최대의 암흑기에 위대한 러시아 문학의 전통을 잇는 작가였기 때문이다.

그는 우선 체호프의 냉정한 리얼리즘을 이어간다. 1890년에 태어나 1960년에 죽은 파스테르나크는 그야말로 죽음이 만연한 시대를 살았다. 제1차 세계대전, 러시아혁명, 제2차 세계대전 등 인류 역사상 가장 참혹한 시대에 그것도 그 참혹함이 최고조에 달했던 러시아와 소련에 살았다. 그러나 모두가 이 죽음의 현실을 외면하려 할 때 파스테르나크는 체호프처럼 용감하게 이 죽음을 정면에서 바라보았다. 그의 소설 《닥터 지바고》는 체호프의 시대보다 훨씬 더 참혹한 제1차 세계대전과 러시아혁명기라는 죽음의 시대에 던져진 인간들의 서사시였다.

영화 〈닥터 지바고〉와 소설 《닥터 지바고》의 가장 큰 차이점도 바로 여기에 있다. 데이비드 린의 영화는 지바고의 동생 예브그라프가 지바고와 라라의 딸을 찾아 과거를 회상하는 장면에서 시작하지만, 원작소설은 지바고의 어머니 장례식에서 시작하고 곧이어 아버지의 죽음을 소개한다. 그야말로 소설의 서두에서부터 독자들에게 '죽음의 돌직구'를 던지는 것이다. 그 이후로도 작가는 지바고의 장모인 안나, 라라의 남편 안티포프를 비롯해 수많은 등장인물을 죽이고 마침내 주인공 지바고까지 죽여버린다. 마치 체호프의 소설을 그 극단까지 몰고 간 듯하다. 인간의 불행에 대해 냉혹한 리얼리스트였던 체호프가 의사였듯 수많은 죽음 속에서 살아가는 파스테르나크의 주

냉정한 리얼리즘의 세계를 구현하며
인간 구원의 문제를 파고든
보리스 파스테르나크.

인공 지바고도 의사다. 지바고는 파스테르나크 소설의 주인공인 동시에 파스테르나크의 선배 작가인 체호프이기도 한 것이다. 실제로 소설에서 지바고가 의사인 동시에 또 체호프처럼 작가(시인)인 것은 결코 우연이 아니다.

체호프를 닮았지만 그를 뛰어넘는 파스테르나크의 시선

그런데 아이러니컬하게도 바로 이 점이 파스테르나크의 작품세계가 체호프와 갈라지는 지점이다. 체호프가 불행하게 살다 죽어가는 사람들을 작품 밖에서 냉정하게 진단하는 의사였다면, 파스테르나크는 작품 밖에서 진단하는 데 그치지 않고 작품 안에서 이 사람들과 함께 살아가며 동시에 그들을 치유하는 의사다. 파스테르나크는 진단만 하는 체호프를 넘어 죽어가는 사람을 살리려 애쓰는 톨스토이와 도스토옙스키의 세계로 나아가고 있다.

소설에서 '의사' 지바고는 죽어가는 라라의 엄마를 살리면서 처음으로 등장한다. 이후 그는 죽음이 난무하는 제1차 세계대전과 러시아혁명에서 수많은 생명을 살린다. 특히 영화에서는 생략되지만, 적군 빨치산에서 군의관으로 일할 때는 자기 목숨까지 걸고 총상으로 죽어가는 백군 소년병을 몰래 치료해 풀어준다. 지바고가 '생명'을 구하는 사람이라는 점은 '의사라는 직업' 이외에도 그의 이름 '지바고'에서도 강조된다. 러시아 말로 지바고Живаго는 '살아 있는'이라는 뜻의 형용사 '지보이Живой'가 격변화한 것으로 러시아어 성경의 마태복음(16:16)에 나오는 '살아 있는 신의 아들Сын Бога Живаго'이라는 표현에서 따온 것이다.

결국 파스테르나크는 지바고를 통해 "인간의 영혼을 살리기 위해 무고한 고통을 감수한 그리스도의 사랑"을 실현하려 한 것이다. 작가는 "인간의 운명은 사랑과 고통"이라는 말을 거듭 강조한다. 그런데 왜 신도 아닌 인간이 타인의 영혼을 살리기 위해 이토록 고통받아야 하는 것일까? 한마디로 왜 타인의 생명을 사랑해야 할까? 소설에서 지바고는 "타인들 속의 인간이 바로 인간[나-필자]의 영혼입니다"[8]라고 말한다. 달리 말하자면 '나'라는 인간의 정신적 생명인 영혼은 바로 타인이 나를 기억해주는 데서 비롯된다는 뜻이다. 즉 "나에 대한 타인의 기억이 나의 생명"이며 타인을 살리는 것이 곧 나를 살리는 것이다. 따라서 그리스도가 겪은 사랑과 고통은 모든 인간의 피할 수 없는 운명일 수밖에 없다.

또한 라라가 이 소설에서 주인공일 수 있는 이유는 그 육체적 매력에만 있는 것이 아니라 타인의 운명에 대한 그녀의 불가항력적 사랑 때문이다. 라라도 지바고와 마찬가지로 당대의 러시아를 살아가는 모든 인간의 운명을 고스란히 받아들이고 있다. 그녀는 종종 "어째서 나는 이런 운명일까? 모든 것을 볼 수 있고 모든 것에 가슴 아파하니 말이야"라고 말한다. 라라도 타인과 자신의 생명이 기억을 매개로 하나로 연결되어 있음을 직감한다.

생명을 살리는 최선의 길은 '예술'

그런데 생명이 곧 기억이라면 이 기억이라는 생명을 살리는 가장 좋은 방법은 무엇일까? 바로 기억을 구현하는 '예술'이다. 지바고가 시인인 이유가 바로 여기 있다. 시인 지바고는 "인생의 폭풍이 당신을 나한테 밀어다 준 것"이라며 라라를 운명처럼 받아들이고 사랑한다. 그리고 이런 라라에 대한 지바고의 사랑은 무엇보다 '시'를 통해 표현된다. 시를 통해 그녀를 기억하고 그녀를 살리고 동시에 자신을 살리는 것이다. 소설의 끝에서 코마롭스키에게 라라를 떠나보내고 혼자 바리키노에 남은 지바고는 "내 손과 입술이 당신을

8 Б. Л. Пастернак (1990). 《Собрание сочинений В 5-т и томах》. 3권, 69쪽. Москва: Художественная литература (파스테르나크 전집. 이 글에 인용된 부분은 모두 이 전집에서 가져왔다).

기억하는 한 당신은 나와 함께 있는 것이다. 당신의 추억을 우아하고 서글픈 시에 담으리라"라고 말한다. 그리고 소설 《닥터 지바고》의 마지막 부분은 영화와는 달리 지바고가 남긴 25편의 시로 장식된다.

앞서 말했듯 소설의 마지막 장면 역시 영화와는 다르다. 사실 소설에서는 라라가 아니라 제1차 세계대전의 전선에서 지바고와 라라의 사랑을 예견했던 플레리라는 늙은 부인이 길을 걸어간다. 파스테르나크는 라라가 아니라 라라에 대한 기억을 살려주는 제3의 인물을 등장시킨 것이다. '생명=기억=사랑'에 대한 작가의 예술관이 잘 드러나는 장면이다. 그러나 역시 데이비드 린은 명감독임에 분명하다. 소설에서는 말미에 나오는 지바고의 딸과 그의 시집, 즉 지바고에 대한 기억 장면을 영화에서는 맨 앞으로 가져와 가장 중요한 것은 생명에 대한 기억이며 예술이라는 점 역시 제대로 강조했기 때문이다.

인간 파스테르나크, 영웅 혹은 무력한 인텔리?

죽음의 시대에 생명에 대한 사랑을 예술로 승화한 《닥터 지바고》는 1958년 노벨문학상 수상 작품으로 선정되고 당시 68세의 작가 보리스 파스테르나크는 이를 수락한다. 그러나 소련 정부는 이 작품에 반영된 러시아혁명에 대한 비판적 시각 때문에 그를 국가에 대한 배신자로 간주하여 작가동맹에서 축출하고 급기야는 시민권 박탈과 국외 추방을 선고한다. 결국 파스테르나크는 노벨상 수상을 포기하고 흐루쇼프 당시 서기장에게 간청하여 국외 추방만은 면하게 된다. 그러나 2년도 채 지나지 않아 소설의 주인공 지바고와 마찬가지로 갑작스러운 심장발작으로 사망한다. 아무리 힘들어도 조국의 곁을 끝까지 지켰던 지바고처럼 파스테르나크도 자신의 창작 활동을 그리도 탄압했던 조국을 노벨상까지 포기하면서 끝까지 지켜냈다. 그는 진정한 영웅일까, 아니면 거대한 운명의 힘에 희생당한 무력한 인텔리에 불과할까?

작가 파스테르나크와 소설의 주인공 지바고에게는 공통점이 많다. 우선 둘 다 19세기 말 제정 러시아의 쇠망기에 태어나 청년기에 사회주의 혁명을 겪었고 혼란의 와중에서도 굳건히 독자적 세계관을 지켜냈다. 사회주의 혁명의 물결에 휩쓸리지 않으면서도 거기서 결코 도망가지 않고 자기 방식으로 세상의 구원을 꿈꾸었다는 면에서 파스테르나크는 진정한 영웅인지도 모른다.

사실 작가는 자신의 주인공을 통해 위대한 영웅에 대한 꿈을 살짝 내비친다. 주인공의 성姓 '지바고'가 '살아 있는'이라는 형용사에서 온 것이라면 그의 이름 '유리'는 11세기 기독교의 전설적 영웅 '게오르기 혹은 조지' 성자에서 온 것이다. 고대 러시아에서는 게오르기나 조지를 유리라고 발음했는데 유럽의 성화나 문장, 국가의 깃발에 자주 등장하는 '말을 타고 용을 잡는 기사'가 바로 이 성자 게오르기 혹은 유리다. 이교도를 상징하는 용으로부터 공주를 구하고 기독교를 전파한 성자 게오르기는 많은 기독교 국가에서 수호성자로 모셔지고 있다. 러시아도 예외는 아니어서 러시아의 국가 문장에도, 동전에도, 그리고 최고의 훈장에도 게오르기가 그려져 있다.

파스테르나크는 자신의 주인공 유리 지바고를 통해 세상을 구하는 영웅의 꿈을 펼치려 한 것이다. 소설의 끝에 나오는 지바고의 시 중 〈옛날이야기〉는 바로 이 게오르기 성자를 직접적으로 다룬다. "거대한 뱀은 그녀의 팔을 휘감고/목을 친친 감고/이 희생물을 고통을 위한 제물로 받았다//하늘을 우러러보며/말 탄 기사는 도움을 청하고는/싸우기 위해 창을/힘껏 움켜잡았다."

그러나 불행히도 11세기가 아니라 20세기를 사는 파스테르나크가 묘사하는 게오르기의 운명은 그리 단순하지 않다. 죽은 용의 시체를 들고 당당히 입성하는 게오르기의 전설과 달리 지바고의 시에서는 "군마와 용의 시체는/모래 위에 나란히 쓰러졌고/의식을 잃은 기사,/처녀는 기절했다"라고 묘사된다. 용을 잡았는지는 모르지만 지바고의 게오르기는 정작 구해야 할 여인도 자기 자신도 구하지 못한 나약한 영웅이다. 다른 시 〈가을〉에서 "아담한 숲의 나무들이 옷을 벗듯이/그대도 옷을 훌훌 벗어던지고/그때, 비단 술이 달린 잠옷 바람으로/내 팔에 안기려무나"라고 했던 영웅은 실제로는 자신을 사랑한 여인을 구할 능력이 없다. 그래서 지바고의 다른 시 〈봄의 진창〉에서 이 여인은 "지는 해의 불탄 자리/나뭇가지들이 까맣게 엉킨 사이에서/메아리치는 종소리처럼/한 마리 나이팅게일은 피울음을 울었다"라고 그려진다.

이 점에서 닥터 지바고는 사실 셰익스피어의 우유부단한 영웅 햄릿에 더 가깝다. 햄릿은 거대한 운명의 힘에 저항하지만 결국 사랑하는 여인 오필리어도 자기 자신도 지키지 못한 불행한 인텔리다. 지바고가 남긴 25편의 시 가운데 첫 번째 시의 제목이 〈햄릿〉인 것은 그러므로 우연이 아니다. 이 시에서 작가 지바고는 "이 잔을 내게서 거두어주소서/....../하지만...... 길의 끝을 되돌릴 수는 없는 것/홀로 된 나는 온통 바리새인의 위선 속으로 침몰한다"라고 슬퍼한다.

불행했던 파스테르나크의 여인들

우연인지 필연인지 소설 속 지바고의 비극적 운명은 작가 파스테르나크의 실제 삶에서도 그대로 재현된다. 소설 속 지바고에게는 아내 토냐, 애인인 라라 외에도 라라와 헤어진 후 모스크바에서 만난 마리나까지 세 명의 여인이 있었다. 소설 밖 파스테르나크에게도 역시 세 명의 여인이 있었다. 31세에 열렬한 사랑 끝에 미모의 화가 예브게니아와 결혼했으나 10여 년 후 유명 피아니스트의 아내였던 지나이다와 불륜에 빠져 예브게니아를 버린다. 지나이다와 약 17년간 부부로 살다가 56세의 나이에 34세의 여성 편집인 올가를 만나 또다시 금지된 사랑에 빠진다. 바로 이 올가로부터 라라의 영감을 얻어 《닥터 지바고》를 집필하게 된다.

그런데 유감스럽게도 파스테르나크를 열렬히 사랑했던 이 아름다운 여인들은 모두 비극적인 삶을 살아야 했다. 첫 부인 예브게니아는 이혼 후 정신병동을 전전하다 평생 우울증에 시달리며 불행하게 삶을 마감했다. 두 번째 부인 지나이다는 소설 속 지바고의 아내 토냐처럼 남편의 불륜을 감내하며 끝까지 공식적인 아내로 남았지만 남편이 죽은 뒤 작품 출간도 연금 수령도 금지된 상황에서 극심한 가난에 시달리다 중병에 걸려 사망했다. 그리고 파스테르나크가 죽을 때까지 연인으로서 그의 창작을 도왔던 올가는 아마도 세 명 중 가장 비극적인 삶을 살았던 것 같다. 파스테르나크의 애인이라는 이유만으로 스파이 혐의로 체포되어 온갖 고문을 당하다가 결국 유산까지 했고 5년간 감옥살이를 했다. 스탈린 사망 후 풀려난 그녀는 《닥터 지바고》의 완성과 외국에서의 출판을 도왔다. 그러나 파스테르나크가 사망한 후 외국 출판사로부터 원고료를 받았다는 이유로 '밀수'라는 죄를 뒤집어쓰고 다시 4년간 감옥생활을 해야 했다.

거대한 소비에트 권력에 오직 펜 하나로 저항했던 영웅 파스테르나크의 뒤편에는 그를 그토록 사랑했던 아름다운 나이팅게일들의 서글픈 피울음이 있었던 것이다. 소설 속 지바고도, 지바고를 만들어낸 노벨상의 주인공 파스테르나크도 모두 '게오르기'인 동시에 '햄릿'이었다. 지바고와 파스테르나크에 대한 평가는 여러 가지로 엇갈린다. 당대 러시아 최고의 여류 시인이었던 마리나 츠베타예바Marina Tsvetaeva는 "파스테르나크는 행복한 사랑을 할 능력이 없는 남자"라고 평가했다.[9] 여성의 시각에서는 어쩌면 당연한 이야기인지도 모르겠다.

어쨌든 파스테르나크의 삶과 사랑 그리고 그가 그린 소설 속 주인공 지바고는 오늘날을 사는 우리에게도 여전히 인생에 대해 많은 것을 생각하게 한다.

---

9 идия Юдина (2013). “Музы Бориса Пастернака”. 〈http://www.aif.ru/archive/1691218〉.

6

솔제니친이 전하는 인간생존기

소련에서는 1933년 중편소설 《마을》의 작가 이반 부닌Ivan Bunin, 1958년 《닥터 지바고》의 보리스 파스테르나크, 1965년 《고요한 돈강》의 미하일 숄로호프Michail Sholokhov, 1970년 《이반 데니소비치의 하루》의 알렉산드르 솔제니친Aleksandr Solzhenitsyn 등 총 4명이 노벨문학상에 선정되어 도스토옙스키와 톨스토이 등 19세기 러시아 대문호들의 전통을 이었다. 이 가운데 솔제니친은 2014년 세계인의 이목을 집중시킨 우크라이나 사태에 대해 예견한 것으로 알려져 화제가 되기도 했다. 1968년 솔제니친은 "우크라이나 때문에 엄청나게 쓰라린 날이 올 것이다"라고 예견하면서 "광기와 혹독함으로 문제를 해결해서는 안 될 것이다"[10]라고 충고한 바 있다.

---

10 〈http://www.rg.ru/2014/05/16/solzhenitsyn.html〉.

⚜ 이반 데니소비치, 러시아 문학사에서 가장 비참한 주인공

이처럼 미래를 예견하는 직관의 소유자인 솔제니친의 대표작 중 하나가 《이반 데니소비치의 하루》이며, 바로 이 작품이 솔제니친에게 노벨상의 영광을 안겨주었다. 이 작품에서 솔제니친은 수용소에 갇힌 정치범들에 대한 소련 정부의 비인간적 만행을 너무나 사실적으로 고발했고, 결국 소련 당국은 작가의 노벨상 수상식 참여를 금했다. 4년 후인 1974년에는 같은 주제를 다룬 대작 《수용소군도》의 국외 출간을 이유로 작가를 영구 추방해버린다. 솔제니친의 소설은 창작이기 이전에 작가가 직접 경험한 8년간의 강제수용소 생활을 그대로 옮겨놓은 다큐멘터리 같아서 그 폭로 효과가 가히 폭발적이었다.

제2차 세계대전 직후 소련에는 독일군 포로였다는 이유만으로 간첩죄를 뒤집어쓴 수많은 '죄 없는 죄수'들이 양산되었다. 이들은 영문도 모른 채 끌려가 영하 30~40도의 혹독한 추위로 얼굴이 찢기고 입술마저 얼어붙은 상태에서 죽어라고 시베리아의 언 땅에 곡괭이를 휘둘러야 했다. 게다가 정량에 한참 못 미치는 빵과 쐐기풀죽을 차지하기 위해 아귀다툼을 벌이는 사이 영양실조로 이빨은 모두 빠지고 매일같이 반복되는 막사 당번이나 간수들의 폭행으로 심신은 급속도로 병들어갔다. 10년이 넘는 형량을 죽지 않고 끝까지 버티기도 힘들지만 가까스로 버텨낸다 해도 아무런 이유 없이 다시 형량이 추가되었기에 수용소 죄수들은 그야말로 영원한 지옥에 떨어진 것이나 다름없었다.

이 지옥에 갇힌 죄수 중 한 명이 솔제니친의 주인공 '이반 데니소비치 슈호프'(이하 '슈호프')다. 한마디로 러시아 문학사상 가장 비참한 상황에 놓인 주인공이다. '닥터 지바고'의 세계에는 죽음이 난무했음에도 불구하고 비록 가끔이지만 아름다운 여인과의 사랑도, 아름다운 설경에 대한 감상도, 아름다운 시에 대한 찬미도 가능했다. 그러나 슈호프의 세계에서는 그 어떤 것도 꿈조차 꿀 수 없는 호사였다. 이 세계에서 가장 아름다운 순간은 "강제노역을 마친 저녁, 가장 춥고 배고플 때 목을 타고 들어온 뜨뜻한 맹물 양배춧국을 오장육부가 요동을 치며 반길 때"이다. 어떤 고상한 사랑이나 자유 혹은 예술이라 해도 줄 수 없는 최고 환희의 순간이다. 주인공은 "이 순간이 전 생애보다, 앞으로의 모든 삶보다 더 소중하게 느껴지며, 바로 이 순간을 위해 산다고 말하면서 이제 자신이 출소, 즉 자유를 바라고 있는 것인지도 의심하기"에 이른다. 한마디로 오직 동물적인 생존본능만이 남아 있는 세계다.

이 동물의 세계에서 살아남는 유일한 방법은 자신 역시 철저히 동물이 되는 것이다. 그 첫 번째 방법은 '생각하지 않기'다. 슈호프는 신참 킬리가스에게 "발밑만 보고 걸어 다니란 말이지. 어떻게 이곳에 들어왔는지, 어떻게 이곳을 나갈 것인지 하는 생각을 할 시간이 없을 테니 말이야"라고 충고한다. 두 번째 방법은 '토끼 되기'다. 평소보다 긴 위병소 점호로 귀대가 늦어져 식사, 소포 수납 등 모든 줄에 뒤처지게 된 것에 의기소침해하던 주인공의 작업반은 자신들보다 더 늦은 작업반을 발견하고 이들을 확실히 제치기 위해 단체경주를 시작한다. 경주에서 이긴 후 좋아하는 자신과 동료들을 보고 주인공은 마치 "토끼들이 자기한테 놀라는 개구리들을 보고 좋아하는 것 같다"라고 술회한다.

그런데 주인공 슈호프는 이 비참한 '동물의 왕국'에서조차 극히 미미한 동물이다. 8년간의 수용소 생활로 이빨도 반이나 빠지고 머리숱도 얼마 안 남았으며 식사 당번이 보복 걱정 없이 마음껏 때릴 만큼 몸도 약할뿐더러 든든한 배경은 고사하고 집에서 소포 한 번 오지 않는다. 수용소에서 살아남기 위해 침대 커버 안감을 이용해 장갑을 만들어 팔거나 동료 죄수의 소포

러시아 문학사상 가장 비참한 주인공을 통해
역설적으로 인간의 품격을 이야기한 솔제니친.

를 대신 받아주거나 식당의 빈 그릇을 치워준다거나 여차하면 식사 당번을 속여 국을 더 받아먹는 게 고작이다. 한마디로 솔제니친은 러시아 문학 사상 가장 극한 상황에 놓인 가장 보잘것없는 인간의 이야기를 하고 있는 것이다.

솔제니친 문학의 반전

그런데 바로 여기에서 솔제니친 문학의 반전이 시작된다. 만약 그의 선배 작가 파스테르나크였다면 죄수 중에서 영화감독인 인텔리 체자리를 주인공으로 삼아 예술을 통한 구원의 가능성을 이야기했을 것이고 도스토옙스키라면 죄수 중에서 카라마조프가의 형제들 중 막내와 똑같은 이름과 성격을 가진 알료샤를 주인공으로 삼아 종교적 구원을 이야기했을 것이다. 그러나 솔제니친의 수용소에는 인텔리 체자리도 독실한 기독교인 알료샤도 모두 보잘것없는 이반 데니소비치의 도움이 없으면 안 되는 부적응자일 뿐이다. 유감스럽게도 그들은 독자에게 그 어떤 구원의 파토스pathos도 전해주지 못한다.

그렇다고 솔제니친이 체호프처럼 강력한 절망의 파토스를 전하는 것도 아니다. 체호프라면 여전히 희망의 끝자락을 버리지 못하고 있는 불행한 주인공을 선택하여 그에게 '돌아갈 길 없는 절망의 경험', '가장 불행한 날'을 선사하면서 독자의 마음을 후벼 팠을 것이다. 그러나 솔제니친은 불행한 주인공의 끝없이 반복되는 불행한 나날들 중 가장 불행한 날이 아니라 '가장 행복한 날', 적어도 '거의 행복한 날'을 묘사한다. 구원의 파토스든 절망의 파토스든 위대한 러시아 문학의 대가들이 전매특허로 사용하던 강력한 파토스를 솔제니친은 과감히 버린다. 대신 너무나 담담하여 마치 감정 없는 동물과 같은 목소리로 가장 불행하고 보잘것없는 슈호프의 비루한 하루를 전혀 불행하지 않게 묘사한다. 그런데 어쩌면 이것이 '동물우리'와도 같은 시베리아 강제수용소의 수형 생활을 묘사하는 데 가장 적합한 방법일지 모른다.

솔제니친은 동물우리 같은 수용소에서도 가장 비루한 존재인 슈호프가 그럼에도 불구하고 인간으로 살아남는 방법을 조용히 보여준다. 결국 솔제니친은 자신만의 방법으로 위대한 러시아 문학의 전통을 이어가는 셈이다. 과연 슈호프는 어떻게 이 동물우리와 같은 시베리아 강제수용소에서 '인간'으로서 살아남을 수 있었을까?

'동물우리'에서 '인간'으로 살아남는 법

그중 최고의 비결은 역시 '철저한 현실주의'다. 우선은 '생존'해야 무언가를 추구하든 말든 할 수 있기 때문이다. 생존하기 위해 자기가 할 수 있는 것과 할 수 없는 것 그리고 해서는 안 되는 것을 냉정하게 판단해야 한다. 한마디로 '정글의 법칙'을 지켜야 한다. 공산주의 신념에 투철한 원칙주의자인 전직 해군 중령 부이놉스키는 강제수용소에서는 신참이다. 그는 시베리아의 추위가 극에 달하는 새벽, 간수들이 야외점호에서 속옷 검사를 위해 죄수들의 옷을 벗기는 반인간적 행위에 반발한다. 형법 조항을 들먹이며 간수의 월권행위를 지적하는 것을 넘어 "소비에트의 시민, 공산주의자로서 기본이 안 되어 있다"라는 비판까지 서슴지 않는다. 덕분에 그는 '중영창 열흘' 선고를 받는데, 시베리아 강제수용소에서 이 선고는 거의 죽음을 의미하는 것이다. 인간의 기본적 권리를 주장하는 그의 말이 백번 옳지만 그는 자기가 할 수 없는 일을 분별하지 못한 것이다. 슈호프에게는 그저 신참의 어리석은 행위로 보일 뿐이다.

일견 이것은 정신적 인간만을 주로 다루던 러시아 문학의 일대 전환으로 보인다. 그러나 정글의 법칙이 반드시 반인간적인 것이라고는 할 수 없다. 생존의 논리에 노골적인 정글이 인간사회보다 오히려 인간적일 때도 있다. 생존을 위한 것이긴 하지만 동물들이 서로에게 지키는 최소한의 의리가 좋은 예다. 거의 무한에 가까운 바다에서 수컷 돌고래가 짝짓기를 위해 암컷을 따라잡는 것은 불가능하기에 수컷들은 두세 마리가 공조하여 암컷 한 마리를 포위한 다음 수컷 한 마리가 짝짓기를 하고 나머지는 지켜만 본다. 그리고 다시 함께 다른 암컷을 포위하고 나머지 수컷이 짝짓기를 한다. 그런데 자기만 짝짓기를 하고 얌체처럼 떠나버리는 수컷이 가끔 있다. 다른 수컷들은 다음 짝짓기 시즌에 이 수컷이 암컷몰이에 가담하게 하지만 이 수컷에게 순서가 오면 도와주지 않고 다들 떠나버린다. 최소한의 의리는 동물이나 인간 모두에게 생존의 기본 원리이며, 강제수용소에서는 더욱 그렇다.

강제수용소 생활 12년차의 베테랑 죄수 쿠죠민은 슈호프에게 수용소에서 살아남기 위해 꼭 지켜야 할 원칙을 말해준다. "남의 빈 그릇을 핥거나 매일 의무실 갈 궁리를 하거나 정보부원에게 고자질하는 놈은 수용소에서 죽는다"라는 것이다. 한마디로 혼자 살아남기 위해 다른 죄수들이야 어떻게 되든 상관하지 않고 무슨 짓이든 하는 놈은 결국 제일 먼저 죽는다는 원칙이다.

슈호프는 요령껏 자기 죽그릇을 하나 더 챙기기는 해도 작업반 반장이 반원들의 노동량을 줄이기 위해 간수와 협상하는 동안 그의 죽그릇을 대신 받아서 끝까지 지킨다. 또한 요령 없는 전직 영화감독 체자리가 풍성한 음식 소포를 침대 위에 널어놓고 갑작스러운 야외점호를 당해 모두 도난당할 위험에 처했을 때 기지를 발휘해 그것을 지켜준다. 그 덕분에 얻은 비스킷을 역시 요령 없이 착하기만 한 어린 기독교인 알료샤에게 건네준다. 요령은 최고지만 그렇다고 의리에 어긋나는 일은 절대 하지 않으며 가끔 여분의 의리까지 베풀 줄 안다. 이 의리는 슈호프가 동물우리 같은 수용소에서 동물로도 인간으로도 살아갈 수 있게 하는 최소한의 필요조건인 것이다.

최소한의 품위를 지키기 위한 규율

그러나 솔제니친의 주인공은 여기에 그치지 않는다. 그에게는 소박하지만 스스로 그어놓은 인간적인 경계선이 있다. 어떤 일이 있어도 결코 이 선을 넘지 않는다. 우선 밥을 먹을 때는 아무리 추워도 반드시 모자를 벗고 먹고, 수프에 나오는 생선의 눈알은 제자리에 붙어 있을 때만 먹고 수프 국물에 떠다니면 먹지 않는다. 또한 아무리 담배꽁초를 얻어 피우고 싶더라도 담배를 피우고 있는 사람의 얼굴을 똑바로 쳐다보지 않고, 대신 줄을 서서 받은 소포를 전해준 다음 저녁 휴식 시간에 소포를 열어 감상하고 있는 사람에게 "소포를 받았군요?"라고 구차하게 말하지 않는다.

정말 소박하기 그지없는 목록이지만 밥알 하나가 소중한 수용소 생활에서 슈호프는 최소한의 인간적 품위를 지키기 위해 정말 큰 것을 매일 희생하는 셈이다. 이것은 슈호프가 유일하게 자신을 위해 '선택해서 할 수 있는 일'이다. 심지어 감옥생활에서 가장 흔한 '뇌물 주기'는 그가 수감생활 이전 고향에 살 때부터 싫어하던 일이기 때문에 절대 하지 않는다. 그리고 그의 이런 원칙은 결국 동료 죄수들의 정신적 인정뿐 아니라 물질적 보상까지 받게 된다. 물질적 보상이라야 죽 한 그릇, 담배꽁초 하나, 소시지 한 토막, 비스킷 몇 조각이지만 이것이야말로 슈호프에게는 인간생존의 소중한 표시다.

하지만 슈호프가 수용소에서도 인간으로 살아남는 가장 큰 원동력은 따로 있는데, 바로 벽돌 쌓기다. 시베리아의 혹독한 기후에서 야외 강제노동은 죄수들이 가장 싫어하는 일이다. 슈호프의 작업반에는 혹독한 추위 속에서 고장 난 중앙난방장치를 수리하기 위해 벽돌담을 둘러쌓는 작업이 부과되었다. 사실 이 벽돌담은 다시 불필요해질 수도 있고 누구도 그 품질에 신경을 쓰지 않는 사실상 쓸모없는 작업이다. 죄수들 대부분이 어떻게 하면 대충 벽돌을 쌓는 척하면서 요령껏 시간을 때울까 하는 고민만 한다.

그러나 슈호프는 다르다. 전직 목수였던 그는 이 벽돌 쌓기에 그야말로 도취된다. 심지어 작업 시간이 지났는데도 자기 마음에 들지 않는 곳을 발견하고는 엄청난 처벌의 위험을 감수하면서 끝까지 고쳐놓는다. 그제야 서둘러 뛰어 철수하다 또다시 걸음을 멈추고 돌아서서 마지막으로 자신의 작품을 감상하며 말한다. "괜찮네!" 이 순간 그는 세상 어떤 사람보다도 행복하다. 그리고 이 장면은 어쩌면 이 작품의 최고 압권인지도 모르겠다.

도취의 순간이 주는 희열

어떤 악조건이라도 그것을 잠시 잊고 인간으로서 살아가도록 해주는 것, 그것은 바로 자기가 가장 잘하고 좋아하는 일을 하는 이 도취의 순간이다. 이탈리아 태생의 유대인 작가 프리모 레비가 1947년 아우슈비츠 수용소 경험을 책으로 펴낸 《이것이 인간인가》에도 비슷한 대목이 나온다. 역시 죄수인 주인공은 무시무시한 수형생활의 와중에도 기억을 되살려 단테의 시구 앞뒤 행들을 연결시킬 수만 있다면 "오늘 먹을 죽을 포기할 수도 있다"라고 말한다. 군인수용소를 다룬 영화 〈라스트 캐슬〉(2001)에서 로버트 레드포드가 죄수 병사들을 하나로 모을 수 있었던 것도 바로 교도소 한가운데 있는 벽돌성을 다시 쌓기 시작하면서였다. 자기가 흠뻑 빠질 수 있는 일을 하면서 느끼는 희열이야말로 인간생존의 최고 단계가 아닐까 싶다.

동물적 현실주의, 최소한의 의리, 최소한의 품격, 그리고 자신이 가장 좋아하는 일에 대한 도취. 슈호프가 시베리아 강제수용소에서 인간으로 남을 수 있었던 이 네 가지 조건은 지금 우리의 '하루'에도 그대로 적용될 수 있을 것 같다.

:: 5부 ::

러시아를 만든 리더들

zoom in 러시아 '리더'

거대한 국가를 다스리는 합리적 방법은 무엇일까? 이는 러시아 역사를 이해하는 데 아주 중요한 화두다. 강력한 중앙집권제와 민주적인 지방분권제 중 러시아는 전자를 선택했다. 1부 말미에서 그 문화사적 원인을 살펴보았다면 5부에서는 실제로 방대한 러시아 땅을 호령했던 전제권력자들을 살펴본다.

먼저 유럽 최악의 전제군주이자 이후 러시아 전제권력의 아이콘으로 불리는 16세기 러시아 최초의 차르 이반 뇌제와 그의 비극적 삶을 들여다본다. 다음으로 이반 뇌제보다 더 강한 무소불위의 권력을 행사했지만 독재자 이미지보다는 개혁가 이미지로 알려진 로마노프 왕조의 4대 왕 표트르 대제를 이야기한다. 이와 함께 그가 펼친 유럽식 개혁의 결정판으로서 유럽에서 가장 아름다운 도시로 꼽히는 상트페테르부르크에 대해서도 알아본다. 한편 표트르 대제 이후 18세기 러시아를 호령했던 여성 황제들이 남성 군주들보다 더 실속 있는 개혁과 발전을 이루어냈고 이러한 러시아 특유의 우먼파워가 현재까지 이어지고 있음을 실제 통계로 밝혀본다. 이어 세계사의 흐름을 바꾼 사회주의 혁명의 주역 레닌의 성공 비결을 분석해보고 그의 후계자 스탈린이 어떻게 레닌의 권력을 찬탈했는지도 살펴본다. 마지막으로 장기 집권을 통해 현재 러시아의 운명을 이끌고 있는 블라디미르 푸틴 대통령에 대해서 이야기한다. 독재권력으로서 푸틴의 이미지는 다소 과장되고 러시아에 대한 부정적 시각에 의해 더욱 부정적으로 증폭되고 있는 감이 없지 않다. 여기서는 객관성을 유지하되 보다 러시아적인 시각에서 푸틴의 삶과 정치적 행보에 접근하여 약간의 시력 교정을 시도한다.

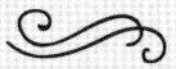

1

러시아와 이반 뇌제 혹은 러시아와 푸틴

러시아 왕조의 역사가 바이킹의 위탁 경영으로 시작되었다면, 외국인에게 나라의 통치를 맡긴 러시아인들의 운명은 이후 어떻게 전개되었을까? 이 문제에 대한 답을 줄 수 있는, 러시아 역사뿐 아니라 세계사에서도 그 유례를 찾기 힘든 스캔들의 주인공이 있다.

헨리 8세를 능가하는 스캔들리스트

유럽 역사상 최고의 문제적 인물 중 하나로 영국의 헨리 8세를 꼽곤 한다. 재혼을 위해 로마 가톨릭을 버리고 영국성공회를 만들었으며 이에 반대하는 무수한 가톨릭 신자들을 처형했고 6명의 아내를 취했으며 그중 2명을 도끼로 처형한 폭군이다. 그런데 이 헨리 8세가 죽은 1547년 바로 그해 러시아에서, 그를 훨씬 능가하는 문제적 인물이 왕좌에 등극한다. 그는 헨리 8세보다 1명 더 많은 7명의 아내를 가졌고 그중 첫째 부인 외에는 모두 감금형과 사형에 처했으며 폭정에 항거하는 정교 교회 수장까지 처형했다. 말년에는 마치 보란 듯이 헨리 8세의 딸, 그 유명한 엘리자베스 여왕에게 청혼했다. 물론 거절당했지만 덕분에 유럽에서는 그의 이름이 더욱더 널리 알려졌다. 그 사람은 바로 이반 뇌제雷帝, 영어로는 Ivan the Terrible이다. '테러블'이라는 별칭이 붙은 것만 봐도 그에 대한 유럽인들의 인상이 어떠했는지 알 수 있다.

러시아 최고의 리얼리즘 화가로 꼽히는 일리야 레핀Ilya Repin이 19세기 후반에 그린 그림에서 이반 뇌제는 머리에 피를 흘리며 죽어가는 황태자를 안고 통곡한다. 자식을 잃은 아비의 비통함이 실감나게 묘사된다. 그런데 황태자를 죽인 자는 과연 누구일까? 바로 이반 뇌제 자신이다. 그림의 전면에 묘사된 지팡이로 방금 자식의 머리를 내리쳤던 것이다.

이유는 너무나 사소했다. 임신한 황태자비의 옷매무새에 대해 잔소리를 좀 했더니 아들인 황태자가 제 아내의 편을 들었기 때문이다. 순간의 화를 참지 못한 대가로 이반 뇌제는 황태자를 잃었고, 류리크 왕조는 왕손을 잃었으며, 어이없게도 이는 러시아의 첫 번째 왕조인 류리크 왕조의 멸망으로 이어졌다.

그림 속 이반 뇌제의 얼굴을 보면서 그의 나이를 한번 추정해보자. 일흔이 훨씬 넘어 보이는 모습이다. 하지만 실제로는 이제 막 쉰을 넘겼을 뿐이다. 광기를 드러내기 시작한 30대 중반부터 이반 뇌제는 외모가 60대 노인처럼 변해갔고 황태자가 죽고 3년 뒤 온몸이 썩어가는 병에 걸려 서서히 죽어갔다고 전해진다.

대학살의 주인공이자 '러시아 번성기'를 이룩한 차르

한 역사학자는 이반 뇌제가 10년간 살해한 사람의 숫자가 150년 동안 스페인 종교재판에 의해 죽은 사람보다 많았다고 주장한다. 류리크 왕조의 최초

일리야 레핀.
〈이반 뇌제와 그의 아들 이반, 1581년 11월 16일〉.
1885년.
트레티야코프 미술관.

수도 노브고로드Novgorod[1]가 폴란드와 밀통했다는 명목으로 6주 동안 이 도시 사람 2만 7,000명을 잔혹하게 살해했다. 지금도 이 도시에는 그 참혹한 사건을 기억하는 표식이 곳곳에 남아 있다. 이 도시의 강에 흐르는 피를 보고 놀라 교회 지붕 위에서 얼어붙어 돌이 된 새가 있는가 하면, 1862년에 세워진 러시아 탄생 천년 기념상에는 역대 모든 러시아 왕들이 다 모여 있지만 유독 이반 뇌제만 빠져 있다. 이반 뇌제 치하에서 모스크바의 인구 3분의 1이 감소하고 러시아 전체 인구는 4분의 1이 감소했다. 이 과정에서 당시 러시아의 주축을 이루던 대토지 귀족 보야르boyar 33개 가문 중 절반이 멸족하고 17개 가문만 살아남았다. 이 모든 만행을 도맡았던 차르 이반의 친위기병들을 오프리치니크Oprichnik라고 불렀다. 그들은 검은 망토를 걸치고 실제 개머리와 빗자루를 달고 다녔다. 개머리는 이반 뇌제에 대한 절대 충성을, 빗자루는 반역자 일소를 의미했다. 더욱 무시무시한 것은 친위대의 임무가 끝나자 이반 뇌제는 이들마저 몰살했다는 사실이다. 결국 바이킹 자손에 의해 러시아 사람들은 거의 멸종 위기까지 이르렀던 셈이다. 역사의 아이러니가 아닐 수 없다.

그러나 러시아 역사의 아이러니는 여기서 끝나지 않는다. 의외로 이 잔혹한 전제군주의 시대가 류리크 왕조 사상 가장 번성한 시대였다. 사실 이반 뇌제는 위기의 순간에 등장한 국가의 영웅이었다. 16세기 중반 러시아는 동서 양쪽에서 위협을 받아 국가가 풍전등화의 위기에 처해 있었다. 서쪽으로는 스웨덴, 한자동맹, 폴란드, 리보니아(지금의 에스토니아와 리투아니아) 등이 러시아의 유일한 해상 수로인 발트해를 장악한 데 이어, 러시아 본토까지 넘보고 있었다. 동쪽에는 비록 1480년 러시아에 독립을 허용했으나 호시탐탐

---

1 러시아 서부, 상트페테르부르크 동남쪽에 위치한 도시.

재정복을 노리는 몽골이 있었다. 내적으로는 왕의 친인척들의 섭정과 권력 다툼으로 왕권이 쇠약해질 대로 쇠약해진 상황이었다. 이반은 이 자멸의 위기를 엄청난 기회로 바꾼 영웅이었다.

우선 러시아에 인접한 몽골 속국들을 차례로 정복했다. 그 결과 카스피해 연안과 볼가강이 완전히 러시아 영토가 되었다. 러시아 건축의 상징인 모스크바 붉은광장의 바실리 성당은 이반 뇌제가 타타르스탄의 수도 카잔을 탈환한 기념으로 세운 것이다. 이뿐 아니라 러시아 최초로 시베리아 정복에 성공한 것도 이반 뇌제의 업적이다. 한마디로 지금의 광대한 러시아 영토는 바로 이반 뇌제가 있어 가능했던 것이다. 서쪽의 적인 리보니아, 폴란드, 스웨덴과도 대등한 수준의 전쟁을 벌였다.

또한 지금 우리가 알고 있는 러시아의 '차르'라는 칭호도 바로 이반 뇌제가 처음 사용한 것이다. 차르는 로마 황제 '케사르'를 지칭하는 말로, 한마디로 러시아 왕은 로마 황제와 동급이라는 의미였다.

전제정치는 러시아의 운명?

안정과 번영을 원했던 러시아인들에게 그 안정과 번영은 항상 혹독한 전제정치와 함께 왔다. 이반 뇌제 이후 이반 뇌제를 최초로 예술적으로 형상화한 것이 앞서 본 레핀의 그림이다. 16세기 주인공을 19세기에 다시 그린 이유는 레핀이 살던 시기 곧 러시아의 두 번째 왕조인 로마노프 왕조의 말기가 꼭 이반 뇌제 통치기와 같음을 비판하기 위해서였다.

그런데 로마노프 왕조도 바로 이때 세계 공업 생산량 1위를 구가하고 있었다. 그리고 1937~1938년 러시아 인구 약 300만 명을 희생시킨 스탈린 대숙청 시기에도 그랬다. 2011년 푸틴은 한 TV 프로그램의 공개방송에서 스탈린 시대의 부정적 측면에도 불구하고 러시아를 군사 및 공업 대국으로 발전

모스크바 붉은광장에 있는 바실리 성당.
이반 뇌제가 카잔을 탈환한 기념으로
세운 것이다.
1555~1561년.

시키고 제2차 세계대전에서도 승리하여 세계 최강국으로 발돋움시킨 업적은 높이 평가해야 한다고 주장했다. 바로 이 스탈린 시대에 이반 뇌제는 처음으로 영화화되었다. 당시 스탈린은 이반 뇌제라는 인물에게 완전히 매료되어 당대의 세계적인 영화감독 세르게이 에이젠슈테인에게 영화화를 명령했다.

그 후 사회주의가 붕괴되고 계속되는 무질서와 혼란 속에 혜성같이 등장한 푸틴의 시대에 이반 뇌제는 다시금 영화화된다. 사실상 알코올 중독자였던 옐친에게 지쳐가던 러시아 사람들은 새로운 스탈린을 기다렸고 푸틴이 등장하자 역시 러시아에는 강력한 전제정치가 최고의 통치법이라고 입을 모았다. 그리고 석유와 가스 등 자원경제 활황에 힘입어 러시아는 다시 세계 제3위 외환 보유국으로 성장했다. 2011년 이반 뇌제를 영화화한 어느 감독은 한 인터뷰에서 "오늘날 푸틴은 이반 뇌제처럼 (러시아에서) 무엇이 옳고 무엇이 틀린가를 결정한다"라고 말했다.

푸틴 집권 이후에도 수많은 러시아인이 죽음을 당했다. 우선 체첸 반군에 의한 인질극에서 많은 희생자가 발생했는데 2004년 베슬란의 학교 인질극에서는 마구잡이식 인질구출 작전으로 334명이 죽었고, 2002년 모스크바 뮤지컬 극장 인질극에서는 129명이 희생되었다. 2000년에는 바렌츠해에서 어뢰 부품 폭발로 침몰한 쿠르스크호에 대한 적절하고 신속한 대응 부재로 118명의 수병이 전원 수장되었다

그리고 2차 체첸전쟁 발발로 33만 명의 러시아 젊은이들이 전사했다. 푸틴의 전제정치를 비판하던 러시아 기자들이 차례로 사라졌고 2011년 프리덤하우스Feedom House[2]는 러시아를 아프리카 알제리, 중동 이라크 다음으로 언론인들에게 세계에서 가장 위험한 나라로 지목했다.

러시아와 이반 뇌제의 운명적 결합이 오늘날의 러시아에서도 반복되고 있

는 것일까? 러시아 사람들은 애초 바이킹에게 위탁 통치를 청하지 말았어야 했던 것일까? 적어도 푸틴은 전제정치는 러시아의 필연적 운명이라고 주장하는 듯하다. 2011년 8월 8일자 《데일리 익스프레스》에는 근육질의 상체를 과시하며 말을 타고 있는 푸틴 총리의 사진과 함께 "러시아는 언제나 전제국가였다. 한 사람의 강력한 지도자에 의한 통치는 러시아에서는 규범이다. 푸틴 자신도 이를 시인한다"라는 내용의 기사가 실렸다.

2 프리덤하우스는 워싱턴 D.C.에 위치한 비정부기구로 민주주의, 정치적 자유, 인권을 위한 활동을 하며 언론 자유에 대한 보고서를 정기적으로 발표한다.

2

위대한 개혁가, 표트르 대제

지금으로부터 약 300년 전 러시아에는 그 이후로도 그 이전에도 상상하지 못했던 천지개벽의 개혁이 일어난 적이 있었다. 개혁의 주인공은 러시아 역사상 가장 중요한 인물이라고 누구나 인정하는 표트르 대제Pyotr I다.

많은 역사학자가 러시아의 역사는 크게 표트르 대제 이전과 이후로 나뉜다고 말한다. 그만큼 표트르 대제에 의한 개혁이 러시아 역사에 미친 영향은 실로 지대하다. 19세기 러시아의 역사학자 포고진M. Pogodin은 한 평범한 러시아 귀족의 하루[3]를 예로 들어 표트르의 개혁이 러시아인의 삶 전체에 미친 영향을 설명하기도 했다.

3 Балязин В. Н. (2009). 《Неофициальная теория истории России. Петр Великий》. Москва: ОЛМА Медиа Групп.

표트르 대제 이전 러시아 차르의 일상

위대한 개혁을 이끈 표트르 대제는 어떤 인물이었을까? 잠시 표트르 대제 이전의 러시아 차르의 일과를 들여다보자.

정교 국가였던 러시아의 차르는 새벽 4시에 기상하여 기도로 하루를 시작했다. 이후 신하들의 보고를 받은 후 오전 9시에 다시 교회로 가서 예배를 드렸다. 그러고는 낮 12시에 오찬을 했는데, 보통 70가지 이상의 요리가 제공되었고 2시간은 기본일 정도로 아주 오랜 시간 동안 풍족한 양의 식사를 했다. 축일에는 이보다 더 오래 걸렸다. 긴 오찬이 끝나고 나면 공식적인 업무도 없었다. 식사가 끝나면 약 3시간 동안 낮잠을 푹 자고, 잠이 깨면 다시 교회로 가서 기도를 올리고 그 후에는 여러 가지 여흥과 오락을 즐기다가 이른 저녁식사를 한 다음 일찌감치 잠자리에 들었다. 한마디로 표트르 대제 이전의 황제들에게 국정이란 오전에만 잠깐 보면 되는 아주 한가로운 일정이었다.

그런데 이런 라이프스타일은 귀족이나 평민들에게도 적용되어 당시 러시아에서는 차르는 물론이고 전 국민이 특별한 경우가 아니면 일하기보다는 잠자기를 즐겼다. 가끔씩 외국 사절이라도 방문하면, 차르는 이러한 한가한 일상을 깬다는 이유로 매우 귀찮게 여겼다. 특히 서구의 학문은 사악한 마법이고 그 교육을 받은 사람은 이교도 마법사라고 생각했기 때문에 서유럽의 사절을 영접한 후에는 러시아 정교를 더럽히지 않기 위해 반드시 손을 씻었다.

표트르 대제는 이토록 편안한 황제의 일상을 스스로 포기했다. 오히려 "나는 차르지만 내 손에는 굳은살이 박이지 않는 날이 없다"라고 자랑하길 좋아했다. 푸시킨은 이런 표트르 대제에 대해 "그는 왕좌에 앉은 영원한 일꾼이었다"라고 표현했다.

표트르 대제가 바꾼 러시아 귀족의 하루[4]

기상부터 출근까지 | 1841년 1월 1일 아침, 귀족 A가 잠자리에서 일어난다. 그런데 표트르 대제의 개혁 이전이라면 이날은 1841년 1월 1일이 아니라 7349년 5월 1일이었다. 왜냐하면 러시아에서는 율리우스력이 아니라 마치 우리나라 단기처럼 고유한 민족 달력이 있었기 때문이다. 이 달력은 예수가 탄생한 시점이 아니라 신이 천지를 창조한 해를 기점으로 만들어져 율리우스력보다 5,508년이 앞섰고 러시아의 1월은 유럽의 9월이었다. 유럽식 개혁을 추진했던 표트르 대제로서는 이 달력부터 고치지 않을 수 없었다.

표트르 대제 덕분에 유럽과 같은 1월에 신년을 맞이한 A는 거울을 보며 면도를 시작한다. 그런데 이 거울이 러시아에 등장한 것도 표트르 대제의 명령으로 거울공장이 만들어졌기 때문이다. 또한 면도라는 행위 자체가 표트르의 이른바 '단모령'에서 시작되었다. 예로부터 러시아 귀족들은 긴 턱수염을 명예와 신앙의 상징으로 여겼고 심지어 천국행 티켓으로 생각하는 사람까지 있었다. 그러나 표트르는 긴 턱수염을 자르라 명했고 어기는 사람에게는 벌금을 부과했다. 좀 더 확실한 시행을 위해 황제가 몸소 가위를 들고 나이 든 고참 귀족의 턱수염을 자르고 다녀 전 유럽에 화제가 되기도 했다.

면도를 끝낸 A는 이제 신년 첫 출근을 위해 소매가 손목까지만 오고 팔

---

4 포고진의 책 내용에 필자의 상상을 조금 가미해 소개한다.

1698년 9월 5일 발표된 단모령에 따라 한 귀족의 수염을 강제로 깎는 장면을 묘사한 그림.
자료: 〈http://northural.ru〉.

에 짝 달라붙는 상의와 걷기 편한 멋진 바지를 입었다. 하지만 개혁 이전의 러시아에서는 바지라는 게 아예 없었다. 관리는 손보다 더 길게 늘어진 소매가 달리고 온몸을 무겁게 덮어 걸음을 옮기기도 불편한 두루마리형 의관을 해야 했다. 더욱 놀랍게도 A의 멋진 옷의 재료인 공단도 표트르 대제의 명으로 만든 공장에서 생산되었을 뿐 아니라 장식용 양모를 제공한 양들도 표트르의 명에 따라 러시아에서 키우기 시작했다.

의관을 정제한 A는 간단한 아침식사와 함께 신문을 읽기 시작한다. 그런데 식사로 제공된 저린 청어와 감자도, 읽고 있는 신문도 모두 표트르 대제에 의해 도입된 것일 뿐 아니라 신문과 책자를 가득 메운 글자들은 표트르 대제가 직접 참여한 철자 개혁에 의해 만들어진 것이다.

1703년 1월 2일에 발행된 러시아 최초의 신문 《베도모스티》(왼쪽)와
1710년 1월 29일 표트르 대제가 직접 참여하여
보다 사용이 쉽도록 개혁하여 공표한 알파벳(오른쪽).
자료: 〈http://officer.ucoz.ru〉.

식사를 끝낸 A는 서둘러 소속 관청으로 출근한다. 그가 속한 공직의 관등도 표트르 대제가 14관등으로 체계를 갖추어나간 것이었고 가슴에 단 훈장도, 목에 건 메달도 표트르 대제에 의해 처음으로 러시아에 도입된 것이다. 이전에는 황제가 훈장이나 메달 대신 황금술잔을 하사했다. 백작이니 공작이니 하는 귀족 작위도 러시아에서는 표트르 대제가 처음으로 부여했다. A는 외무부 소속 관리였는데, 외무부를 포함한 12개 부처를 만든 것도 표트르 대제다. 그가 이를 위해 특별히 만든 '12부 건물'은 지금도 옛 수도 상트페테르부르크에 그대로 남아 있다.

늦은 오후, A는 빨리 퇴근시간이 되기만을 기다리며 연신 시계를 본다. 숫자로 된 시계 역시 표트르 대제에 의해 도입된 것이다. 그 이전 러시아의 시계는 조선시대의 '자축인묘'처럼 숫자가 아니라 복잡한 글자로 시간을 표시했었다.

퇴근 이후부터 잠자리까지 | 드디어 퇴근시간이 되었다. 오늘은 새해 첫날이라 지인으로부터 파티 초대를 받았다. 이 파티라는 것도 표트르 대제가 유럽 문화를 알아야 한다면서 강제로 시행했다. 표트르 대제는 이 파티 문화를 정착시키기 위해 몇 가지 재밌는 규칙을 만들었다. 예를 들어 파티에 늦게 온 사람이나 분위기를 재미없게 만드는 사람에게 벌주로 이른바 원샷 잔을 들게 했다. 또한 부부동반으로 참석하면서 반드시 딸도 데려가야 하는 법도 만들었다. 덕분에 러시아 여성들이 러시아 역사상 처음으로 외간 남자들과 손을 잡고 춤출 수 있게 되었다. 당시 귀족 여성들이 처음으로 가슴이 드러나는 복장을 입었을 때 대부분의 러시아인들은 마치 민속행사에나 등장하는 허수아비 같다며 놀려대곤 했다.

표트르 대제는 여성의 지위도 대폭 향상시켰다. 대표적인 예가 아비 마음대로 딸자식을 시집보내던 관습이 사라진 것이다. 표트르 대제는 약혼과 결혼 사이에는 6주 이상의 간격을 두어야 하고 이 기간에 약혼한 남녀 중 어느 한쪽이라도 마음에 들어하지 않을 경우 부모가 강제로 결혼을 진행할 수 없게 하는 법을 만들었다. 게다가 남자아이들은 표트르 대제가 정한 교육 프로그램을 통과하지 않으면 공식적으로 '바보' 취급을 받아 아예 장가갈 권리를 상실했다. 표트르 대제는 이를 '바보법'이라고 불렀다. 귀족 가문이라는 이유만으로 아무런 교육을 받지 않고도 명문가에 장가가고 벼슬하던 전통이 사라지게 되었다.

특히 교육에 관한 표트르 대제의 관심은 아주 각별해 향후 러시아의 교육제도에 큰 영향을 미쳤다. 이때부터 이른바 외국유학이라는 것이 활성화되었다. 표트르 대제는 유학을 적극 권장해 귀족의 자제뿐 아니라 능력이 우수한 경우 천민까지도 유럽으로 유학을 보내주었다. 재밌는 것은 유학을 마치고 온 아이들의 실력 테스트를 황제가 직접 했다는 사실이다.

러시아 최고 시인 푸시킨의 외할아버지는 표트르 대제 시절 러시아에 팔려 온 아프리카 흑인이었지만 그의 재주를 높이 산 표트르 대제가 노예임에도 불구하고 파리 유학을 보내주었다. 유학뿐 아니라 러시아 역사상 처음으로 제대로 된 교육기관을 만든 것도 표트르 대제다. 최초의 아카데미가 만들어진 것도, 최초의 박물관(인류학 박물관인 쿤스트카메라)이 만들어진 것도 모두 이때의 일이다. 이 최초의 박물관에 방문하면 표트르가 직접 수집한 해부학 자료들을 볼 수 있다.

A는 밤늦도록 무도회를 즐긴 후 집으로 돌아와 얼어붙은 몸을 녹이며 곤하게 잠든다. 그의 몸을 데워주고 있는 네덜란드식 푸른색 타일로 장식된 벽난로도 표트르 대제 때 처음 러시아로 들어온 것이다. 이전에 쓰던 러시아 전통 페치카와는 완연히 다른 모습이다.

이렇듯 19세기 러시아 귀족이 하루를 지내는 동안 표트르 대제와 관련되지 않은 것을 접하기는 거의 불가능했다. 표트르 대제의 개혁은 러시아인의 일상적 삶 자체를 완전히 바꾸어버렸다.

그러면 이제 이전의 차르와는 다른 표트르 대제의 일상[5]을 한번 살펴보자. 이미 새벽 3~4시가 되면 일어나 장관들과 회의를 했고 최대한 빠른 속

5 Брикнер А. Г. (2014). 《История Петра Великого》. Москва: Директ-Медиа.

도로 국정과제를 점검한 후 곧장 러시아 최초의 조선소로 달려가 배 만드는 작업을 점검했다. 심지어 자신이 직접 도끼를 들고 작업에 뛰어들기도 했다. 서방의 학문과 기술을 멀리했던 과거의 차르들과는 달리 표트르 대제는 직접 사절단을 이끌고 유럽을 방문했다. 유럽의 현장에서는 조선, 항해, 건축, 천문, 치과의술, 해부학, 선반기술 등 무려 14개의 기술학을 직접 전수받았다.

유럽 방문 초기에 표트르 대제는 자신의 신분을 일개 포병장교로 위장했다. 그러나 네덜란드에서 진행된 해부학 실험에서 정체가 탄로 났다. 실험에 참가한 러시아 신하가 두려움에 떨며 실험용 메스를 들지 못하고 머뭇거리자 보다 못한 표트르 대제가 "시체의 심줄을 입으로 물어뜯으라"라고 호통을 친 것이다. 그 이후 사절단이 가는 곳마다 무려 2m 4cm 거구인 러시아 황제의 모습을 보기 위해 군중이 모여들었다고 전한다. 이렇게 학문과 기술을 직접 배운 표트르 대제는 귀국 후에도 계속해서 그것을 연마했다.

이른 아침 조선소를 나온 표트르 대제는 집으로 가서 자신이 가장 좋아하는 선반작업을 시작했다. 11시에 표트르 대제는 점심식사를 했는데 최대한 간단한 메뉴로 빠르게 먹고는 그제야 약간의 휴식을 취했다. 그 후 곳곳에서 진행되는 건설 현장과 공방의 작업들을 살피고 마지막으로 다시 조선소를 방문한 다음 공식 일과를 마쳤다. 저녁에 측근들의 집을 방문하기도 했지만 아주 짧은 시간만 보내고는 바로 처소에 들었다. 표트르 대제의 이러한 솔선수범이 그의 위대한 개혁을 성공으로 이끈 이유 중 하나일 것이다.

권력의 변방에서 개혁의 자양분을 얻다

그런데 표트르 대제가 이전의 차르들과 달리 금기시된 서양의 학문과 기술을 손수 익히고 공사 현장에까지 직접 뛰어드는 일은 어떻게 가능했을까?

먼저 재미있는 사진 한 장을 보자. 이 책 301쪽 사진은 모스크바의 크렘린 궁전 박물관에 전시된 역대 차르들의 왕좌 중 하나를 찍은 것이다. 하나의 왕좌에 두 개의 자리가 있다는 것, 그리고 왕좌 등받이에 사각형 구멍이 뚫려 있다는 것이 우리의 관심을 끈다. 이 왕좌에는 표트르 대제와 관련된 러시아 황실의 비화가 숨어 있다.

표트르 대제는 사실 우리 식으로 말하자면 홍길동 같은 서자였기 때문에 왕위를 계승할 수 없었다. 실제로 적자 중 큰형인 표도르가 왕위를 계승하고 표트르는 어릴 적부터 크렘린 궁전에서 멀리 떨어진 모스크바 근교의 강변 소도시에서 거의 유배자처럼 살았다. 그런데 이것이 표트르에게 그 이전 차르의 가족들이 전혀 경험하지 못했던 새로운 세계를 접할 기회를 주었다.

이 소도시의 강 건너편에는 유럽에서 온 외국인들의 집단 거주지가 있었다. 황실로부터 버려진 처지나 진배없었지만 그 덕분에 자유롭게 나다닐 수 있었던 표트르는 이 외국인들과 어울리기를 좋아했고 그 과정에서 자연스럽게 유럽의 신문물에 익숙해졌다. 이때 만난 외국인들은 나중에 표트르 대제의 충실한 참모가 되었고 이들과 만나기 위해 배를 타고 강을 건너던 표트르는 손수 노를 젓고 그 배를 수리하기도 했다. 또한 귀족은 물론 평민이나 천민을 가리지 않고 또래의 동네 아이들과 어울려 전쟁놀이를 즐겼고 훗날 이 아이들은 그대로 표트르의 사병이 되어 러시아 군대개혁을 주도했다. 이 과정에서 고리타분한 전통이나 지위, 계급에 관계없이 능력만으로 인재를 발굴하는 능력도 자연스럽게 터득했다.

어릴 적 사귄 천민 중에는 광장에서 전병을 팔던 멘슈코프라는 아이가 있었는데, 이 아이가 훗날 황제의 오른팔이 되어 스웨덴, 터키 등과 치른 전쟁을 승리로 이끌고 새로운 수도 상트페테르부르크의 초대시장까지 역임했다. 이렇듯 권력의 변방에서 어린 시절을 보내야 했던 표트르의 불우한 상황이

표트르 대제 즉위 시의 비화를 보여주는 왕좌.
두 개의 왕좌가 있으며 오른쪽 왕좌 등받이에 뚫린 사각형 구멍이 보인다.
이를 통해 섭정이 이루어졌다.
자료: 〈http://russkie-tsari.ru/〉.

오히려 유럽식 개혁의 자양분이 된 동시에 그 개혁을 주도할 인적자원을 함께 제공한 것이다. 덕분에 그는 새로운 것을 볼 수 있는 열린 시각과 구습에 얽매이지 않은 채 직접 사물을 경험하고 편견 없이 인재를 등용할 수 있는 능력을 갖추게 되었다.

비정한 권력 투쟁에서 얻은 개혁의 추진력

어린 표트르가 교외에서 자유롭게 자라는 동안 러시아는 영토 확장을 위해 주변의 열강들과 한창 전쟁을 벌이고 있었다. 그런데 이 와중에 병약했던 당시 황제이자 표트르의 큰형인 표도르가 사망하자 왕위 계승 문제로 러시아 정국이 대혼란에 휩싸였다. 본래는 죽은 표도르의 바로 아래 동생인 또 한 명의 적자 이반이 왕위를 계승해야 했다. 그러나 대부분의 신하가 열 살밖에 안 되었지만 총기와 건강을 겸비한 표트르가 계승하기를 희망했다. 논란 끝에 신하들의 합의로 표트르가 차르로 선포되었지만 권력욕이 넘치던 이반의 누나 소피아는 이에 반발하여 크렘린의 소총부대를 끌어들여 표트르의 차르 등극을 이끈 신하들을 처형한다. 우여곡절 끝에 양측의 타협으로 전 세계에서 전무후무한 왕위 즉위식이 이루어졌다. 바로 열 살 난 표트르와 두 살 위인 그의 형 이반이 동시에 차르로 등극한 것이다. 그리고 이들의 배후에서 소피아가 섭정을 시작했다. 301쪽 사진 속 왕좌는 이렇게 해서 만들어졌다. 왕좌의 등받이에 있는 구멍은 소피아가 어린 왕자들을 조종하기 위해 만든 것이다.

표트르는 서자였기 때문에 새로운 문물을 일찍 터득했지만 그와 똑같은 이유로 또 7년간을 구습에 찌든 누나 소피아의 허수아비 노릇을 하며 이를 갈아야 했다. 시간이 갈수록 표트르의 권력의지는 더욱 커져갔다. 차르가 되었어도 권력을 행사할 수 없었던 표트르는 오히려 그 덕분에 권력의 안과 밖을 모두 경험하며 진정한 차르가 되기 위한 수업을 착실히 받을 수 있었다.

특히 자신을 지지한 신하들이 비참하게 죽어가는 모습은 어린 표트르의 마음속에 비정한 권력 투쟁의 속성을 깊이 각인했다. 실제로 차르가 된 이후 개혁 반대파에 대한 표트르 대제의 단호한 대처는 혀를 내두를 정도였다. 소피아가 일으킨 소총부대의 반란을 진압하고는 붉은광장에서 2,000명을 한꺼번에 처형했고 급기야 자신의 첫째 아들이자 황태자인 알렉세이를 반역죄로 직접 심문하고 처형했다. 표트르 대제의 이러한 비타협적이고 단호한 추진력은 개혁을 끝까지 밀고 나가는 원동력이 되었다.

원대한 꿈과 위대한 라이벌은 개혁의 또 다른 동력

표트르 대제가 개혁의 와중에 건설한 새로운 수도 상트페테르부르크는 사실 광대한 러시아의 왼쪽 상단 모서리에 위치해 있어 한 나라의 수도로서는 적합하지 않다. 그러나 만약 컴퍼스의 중심축을 이 도시에 찍고 다른 한 쪽 끝을 러시아의 아시아 쪽 경계에 놓은 뒤 반대로 돌리면 바로 유럽의 서쪽 경계로 이어진다는 것을 확인할 수 있다. 이로써 우리는 표트르 대제가 새로운 수도를 건설한 것이 서유럽까지 영토를 확장하겠다는 원대한 꿈 때문이었음을 알 수 있다.

바로 그때 같은 꿈을 꾸고 있었던 사람이 있었으니, 스웨덴의 왕 칼 12세Karl XII다. 같은 꿈을 꾸었던 두 사람의 충돌은 불가피했고 드디어 1700년 러시아와 스웨덴 간에 북방전쟁이 발발했다. 당시 표트르는 28세였고, 칼 12세는 그보다 열 살이나 어린 18세에 불과했다. 첫 전투에서 표트르 대제는 이 어린 황제에게 대패하는 치욕을 경험했다. 하지만 곧바로 패전의 원인을 분석했고, 표트르 대제는 러시아에는 존재하지 않았던 유럽식 정규군, 특히 해군의 절실함을 깊이 깨달았다. 그리고 이것은 이후 해군을 중심으로 한 '러시아 대개혁'의 또 다른 원동력이 되었다.

칼 12세에게 패전한 후 표트르 대제는 절치부심의 시간을 보냈고 이때 해군과 해군학교, 조선소를 만드는 등 유럽식 개혁에 집중한다. 결국 위대한 경쟁자 칼 12세 덕분에 표트르 대제는 유럽 최강의 해군과, 유럽보다도 더 유럽적인 도시를 러시아에 만들 수 있었다. 그리고 몇 년 후 표트르는 마침내 칼 12세에게 재도전장을 내밀어 그에게 회복할 수 없는 패전을 안겼다.

표트르 대제의 '유럽식 개혁'의 결정판

표트르 대제의 위대한 개혁 중 단연 최고 걸작으로 꼽히는 것은 수도 상트페테르부르크 건설이다. 상트페테르부르크는 바다와 강, 운하, 멋진 건축물들이 어우러져 세계에서 가장 아름다운 도시 중 하나로 꼽힌다. 이 옛 수도는 1990년에 도심 전체가 '유네스코 세계유산'으로 지정되었고 2015년 트립어드바이저에서 발표한 최고의 여행지Travelers' Choice Destinations 2015 순위에서 17위로 선정되었다. 2015년 한 해 동안만 해도 이 도시의 인구(510만 명)보다 많은 650만 명의 관광객이 이곳을 방문했다고 한다.

상트페테르부르크가 '표트르의 도시'라는 뜻이므로 마치 도시의 창건자 표트르 대제를 기념하는 것 같지만, 사실 도시의 명명은 표트르 대제의 유럽지향적 개혁 정책을 반영하는 것이다. 우선 상트Sankt는 유럽 문화의 뿌리가 되는 라틴어로 성자를, 페테르Peter는 표트르 대제가 유럽에서 가장 선호했던 네덜란드어로 페테르, 즉 베드로를, 부르크burg는 당시 유럽 정치의 중심지였던 독일어로 도시를 의미한다. 18세기 당시 유럽의 뿌리와 유럽 3개국의 언어가 합성된 것 자체가 유럽적인 도시를 만들겠다는 표트르 대제의 의지를 잘 보여준다. 그러나 유럽적인 것의 핵심은 무엇보다 '페테르'에 담겨 있다. 이는 본래 그리스어로 '돌, 반석'이라는 의미인데, 유럽 도시의 핵

폴 들라로슈.
〈표트르 대제〉.
1838년.
함부르크 미술관.

심 특징이 바로 돌로 만든 석조 도시라는 점이다. 반면에 전통적인 러시아 도시는 나무로 만든 목조 도시였다. 표트르 대제는 새로운 수도를 러시아 최초의 유럽식 석조 도시로 만들겠다는 야심찬 계획을 세운 것이었다.

돌이 없는 도시에 돌의 도시를 세우다

그러나 사실 이러한 계획은 너무도 무모해 보였다. 왜냐하면 새로운 도시의 입지가 바로 발트해 연안 늪지대였기 때문이다. 유럽 최대 호수 라도가호에서 발원하여 유럽에서 네 번째로 유량이 많은 네바강이 바다와 만나는 이 하구 지역은 물과 늪, 모래, 갈대 이외에 돌이라곤 구경조차 힘든 곳이었다. 더구나 1703년 5월 표트르 대제가 도시 건설을 시작했을 때 러시아는 당시 유럽 최강 스웨덴과 북방전쟁을 치르느라 다른 일을 벌일 여력이 전혀 없어 보였다. 하지만 그 어떤 불리한 여건도 서유럽을 향한, 서유럽을 정복하기 위한 창을 세우려는 표트르 대제의 뜻을 막을 수 없었다.

도시 건설을 독려하던 표트르 대제는 결국 돌이 부족해지자 기상천외한 법령을 만들었다. 우선 이 도시가 건설되는 동안 러시아의 다른 지역에서는 돌을 쓰는 공사를 할 수 없도록 무기한 중단시켰다. 전국의 모든 돌과 석공을 이 도시로 모으기 위해서였다. 그럼에도 불구하고 돌은 턱없이 모자랐고 이에 이른바 '석세石稅'라는 새로운 세금까지 만들었다. 그 내용은 상트페테르부르크로 들어오는 모든 사람은 돌을 들고 와야 한다는 것이었다. 예를 들어, 마차를 타고 오는 사람은 2kg의 돌을 세 개씩, 배를 타고 오는 사람은 배의 무게에 따라 5kg의 돌을 10~30개씩 들고 와야 했고 만약 돌을 못 구했을 경우에는 그에 상당하는 돈을 세금으로 바쳐야 했다.[6]

또한 돌이 부족하여 어쩔 수 없이 목조건물을 지어야 할 경우 이를 임시로 허락하는 대신 반드시 건물 외벽을 빨간색으로 칠하고 하얀 줄을 긋게

했다. 네덜란드식 빨간 벽돌집처럼 보이게 하기 위함이었다. 표트르 대제의 야전막사인 오두막집도 이렇게 지어졌다. 얼마나 급하고 허름하게 지어졌던지 2m 4cm인 표트르 대제의 키에 비해 출입구가 너무 낮아 황제가 항상 고개를 숙이고 지나다녀야 했다. 그러나 표트르 대제는 전혀 불편한 내색을 하지 않았고 이 오두막집에서 새우잠을 자며 매일 도시 전체의 주요 건설 작업을 진두지휘하고 다녔다. 이 오두막집은 표트르 대제의 키가 표시된 문틀과 함께 지금까지도 잘 보존되어 현재는 러시아에서 가장 유명한 관광명소가 되었다.[7]

그런데 부족한 돌과 함께 또 다른 큰 문제가 있었다. 부지의 대부분이 늪지대와 물길로 이루어져 석조 도시를 짓기에는 지반이 너무 약하다는 점이었다. 도시 전역에 깔린 크고 작은 물길 사이에 육중한 석조건물을 지으려면 대대적인 준설공사를 해야 했다. 이를 위해 비교적 큰 물길의 바닥을 더 깊이 파 그곳으로 주변에 있는 작은 물길의 물이 모여들도록 하여 인공적으로 마른 땅을 만들어냈다. 이 과정에서 자연스럽게 수많은 샛강과 운하가 만들어졌다.

이 운하들도 시간이 지남에 따라 점차 매립되어 19세기에는 48개가 남아 도시 전체는 약 100개의 섬으로 이루어졌는데, 20세기 들어서는 운하의 숫자가 더욱 줄어 현재 상트페테르부르크는 약 20개의 운하와 42개의 섬으로 구성되어 있다. 이 도시가 북방의 베니스라고 불리는 이유다. 베니스와 차이가 있다면 이 도시가 훨씬 더 스케일이 크다는 것이다. 베니스와 달리 이 도시에서는 운하와 집 사이에 넓은 길이 가로놓여 있고 이 길과 운하 사이에는

---

6 〈http://www.vertikal-pechatniki.ru/kuda/kuda_rossia031.htm〉.

7 〈http://opeterburge.ru/sight/5264-domik-petra-i.html〉.

모든 물길을 장밋빛으로 물들게 하라는 표트르 대제의 멋진 명령에 따라 예외 없이 육중하고 아름다운 붉은 화강암 벽들이 서 있다.

직선과 곡선이 어우러진 살아 있는 건축 박물관

이렇게 도시의 지반을 마련한 뒤 궁전을 중심으로 건물을 하나씩 지어가지만 또 하나의 장애물이 표트르 대제를 막아선다. 북위 60도의 춥고 날씨 변덕이 심한 백야의 해안도시까지 자발적으로 이주해 와서 살 사람들이 없다는 것이었다. 표트르 대제는 고육지책으로 1712년에는 학교나 직장, 군대에 소속되지 않은 모든 미성년 귀족 자제들을 강제 이주시켰고, 이듬해 1713년에는 농노 30명 이상을 소유한 모든 귀족의 이주를 명령했다.[8] 심지어 귀족들의 모든 결혼식은 반드시 상트페테르부르크에서 올려야 한다는 칙령을 내려 결혼 후 이곳에 정착하게 만들었다. 이렇게 이주한 사람들로 하여금 석조건물을 짓게 할 때도 엄격한 원칙을 지키게 했다. 우선 세 가지 유형의 유럽 스타일 주택을 직위에 따라 선택하게 하고 주요 도심에는 2층, 중간 지역에는 1.5층, 변두리에는 1층 건물을 짓게 했다. 도시 전체가 완만한 피라미드형 스카이라인을 이루어 통일적 디자인을 유지하도록 하기 위함이었다. 이는 표트르 대제의 통치기 이후에도 계속 지켜져 지금도 구시가에서는 중심 건물인 겨울궁전의 높이 22m보다 높은 건물을 볼 수 없다.

일정한 높이를 유지한 건물들이 만들어낸 인공도시 특유의 직선 라인과 화강암으로 둘러싸인 수많은 운하의 유려한 곡선 라인이 조화를 이루며 빚어내는 풍경은 마치 한 폭의 거대한 그림을 연상시킨다. 그리고 이 풍경화는 표트르 대제 사후에도 시대에 따라 새롭게 등장한 유럽의 건축물들로 더욱

---

8 〈http://www.gumer.info/bibliotek_Buks/History/Article/Str_Zas_Petr.php〉.

풍성하게 채워졌다. 그 결과 이 도시는 유럽의 초기 바로크에서 시작하여 가장 화려한 바로크의 전성기(17~18세기), 그리고 웅장하고 기하학적인 고전주의(18~19세기), 이어 낭만주의와 모더니즘(19~20세기)까지 유럽 건축사의 모든 스타일을 간직한, 그야말로 살아 있는 건축사 박물관을 형성하게 되었다.

현재 이 도시에는 공식적으로 등록된 문화유산만 8,464개, 대형 박물관만 200여 개가 건재하다. 세계적인 박물관 에르미타슈를 비롯해 세계 어디를 가봐도 이렇게 수천 개의 문화유산이 한곳에 집중된 경우를 찾기는 힘들다. 도시 창건 이래 300년 동안 1년에 한 번 이상 발생한 대홍수, 수많은 사상자를 낸 사회주의 혁명, 도시를 폐허로 만든 제2차 세계대전 시 900일간의 독일군 공습 등 수많은 고난이 있었다. 그러나 러시아인들은 이에 굴하지 않고 때로는 수많은 희생을 감수하며 때로는 수십 년의 복원 작업을 감내하며 표트르 대제의 '위대한 개혁'의 유산을 지켜왔다.

3

강력하고 실속 있는 러시아를 만든 우먼파워

2011년 대구에서 열린 세계육상대회에서 장대높이뛰기 세계 1인자인 미녀새 이신바예바와 모델 못지않은 미모로 '바비인형'이라는 별명이 붙은 멀리뛰기 선수 다리아 클리시나는 트랙에 등장하는 것만으로도 환성을 자아냈다. 이들은 재능과 아름다움을 겸비한 러시아 여성의 글로벌 경쟁력을 한국과 세계에 다시금 확인시켰다. 미국의 한 국제결혼 중개소에서는 "러시아 여성은 세계에서 가장 아름답다. 그러나 미국 남성의 마음을 끄는 가장 중요한 것은 여성성이다. 러시아 여자는 여자처럼 옷을 입고 가정적이면서 동시에 섹시하려고 애쓰는 등 여성이 반드시 갖추어야 할 바람직한 성품을 가지고 있다"라고 소개한다. 한마디로, 외국인 구혼자들에게 러시아 여성은 '섹시한 살림꾼'이라는 복합적 이미지로 그려진다.

지극히 가부장적인 러시아 남성들도 이 점에서는 외국인들과 큰 견해 차이를 보이지 않는다. 다만 여성관의 이중성이 훨씬 더 극단적이다. 외환위기의 강풍이 불어닥친 1997년 러시아의 한 택시기사는 필자에게 "러시아는 문제없어, 보드카와 여자가 있으니까!"라고 말한 적이 있다. 아무렇게나 내던진 그 말 속에는 러시아 여자를 욕망의 대상으로 보면서도 위기의 순간에는 의지할 대상으로, 더 나아가 경외의 대상으로까지 보는 뿌리 깊은 이중적 여성관이 반영되어 있다.

이는 러시아 문화에서도 잘 드러난다. 한국인들에게는 러시아 민요로 익숙한 1908년 러시아 최초의 영화 〈스텐카라친〉에서 농민 반란의 수장 스텐카라친은 "페르시아 공주에게 빠져서 동지들을 배반한다"라는 오해를 불식시키기 위해 이 공주를 모든 부하가 보는 앞에서 아무런 주저 없이 강물로 내던져버린다. 여자는 오직 욕망의 대상일 뿐이라는 것이다. 그러나 19세기 후반 러시아 초상화의 대가인 이반 크람스코이Ivan Kramskoy는 자신의 작품 〈미지의 여인〉에서 신비롭고도 도도한 눈빛으로 뭇 남성들을 무시하는 듯 내려다보는 여인을 숭배하듯 묘사한다. 당시 러시아 남성 인텔리들은 이 그림 앞에 기꺼이 무릎을 꿇으며 그림의 실제 주인공이 누구인지 알아내려고 작가를 괴롭혔다고 전한다.

러시아 여인은 러시아 황제의 아킬레스건?

욕망의 대상이든 경외의 대상이든 러시아 여성이 러시아 역사에 미친 영향은 매우 크다. 희대의 폭군이자 대량 학살의 주인공이었던 러시아 최초의 차르[9] 이반 뇌제는 집권 초기만 해도 온순하고 합리적인 군주였다고 알려져 있다. 모든 계층의 의견을 반영하는 민주적 대화의 장인 '화해의 모임'을 개최했고 대토지를 소유한 귀족 보야르의 권한을 인정하는 '보야르 의회'를 만

9 이전에는 대공, 국왕 등으로 지칭했으나 이반 뇌제가 제국의 면모를 과시하기 위해 로마 황제 케사르의 이름을 차용했다.

1908년 제작된 러시아 최초의 무성영화 〈스텐카라친〉. 스텐카라친이 페르시아 공주를 볼가강에 던지는 모습이 포스터에 묘사되어 있다.

이반 크람스코이. 〈미지의 여인〉. 1883년. 트레티야코프 미술관.

들었다. 또한 지방관 파견제도를 취소하여 중앙권력을 지방으로 분산시키는 지방자치제를 활성화했다. 그런데 이 온순하던 이반 뇌제가 광폭한 살인마로 급변한 이유는 무엇일까? 그것은 바로 사랑하는 아내 아나스타샤의 죽음 때문이었다. 정신적으로 아내에게 크게 의지하던 이반 뇌제는 아내의 죽음으로 거의 실성한 사람처럼 행동했고 그 이후 끔찍한 폭군으로 변하고 만 것이다.

러시아 역사에서 이런 일은 비일비재하게 일어났다. 러시아 역사상 최고의 스타 표트르 대제도 끔찍이 사랑했던 아내 예카테리나의 부정을 발각한 후 실어증과 함께 몸과 마음이 망가지면서 54세의 비교적 이른 나이에 최후를 맞았다. 스웨덴과 오스만투르크를 벌벌 떨게 했고 유럽식 개혁으로 전 러시아에 천지개벽을 일으켰던 2m 4cm의 거인을 무너지게 한 것은 한 여인의 배신이었다.

여왕의 시대는 러시아의 최전성기

러시아 여성의 힘은 러시아 황제를 쓰러지게도 했지만 러시아 황실에 번영을 가져다주기도 했다. 1725년 표트르 대제가 후계자 없이 사망한 이후 1796년까지 약 70년간 러시아에서는 전무후무한 여왕의 시대가 펼쳐졌다. 이 기간 동안 4명의 여왕, 섭정까지 포함한다면 5명의 여성이 광대한 러시아를 다스린 것이다.

유명한 예카테리나 (2세) 여제도 이 시기에 등장했다. 역사학자들은 여왕의 시대가 러시아사에서 가장 찬란한 번영기였다고 평가한다. 이반 뇌제나 스탈린 같은 폭군 치하에서도 러시아는 괄목할 만한 성장을 거두었지만 내실보다는 외형적 팽창에 주력했던 것이 사실이다. 반면 여왕의 시대는 경제뿐 아니라 문화와 외교 등 다방면에서 눈부신 성과를 보였다. 러시아 보물

러시아 로마노프 황실의 계보

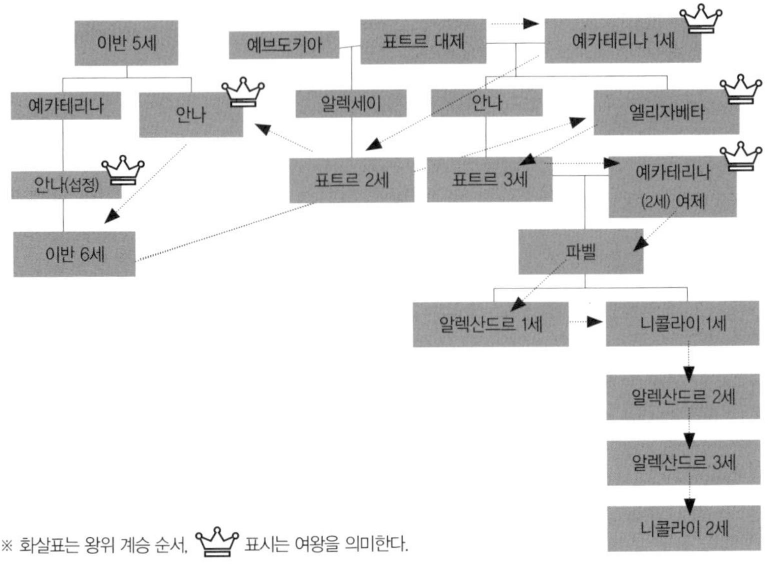

제1호라고 할 수 있는 세계적인 박물관 에르미타슈는 엘리자베타 여왕이 만든 화려한 겨울궁전에 예카테리나 여제가 손수 수집한 그림 225점을 전시하면서 그 역사가 시작되어 지금은 300만 점의 전시물을 자랑하고 있다. 샤갈 등 위대한 러시아 화가의 산실이 된 러시아 미술 아카데미도 엘리자베타 여왕이 만든 것이다. 러시아가 자랑하는 발레의 역사도 바로 이 시기 안나 요아노브나 여왕에 의해 시작되었다. 여왕의 시대가 없었다면 차이콥스키의 〈백조의 호수〉도 없었을 것이다.

외교적으로도 여왕들의 치적은 놀라웠다. 거대한 프로이센 왕국이 7년 전쟁 끝에 러시아의 엘리자베타 여왕에게 고개를 숙였고, 흑해를 장악했던 터키는 예카테리나 여제에게 무릎을 꿇고 지중해로 가는 길을 러시아에게 열어주었다.

‘자원의 저주’가 풀린 유일한 시기

그러나 여왕의 시대가 후일 연구자들을 가장 놀라게 하는 대목은 바로 내실 있는 경제 발전이었다. 러시아 전 역사를 통틀어 가장 고질적인 문제가 해결되었던 유일한 시기가 여왕의 시대였다. 이 시기에 처음이자 마지막으로 러시아는 이른바 ‘자원의 저주’에서 해방되었다. 현재 러시아는 자원 수출이 전체 수출의 대부분인 70%를 차지하고 정부 재정의 50% 이상을 좌우한다. 또한 자원 수출 대금이 제조업 발전에 투자되지 못하면서 식품류의 30%, 비식품류의 70%, 전체 소비재의 절반 수준인 45%가 수입품에 의존하여 상시적 인플레이션 위협과 식량 안보 위협에 노출되었다. 이러한 ‘자원의 저주’는 16세기 러시아가 광활한 영토를 점령한 이후 자원 채굴에만 크게 의존하면서 지금껏 해결되지 않고 있다.

표트르 대제가 사망한 후 등극한 여왕들은 제조업을 집중적으로 육성하여 이 문제를 풀어나갔다. 그 결과 1725년 표트르 대제가 사망한 해를 기점으로 예카테리나 여제의 치세(1796년)까지 제조업이 러시아 수출의 절반 혹은 그 이상을 차지하게 되었다. 원료가 아니라 최종 제품을 만드는 정책을 실시하면서 섬유, 피혁, 제지 등 제조업이 빠른 속도로 발전했다. 특히 제철·제련은 영국을 앞질렀고 주철 제조는 스웨덴에 이어 세계 2위를 차지했다. 이때 만들어진 시베리아 우랄의 용광로는 영국의 1.5배 규모로 세계 최대를 자랑했다. 식량 안보 문제도 해결되었다. 빵이 남아돌아 러시아산이 유럽 12개국으로 수출되면서 이제는 러시아가 유럽의 식량 안보를 위협하게 되었다.[10]

그러나 불행히도 마지막 여왕 예카테리나 여제가 죽은 후 다시 남자가 집

10 “Экскурс в историю: как женщины Россией управляли” (2011. 7. 12). 《Наш Мир》.

표도르 로코토프.
〈예카테리나 2세〉.
1780년경.
에르미타슈 박물관.

권하면서 러시아 제조업은 또다시 바닥으로 추락한다. 1802~1804년 수출에서 자원 비중이 77%로 올라갔고 제조업 비중은 14%로 떨어진다.[11] 여왕의 시대가 끝남과 동시에 자원의 저주가 다시 시작된 것이다. 19세기 말과 20세기 초에 모처럼 제조업 중심의 성장이 이루어졌지만 1917년에 발생한 사회주의 혁명으로 무산되었다. 그로부터 지금까지 남성 지배하의 러시아는 단 한 번도 제조업 수출이 자원 수출을 앞선 적이 없을 뿐 아니라 자원 수출의 비중은 해가 갈수록 늘어가는 실정이다.

러시아 여성의 힘은 포용과 결단력

러시아의 여왕들은 혹독한 폭압정치를 하지 않으면서도 문화, 정치, 외교, 경제 등 다양한 분야에서 러시아의 중흥을 이끌어냈다. 과연 그 힘은 어디에서 온 것일까? 러시아 시인 네크라소프Nikolai Nekrasov는 〈혹한과 빨간 코〉(1863)에서 러시아 여성들의 힘이 추위와 굶주림, 무엇보다도 무능한 남자들을 참고 견뎌내야 했던 기구한 숙명에서 나온다고 노래한다. 광막한 겨울 설원에서 러시아 여성들은 누구보다 오래 참아왔고 추위를 견디기 위해 서로를 안아줄 수 있는 포용과 타협의 정신을 길렀으며 더는 견딜 수 없는 극한의 상황에 처하면 과감히 떨쳐 일어서는 결단력을 갖추었다. 영국의 엘리자베스 여왕에 비견되는 여걸이자, 러시아인들에게 많은 사랑을 받는 예카테리나 여제는 4명의 여왕 중 이런 포용과 결단력을 가장 잘 보여준 인물이다. 열여섯 어린 나이에 표트르 3세와 결혼하여 왕가의 일원이 된 예카테리나는 노골적으로 자신을 무시하는 황태자의 전횡을 18년간 참아내고 포용

---

11 Трей виш А. И. (2002). “ПРОМЫШЛЕННОСТЬ В РОССИИ ЗА 100 ЛЕТ”.《Россия в окружающем мире Аналитический Ежегодник》.

했다. 하지만 황제에 등극한 남편이 자신을 완전히 내치려는 순간 쿠데타를 일으켜 왕권을 탈취하는 결단력을 보여주었다. 그렇게 왕의 자리에 오른 예카테리나 여제는 1762년부터 1796년까지 무려 30년이 넘는 기간 동안 제정 러시아를 통치하게 된다.

여제는 인내, 관용, 결단 이 세 가지 경영철학으로 나라를 이끌었다. 쿠데타 성공 후에는 정치적 숙적들을 처형하는 대신 포용했고, 농민 반란의 주모자 푸가초프Pugachov[12]를 처형한 것 말고는 재위 기간 동안 그 어떤 숙청도 사형도 없었다. 포용과 타협이라는 그녀의 경영철학은 외교 정책에서 더 빛을 발했다. 7년간의 전쟁으로 악화된 프로이센과의 관계를 대타협을 통해 평화로 이끌었고, 나아가 비가톨릭 국가였던 프로이센, 덴마크, 스웨덴, 작센을 포함하는 연합전선을 창설해 반가톨릭 세력의 힘을 키움으로써, 강력한 적국이자 가톨릭 국가였던 폴란드를 속국으로 만들었다. 이는 당시 세계를 놀라게 한 눈부신 외교적 성과였다.

이처럼 결전과 화해라는 양날의 칼로 예카테리나 여제는 러시아를 유럽 열강의 반열에 올려놓았다.

러시아의 우먼파워는 계속되고 있다

그런데 흥미로운 점은 여왕의 시대가 끝난 지금까지도 러시아 여성의 힘은 러시아를 움직이는 지렛대 역할을 하고 있다는 것이다. 다만 러시아 남성들이 그 지렛대의 형식적인 주인 노릇을 여전히 고집하고 있을 뿐이다. 우선 러시아 취업 인구 중 중급 수준 이상 인력에서 여성이 차지하는 비율이 남성

12 예카테리나 여제 치하 러시아에서 일어난 대농민반란(1773~1775년)의 지도자로, 농노해방·인두세 폐지 등을 주창하며 농민반란을 일으켰다. 반란은 볼가·우랄 유역까지 확대되었으나 조직과 계획성 미비로 정부군에 패했다. 체포된 푸가초프는 1775년에 사형당했다.

보다 훨씬 높다. 2014년 기준 중급 인력군에서 여성의 비중이 69%로 남성을 압도하며 고급 인력의 경우도 61%가 여성이다. 학문과 교육의 영역에서도 마찬가지다. 우리나라처럼 초중고교 교원 다수(85%)가 여성인 것은 물론 대학 교수 인력에서도 여초 현상이 나타난다. 대학 교수의 경우 한국은 여성 비율이 20% 이하이지만 러시아는 80% 이상이다. 그러나 이렇게 고급 인력에서 여성 비중이 우세함에도 불구하고 피라미드의 최고 꼭짓점에서는 여전히 남성이 우세를 보인다. 남성 비중이 기업과 국가의 상층 관리직에서는 59%, 최고위층에서는 거의 90%에 이른다. 학문 분야에서도 최상층인 학술 아카데미 정회원의 여성 비중은 2.8%에 불과하다.[13] 실제 국가를 이끌어가는 중상층 간부는 여성이 대다수를 차지함에도 불구하고 가부장적 한계에 부딪혀 국가의 최고 리더 자리는 남성이 고수하고 있다. 러시아에서도 이른바 '유리천장'이 여성들을 무겁게 짓누르고 있는 것이다.

그러나 또 하나의 반전 포인트가 있다. 위기의 순간, 즉 1997~1998년, 2008~2010년 경제위기가 닥칠 때는 러시아 최고위직에서 남성 비율이 줄고 여성 비율이 늘어났다는 점이다. 1997~1998년 기간에는 남성 비중이 62.5%에서 61.8%로 줄었고 여성 비중은 37.5%에서 38.2%로 늘었다.[13] 2008~2010년 기간에도 역시 남성 비중이 62.9%에서 61.30%로 줄고, 여성 비중은 37.1%에서 38.7%로 늘었다. 1997년 경제위기가 닥쳤을 때 한 러시아 여성이 필자에게 한 말은 앞서 언급한 택시기사의 말과는 상이했다. "남자들은 집에 가서 보드카나 마셔라, 일은 우리가 다 할 테니……."

러시아 남자들은 평소 우왕좌왕하는 차를 보면 확인 절차도 없이 "바바 자 룰룜Баба за рулем"이라고 빈정거린다. "여편네가 운전대를 잡았다"라는

---

13 러시아 통계청.

말이다. 그러나 러시아의 역사를 되돌아보면 러시아 남자들은 위기가 오면 기꺼이 운전석에 여성을 앉혔다. 한국인들은 러시아 여성 하면 인터걸, 미스 월드, 그리고 샤라포바 정도를 떠올리지만, 러시아 역사와 현실을 '줌 인'하여 바라본다면 육체적 아름다움을 뛰어넘는 러시아 여성들의 강인한 정신적 파워에 더욱 놀라게 될 것이다. "여자가 서야 러시아가 산다"는 러시아 역사를 이해하는 중요한 화두 중 하나다.

4

거대한 혁명을 성공시킨 혁신 리더, 레닌

러시아 역사와 러시아의 인물을 이야기하자면 아무래도 러시아혁명을 빼놓을 수 없다. 300년 역사의 로마노프 왕조를 무너뜨리고 약 1세기 동안 세계 역사를 좌지우지한 것이 바로 러시아혁명이기 때문이다. 한국 사회에서 러시아의 사회주의 혁명에 대한 공개적 발언이 자유로워진 것은 그리 오래되지 않았다. 필자가 대학에서 러시아 문학을 전공한 1980년대 후반에는 전공서적임에도 불구하고 러시아, 소련, 레닌 같은 글자가 있는 책을 본다는 이유만으로 검문에 걸려 애를 먹곤 했다. 이런 사정 때문에 한국의 일반 독자에게 러시아혁명과 그 주인공 블라디미르 레닌Vladimir Lenin은 여전히 멀고도 낯선 존재다.

레닌이 없었다면 혁명은 불가능했다

러시아 역사학자들 사이에서 레닌에 대한 평가는 다양하다. 유구한 러시아 문화를 파괴한 악마라고 저주하는 사람이 있는가 하면, 지긋지긋한 전제정치에 종지부를 찍은 구원자라고 추앙하는 사람도 있다. 혹은 그가 일찍 죽지만 않았다면 스탈린의 공포정치도 없었을 테고 따라서 러시아의 사회주의는 보다 유연한 형태로 발전할 수 있었으리라고 생각하는 사람이 있는가 하면, 스탈린의 공포정치는 사실상 레닌이 시작한 것이며 사회주의 속성상 유연한 발전 자체가 불가능하다고 주장하는 사람도 있다. 이 엇갈린 주장 속에서도 공통된 점은 레닌이 러시아와 세계 역사에 엄청난 변화를 일으킨 주인공이라는 사실에 대한 인정이다. 더구나 그가 이끈 혁명에 대한 정치적 평가를 잠시 접어두고 한 명의 리더로서 레닌을 평가한다면 인류 역사에서 손꼽히는 성공적 리더라는 점도 부정할 수 없을 것이다.

러시아 전문가로서 필자가 가장 많이 받는 질문 중 하나가 "러시아에서는 어떻게 혁명이 가능했나요?"인데, 그때마다 감히 "그것은 레닌이라는 천재적 리더가 있었기 때문"이라고 대답한다. 러시아혁명이 발발할 수 있는 역사적 조건이 성숙했던 것도 한 요인이지만, 성숙한 조건이 반드시 혁명의 성공으로 귀결되는 것은 아니기 때문이다. 1871년 역사상 처음으로 사회주의 자치정부를 수립했던 프랑스의 파리코뮌이 70일 만에 허무하게 무너진 것이 그러한 예다. 사회주의 혁명에 대한 평가는 이미 1991년 소련 붕괴로 일단락된 만큼, 이제 보다 실용적으로 사회주의자 레닌이 아닌 글로벌 리더 레닌의 성공비결에 대해 살펴보는 것도 흥미롭지 않을까?

우선 레닌은 무엇보다 '실천적 비전을 제시하는 리더'였다. 19세기 말까지 러시아 지성인들의 화두는 톨스토이가 던진 "사람은 무엇으로 사는가"와 체호프의 "무엇이 문제인가"라는 물음이었다. 주로 인간 삶의 근원에 대한 해석에 집중했던 것이다. 그러나 20세기 초 레닌은 "무엇을 할 것인가?"라는 실천적 질문을 처음으로 던졌다. 1902년에 출간된 레닌의 저서 《무엇을 할 것인가?》는 제목 그 자체만으로도 이후 한 세기 동안 러시아뿐만 아니라 한국을 비롯한 전 세계 지식인들 사이에서 최고의 화두였다. 문제의 해석보다 "그래서 무엇을 할 것인가?"라는 실천적 질문에 집중하는 것이야말로 문제 해결의 지름길이라는 것이다.

레닌은 우선 구체적으로는 마르크스 이론에 대한 기계적 믿음을 거부한다. 자본주의가 성숙함에 따라 노동자들의 불만이 깊어지고 파업이 지속되면 사회주의 혁명이 일어난다는 믿음은 허상이라고 주장한다. 파업이라는 경제운동이 자연스럽게 사회주의라는 정치운동으로 이어지지는 않는다는 것이었다. 즉 레닌은 '정치적 비전'은 외부로부터 '주입'되고 교육되어야 하는 것이지 저절로 생기지 않는다고 보았다. 이를 조직론으로 바꾸어 말해보자면 한 조직이 실질적 혁신을 일으키려면 구성원들이 각자 자기 분야와 자기 수준에서 변화를 시도한다고 해서 그저 되는 것은 아니라는 이야기다. 바로 리더가 리더로서의 '비전'을 분명하게 제시하고 그것을 구성원들에게 교육시켜야만 조직 자체의 질적 혁신이 가능하다는 주장이다.

독창적 비전과 방법론을 찾아낸 혁신 리더

그런데 혁신에 대한 비전은 어떻게 만들어질까? 그것은 우선 거시적 트렌드에 대한 독창적 분석에서 나온다. 레닌은 1917년 출판된 저서 《제국주의론》을 통해 당시 세계 자본주의에 대한 독창적 해석을 내렸다. 레닌은 세계 자본주의의 발전이 그 정점인 '제국주의'에 이르렀다고 판단했다. 그 핵심은 산업자본과 은행자본이 결합한 금융자본이 식민지 등의 형태로 세계 시장을 분할 지배한다는 것이다. 이 내용은 당대의 논객, 곧 멘셰비키[14]의 카우츠키 Karl Kautsky[15]도 1914년 《초제국주의론》을 통해 이미 주장하던 바였다. 다만 카우츠키는 20세기 초에 이 분할이 끝났고 글로벌 금융자본들이 일종의 카르텔을 이루어 평화롭게 협력하면서 더는 전쟁이 일어나지 않을 것이라고 주장했다. 그러나 레닌은 금융자본의 속성상 분할은 멈추지 않고 재분할이 일어나며 그 결과 전쟁이 발발할 것이라고 반박했다. 실제로 그의 주장대로 제1차 세계대전이 일어났다. 나아가 레닌은 전쟁이 발발하는 동시에 제국주의의 모든 모순이 경제적으로 취약한 식민지와 후발 자본주의 국가에 집중되어 이들 국가에서는 혁명이 일어날 것이라고 예언했다. 이것이 바로 유명한 '약한 고리' 이론인데 레닌은 그 대표적 약한 고리가 러시아라고 판단했다.

제국주의 시대라는 글로벌 트렌드를 독창적으로 분석하여 '후진국 혁명'이라는 새로운 비전을 제시한 다음, 레닌은 러시아의 구체적 상황에 대한 독창적 분석에 입각해 새로운 방법론도 제시했다. 1917년 러시아에서 2월혁명이 성공할 때 스위스에 망명 가 있던 레닌은 금융자본의 이익 실현 수단인 전쟁에 반대했다. 러시아가 전쟁에서 빠져주길 바랐던 독일은 레닌을 밀봉열차[16]에 태워 러시아로 보내 반전운동을 부추겼다. 1917년 4월 러시아 페트로그라드[17]에 도착한 레닌이 기차역 광장의 장갑차 위에 올라가 한 연설이 그 유명한 '4월 테제'다. 그런데 4월 테제의 주요 슬로건이었던 '권력은 소비에트에게로'는 세계의 어느 마르크스주의자도 미처 생각지 못했던 것이다. '소비에트'라는 현상은 순전히 러시아적인 것이었다.

러시아에는 예로부터 '미르'라는 농민공동체가 있었는데, 2월혁명이 일어

---

14 레닌이 이끄는 볼셰비키와 대립했던 러시아 사회민주노동당의 자유주의적 온건파.

15 1874년 프라하에서 태어난 카우츠키는 공산주의 이론의 창시자인 엥겔스와도 친분이 두터웠던 독일 마르크스주의 이론의 권위자다. 1918년 레닌의 10월혁명을 강력히 비판하면서 독일의 독립사회민주당에서 탈당했다.

16 혁명이 발발한 적국 러시아를 혼란에 빠트리기 위해 독일 정부는 망명 중이었던 레닌을 포함한 러시아 사회주의자들을 러시아로 보내기로 했으나 도중에 독일 사회주의자들과 접촉할까 봐 염려했다. 그래서 객실을 봉인하여 특별히 제작된 열차에 태웠는데 이를 가리켜 밀봉열차라 한다.

17 상트페테르부르크는 유구한 역사만큼이나 다양한 지명의 변천사를 갖고 있다. 제1차 세계대전 기간에는 적국 언어인 독일어에서 온 '부르그'를 러시아어인 '그라드'로 바꿔 페트로그라드로 불렀고, 1924년에는 레닌이 죽자 이를 기려 레닌그라드로 개명했다가 1991년 9월 6일 다시 옛 이름을 되찾았다.

나면서 러시아인들은 미르의 전통에 따라 모든 참가자가 대등한 권리를 갖는 '소비에트'를 전 산업 부문에 만들었다. 농민은 농민 소비에트를, 노동자들은 노동자 소비에트를 만든 것이다. 그러나 마르크시즘에 입각하여 혁명을 꿈꾸던 전통 사회주의자들은 '소비에트'에 크게 주목하지 않았다. 그들은 마르크스의 단계론에 따라 2월혁명은 봉건주의를 무너뜨리는 자본주의 혁명이었으니 이제 자본주의형 대의제도인 국회에 진출하고 자본주의의 모순이 좀 더 성숙하길 기다렸다가 노동자들이 주도하는 사회주의 혁명을 일으킬 계획이었다.

레닌은 이런 교조적 단계론을 무시했다. 노동자, 농민의 소비에트가 엄연히 국가의 모든 기관과 토지를 장악하고 있는데 필요 없는 중간 단계를 거칠 필요가 없다는 것이었다. 상황이 성숙하길 기다리기보다는 소비에트가 이제 마지막으로 남은 정치권력을 장악해 상황을 바꾸어야 한다는 것이 레닌의 주장이었다. 그리고 그의 주장대로 소비에트는 6개월 뒤 10월혁명에 성공하고 이후 세계사의 지도를 바꾸게 될 '소비에트 사회주의 공화국 연방'이 탄생한다.

이렇듯 리더로서의 레닌은 러시아혁명의 중요한 순간마다 자기만의 비전, 자기만의 글로벌 트렌드 분석, 그리고 당대 러시아의 현실에 기초한 독창적이고도 구체적인 방법론을 제시했다. 이는 정보혁명의 시대에 수없이 쏟아지는 각종 비전과 트렌드 분석 그리고 운영 방법론에 의존하는 지금의 기업 리더들에게도 시사하는 바가 크다. 사회주의 혁명이 옳든 그르든 레닌이 인류 역사를 바꾼 이 거대한 혁명에 성공했던 유일한 이유는 수많은 정보의 홍수 속에서도 현실에 충실한 독창적 비전과 방법론을 찾아냈기 때문이다. 치열한 경쟁에서 살아남는 유일한 무기는 역시 자기만의 그림을 그릴 줄 아는 것이다.

5

레닌은 왜 스탈린에게 모든 것을 빼앗겼는가?

러시아혁명의 성공적인 지도자 레닌은 1924년 1월 겨우 54세의 이른 나이에 뇌일혈로 사망했다. 혁명을 사업에 비유하자면, 상장에 성공한 지 겨우 7년밖에 지나지 않은 시점이었다. 공식적으로는 1918년 파티 카플란이라는 사회혁명당 여성운동원이 쏜 총에 의한 총상과 과로 누적으로 인한 고혈압이 사망 원인으로 알려져 있다. 그러나 역사적 인물의 사망 뒤에는 수많은 설이 난무하기 마련이다. 2004년 유럽 신경학회지에는 뇌일혈이 아니라 매독이 직접적 사인이라는 논문이 발표되기도 했다. 그런데 이 여러 가지 설과 함께 매우 유력하게 제기된 설이 고혈압이든 매독이든 이오시프 스탈린Iosif Stalin이 레닌의 건강 악화를 재촉해 사망을 앞당겼다는 것이다.

레닌은 스탈린이 죽였다?

1921년 중반부터 레닌은 심한 두통에 시달렸고 이때부터 그의 건강은 사실상 당黨이 관리하기 시작했다. 당은 휴가를 명령했지만 이후에도 건강이 계속 악화되자 1922년 초부터는 업무를 대폭 축소시키고 당의 명령 없이는 모스크바를 방문할 수 없도록 했다. 그해 10월부터는 요양 명령과 함께 일체의 서류 업무까지 금지시켰다. 그런데 이 모든 명령을 내린 서기국을 내부적으로 장악하고 있던 인물이 바로 스탈린이었다. 1922년 5월 서기장으로 공식 임명된 스탈린은 그해 12월에는 아예 레닌의 공식적인 건강관리자 자리에 앉는다. 그런데 레닌의 건강관리자였던 스탈린이 오히려 레닌의 죽음을 유도했다는 의심을 받는 이유는 무엇일까?

그 이유는 바로 이 시기에 레닌이 스탈린의 숙청을 준비하고 있었기 때문이다. 결국 사형수가 사형집행인의 건강을 관리하게 된 셈이다. 아이러니컬하게도 스탈린을 서기장으로 추천한 사람은 레닌이었다. 레닌이 스탈린을 중용한 것은 혁명적 소양, 즉 이념적 헌신성이나 이론적 명석함 때문이 아니었다. 이런 측면에서 보자면 트로츠키Leon Trotskii를 따라올 사람이 없었다. 더구나 당시 서기국은 중앙위원회, 정치국, 조직국에 비하면 훨씬 부차적인 조직이었다. 혁명에 성공한 이후 급속하게 비대해지는 당 조직을 효율적으로 관리하고 레닌의 명령을 신속하게 집행하는 하부 기관에 불과했다.

레닌이 스탈린에게 서기국을 맡긴 것은 각종 궂은일을 능숙하게 처리하는 탁월한 행정 능력 때문이었다. 한마디로 레닌에게 스탈린은 머리는 나쁘지만 충직한 노새 같은 존재였다. 그러나 건강 악화 이후 오히려 스탈린의 관리를 받게 되면서 레닌은, 스탈린이 인사권을 핵으로 삼아 당을 실질적으로 장악하고 전횡을 행사하기 시작했음을 뒤늦게 깨달았다. 하부 기관이었던 서기국이 실질적인 최상급 기관으로 부상하면서 스탈린의 거대한 관료부대가 만들어지고 있었던 것이다. 스탈린이 서기장이 된 후에야 레닌은 자신의 치명적 실수를 깨달았지만 이미 배는 떠난 뒤였다.

레닌은 이제 명령에만 복종하는 노새가 아니라 당의 지도자, 즉 자신의

1919년의 스탈린(왼쪽)과 레닌.

후계자로서 스탈린의 자질을 평가해야 했다. 물론 그 평가의 결과는 부정적이었다. 이는 당시 레닌이 아내 크룹스카야에게 급하게 구술한 유언에 잘 나타나 있다.

> "스탈린은 서기장이 된 후 자신에게 무한권력을 집중하고 있다. 나는 그가 이 권력을 신중하게 사용하리라고 확신할 수 없다. 게다가 스탈린은 서기장이 되기엔 너무 무례한 인물이다. (중략) 스탈린을 서기장직에서 축출할 방법을 강구하라."

레닌은 아내를 통해 이 유언을 당 대회에서 공개할 것을 당의 지도자들에게 요구했다. 놀란 스탈린은 '감히' 레닌의 아내에게 전화를 걸어 그녀를 모욕하는 동시에 당의 조사 대상이 될 수 있다고 위협했다. 이에 격분한 레닌은 1923년 5월 스탈린에게 직접 편지를 써서 절교를 선언했다. 마침내 스탈린의 파국이 코앞에 다가온 듯했다.

레닌의 죽음, 스탈린의 반전

그러나 운명은 스탈린의 편이었다. 스탈린의 사주에 의해서든 아니든 레닌은 절교를 선언한 뒤 사흘 만에 다시 심각한 발작을 일으키며 말도 하지 못하는 상태가 되었다. 그리고 1924년 1월 마지막 발작이 있은 후 사망했다. 더는 역사에 관여할 수 없는 인물이 되어버린 것이다. 아니 이미 역사는 스탈린의 편이었는지도 모른다. 레닌의 유언조차 상황을 바꿀 수 없을 만큼 이미 스탈린이 당의 핵심을 장악하고 있었기 때문이다. 레닌의 유언은 그가 사망한 후이긴 하지만 우여곡절 끝에 당 중앙위원회에서 공개되었다. 하지만 중병환자의 헛소리라는 취급을 받으며 공식 의사록에는 올라가지 못했다. 나아가 스탈린은 레닌의 유언과 죽음을 정적을 숙청하는 수단으로 활용했다. 숙적 트로츠키에 대한 공개적 비판을 시작한 것이다.

스탈린은 중앙위원들이 아직까지도 자신보다는 레닌의 영순위 후계자인 트로츠키를 더 경계하고 있다는 점을 백분 활용했다. 당시 레닌의 후계자로 공개적으로 지목되던 인물은 스탈린이 아니었다. 탁월한 이론가이자 선동가이면서 군대를 장악하고 있던 트로츠키, 각각 레닌그라드와 모스크바의 당 조직을 이끌고 있던 지노비예프Grigorii Zinovyev와 카메네프Lev Kamenev, 그리고 당의 대중적 근간인 소비에트를 이끌던 부하린Nikolai Bukharin이었다. 이 중에서도 트로츠키가 단연 앞서고 있었고 스탈린은 그의 경쟁 대상으로 거론조차 안 되었다.

레닌은 유언장에서 후계자 후보들의 장점과 단점을 열거했는데, 물론 트로츠키도 예외는 아니었다. 레닌은 과거 한때 자신에게 반대한 트로츠키의 멘셰비키 전력을 회고하면서, 그러나 이 단점이 향후 트로츠키가 당의 지도자가 되기에 결정적 장애가 될 수는 없다는 점을 강조했다. 이 유언의 요지는 스탈린을 숙청하고 트로츠키를 자신의 후계자로 지명하라는 내용이었다. 그러나 중앙위원회 회의에서는 스탈린뿐 아니라 트로츠키의 다른 경쟁자들에게도 불리한 이 유언의 논지는 무시되고 오직 트로츠키의 과오에 대한 레닌의 지적만 강조되었다. 여기서부터 그 유명한 이른바 '트로츠키주의'에 대한 공개적 공격이 시작되었다.

스탈린은 이후 레닌의 죽음을 더욱 적극적으로 권력 강화에 활용했다. 레닌의 신격화를 추진해 한편으로는 레닌주의에 반한다는 이유로 경쟁자들을 숙청하고 다른 한편으로는 유일한 레닌주의의 계승자인 자신을 영웅화했다. 트로츠키에 이어 지노비예프, 카메네프, 부하린 등이 차례로 숙청되었는데, 특히 500만 농민의 목숨을 앗아간 무시무시한 집단농장화 작업은 부하린을 숙청하기 위해 만든 논리에서 시작된 것이었다. 또한 스탈린은 레닌의 장례식을 성대히 치르고 시신을 영구 방부 처리하는 한편, 레닌의 이론을 자신의 이름으로 정리한 《레닌주의의 기초》라는 저서를 전 인민에게 마치 성경책처럼 배포했다. 이로써 스탈린은 이 세상에 남은 유일한 사회주의 혁명의 계승자이자 영웅이자 지도자가 된 것이다.

한때 레닌의 수족이었다가 숙청 위기까지 갔던 스탈린은 오히려 레닌의 마지막 숨통을 죄고 그 죽음을 활용해 레닌의 혁명과업을 가로채 독차지했다. 그렇다면 글로벌 수준의 창업에 성공했던 레닌의 실수는 무엇일까? 물론 폭력혁명 자체의 한계라는 지적이 우세하다. 그런데 만약 리더의 입장에서만 접근한다면, 그것은 아마도 너무 일찍 수성에 집착해 조직관리에만 큰 힘을 쏟았던 때문이 아닐까? 창업을 이끌었던 전위부대에 다시 힘을 실어 새로운 시장을 개척하기보다는 기존의 성과에만 안주해 관리에만 힘을 소진함으로써 창업의 기본정신과 성장동력을 동시에 잃어버렸기 때문은 아닐까? 이런 점에서 러시아의 흥미진진한 혁명사는 여러모로 오늘날 우리에게도 시사하는 바가 크다.

6

러시아는 나쁜 나라, 푸틴은 최악의 폭군?

2014년 발생한 우크라이나 사태로 인해 러시아에 대한 서방의 제재가 장기화되는 한편, 러시아에 대한 부정적 평가가 세계적으로 확산되었다. 유감스럽게도 이 평가 중에는 아직도 미국은 좋은 나라, 러시아는 나쁜 나라라는 이분법적 잣대에 의존하는 경우가 허다하다. 푸틴에 대해서도 마찬가지다. 서방이 보기에 푸틴은 국제법을 무시하는 세계적인 악의 상징이며 러시아 자국의 민주주의를 말살하는 폭군일 뿐이다. 그러나 푸틴은 2000년 집권 이후 오랫동안 과반수 넘는 높은 지지율을 유지하고 있으며, 우크라이나를 합병한 이후에는 지지율이 무려 80%를 넘어섰다.

대부분의 러시아인들에게 푸틴은 여전히 20년 전 옐친이 망친 경제를 살리고 60년 전 흐루쇼프가 버린 고향 크림반도를 되찾은 영웅이다. 해외에서도 부정적 평가만 있는 것은 아니다. 브라질·러시아·인도·중국·남아프리카공화국 등 신흥경제 5국, 즉 브릭스 국가와 아르헨티나 등은 포클랜드와 코소보 사태를 예로 들면서 서방의 이중적 잣대를 비난하고 푸틴을 간접적으로 지지하고 있다. 실제로 국제사법재판소의 코소보 관련 판결에 따르면 크림반도의 러시아 귀속 결정은 결코 위법이 아니다.

푸틴이 KGB가 된 사연

푸틴의 전횡을 이야기하는 각국 언론에서는 그의 KGB 전력을 자주 도마 위에 올린다. 그들에게 KGB는 테러, 살인, 파괴, 음모, 공작 등 세계 공산주의의 모든 어두운 면을 대표하는 상징이다. 푸틴은 대학 졸업 후 KGB에 들어갔고 1985년부터 1990년까지 독일에서 스파이로 활동했으며, 옐친 사단에서는 KGB의 후신인 FSBFederal Security Bureau의 국장을 역임했다. 푸틴의 이러한 이력이 그에 대한 부정적 이미지를 강화한다.

한 인터뷰에서 "정치 탄압의 도구인 KGB에 들어간 이유가 무엇이냐?"라는 질문을 받은 푸틴은 "그런 사실을 전혀 몰랐다"라고 대답했다. 9학년이 되던 해, 16세의 푸틴은 다짜고짜 KGB 레닌그라드 지국을 찾아가 "어떻게 해야 여기 취직할 수 있나요?"라고 물었다고 한다. 이 당돌한 소년에게 KGB는 어떤 의미였을까?

푸틴이 유년을 보낸 1950년대 초반의 레닌그라드는 아직 제2차 세계대전의 상처가 아물지 않은 상황이었다. 900일 봉쇄기간 동안 무차별 폭격으로 무너진 건물이 복구되지 않아 주택가 곳곳은 여전히 폐허였다. 그런데 푸틴을 비롯한 아이들에게 이 폐허는 오히려 훌륭한 놀이터였으며, 당연히 아이들은 주로 전쟁놀이를 즐겼다. 독일이 남긴 상처 속에서 아이들은 독일과의 전쟁을 승리로 이끈 전쟁영웅들을 흉내 내며 자연스럽게 애국심을 키웠다.

그 영웅들 중 가장 멋진 주인공은 바로 제2차 세계대전 당시 독일에서 활동한 스파이들이었다. 이 시절 소련에서 자란 아이들 대다수는 멋진 스파이가 되는 꿈을 꾸었다. 푸틴도 예외는 아니었다. 다만 다른 아이들에게는 한

때의 꿈에 불과했지만 푸틴은 이 꿈을 끝까지 간직했다. 특히 푸틴이 8학년이던 1968년 소련 전체에 센세이션을 일으킨 첩보영화 〈창과 방패〉는 푸틴의 꿈을 완전히 굳혀주었다. 제2차 세계대전 당시 독일 장교 행세를 한 러시아 영웅의 실화를 바탕으로 한 영화였다. 총 4부작이었던 이 영화는 1부 상영 시 6,830만 명이 관람했고 총관객은 2억 3,000만 명에 달했다. 사실상 당시 약 2억 4,000만 명이던 소련 인구 전체가 본 것과 다름없는 엄청난 히트작이었다. 푸틴이 KGB를 찾아간 것도 바로 이 영화를 본 다음 해였다. 그에게 KGB는 무시무시한 단체가 아니라 조국을 지키기 위해 목숨을 걸고 독일 나치들 사이에서 활약하는 멋진 영웅들의 조직이었던 것이다.

이 당돌한 소년에게 KGB 요원은 우선 KGB는 희망자를 절대 받지 않으며 또한 대학이나 군대를 다녀오지 않으면 들어올 수 없다고 딱 잘라 거절했다. 그러나 푸틴은 기가 죽기는커녕 그럼 어떤 대학을 가야 하냐고 물었고 기어코 법대라는 대답을 받아냈다. 그전에는 공부에 전혀 관심이 없었던 소년은 뒤늦게 학업에 열중했고 명석한 두뇌 덕분에 당시 소련의 최고 대학 중 하나인 레닌그라드 국립대학 법학과에 입학했다. 그리고 1975년, 마침내 꿈에 그리던 KGB에 들어간 푸틴은 1985년부터 1990년까지 실제로 독일에서 스파이로 활약했다.

밑바닥 계층 소년 푸틴이 꿈꾸던 미래

물론 푸틴이 KGB에 들어가고자 한 데는 보다 현실적인 이유도 있었다. 2016년 현재 러시아 3선 대통령이자 400억 달러의 엄청난 자산가인 푸틴의 과거는 지금 모습과는 무척 다르다. 무엇보다도 그는 러시아에서 가장 밑바닥 계층을 전전하던 집안 출신이다. 모계와 부계 양쪽 집안 모두 사회주의 혁명이 있기 전 300년 동안 러시아 제국의 최하층 농노에 속했다. 농노 중에서도 자기 소유의 땅이 전혀 없는, 러시아 말로 '보빌Bobyl'이라 불리던 농노였다. 이 계층은 납세의 의무도 군역의 의무도 없었던 그야말로 인간 취급조차 받지 못하는 불가촉천민에 가까웠다.

사회주의 혁명이 일어난 뒤에도 사실 큰 변화는 없었다. 다만 푸틴의 친할아버지가 요리 솜씨가 뛰어나 레닌과 스탈린의 요리사로 일했다는 것이 유일한 특기 사항이다. 하지만 아버지는 공장의 경비나 노동자를 전전했고 푸틴이 어린 시절을 보낸 집은 '코무날카kommunalka'라고 불리는 보잘것없는 공동주택이었다. 코무날카란 본래 혁명 전 귀족 한 가족이 살던 집에 혁명 이후 여러 노동자 가구를 집단적으로 거주하게 하면서 부엌과 화장실, 목욕탕을 공동으로 쓰게 했던 소련 특유의 주거 형태를 말한다. 심지어 방 한 칸에서 두세 가구가 같이 살기도 했다. 푸틴이 부모와 살던 방은 채 7평도 안 되었고 수도나 난방 시설도 제대로 갖춰지지 않았던 것으로 알려져 있다.

형식적으로는 평등을 내세웠던 소련 사회도 실상은 엄연한 계급사회였던 것이다. 최하층을 전전하던, 푸틴 같은 노동자 계층이 출세의 사다리를 타고 올라갈 방법은 그리 많지 않았다. 어린 푸틴에게 KGB는 자신과 같은 순수 노동자 출신 성분, 더구나 레닌과 스탈린의 밥을 해주는 할아버지를 둔 아이가 출세할 수 있는 거의 유일한 출구였다. 당시 소련에서 KGB 요원은 좋은 아파트, 비싼 차, 해외 근무 등이 보장된 꿈의 직장이기도 했다. 푸틴은 KGB 입사를 통해 어린 시절의 꿈과 물질적 행복 그리고 계층 상승이라는 목표를 모두 달성할 수 있었다. 그러나 이 청년이 나중에 러시아의 대통령이 되리라고는, 그 누구도 심지어 본인조차 예감하지 못했다. 푸틴이 냉혹한 정치의 세계에 입문하고 대통령에 당선될 수 있었던 숨은 힘은 무엇이었을까?

푸틴을 대통령으로 만들어준 원동력

2014년 5월 21일 러시아 푸틴 대통령은 중국을 방문해 무려 4,000억 달러 규모의 가스 공급 계약을 체결하여 다시 전 세계 언론의 주목을 한 몸에 받았다. 그야말로 바둑에서 나오는 선수先手 잡기의 달인을 보는 듯했다. 그해 3월 푸틴이 전 세계가 설마 하는 사이에 우크라이나 크림반도를 덥석 합병하자 미국과 유럽은 강력한 경제제재를 준비했다. 그러나 경제제재를 준비하고 동부 우크라이나에 대한 러시아의 추가 개입을 성토하느라 정신이 없었던 서방은 정작 크림반도에 대해서는 까맣게 잊고 있었다. 이렇게 우크라이나 내전을 방어막으로 크림반도 합병을 기정사실화한 푸틴은 서방의 경제제재를 대비해 중국과 10년간 끌어오던 가스 가격 협상을 전격적으로 마무리 지은 것이다. 러시아 경제의 아킬레스건인, 유럽에 대한 높은 에너지 수출 의존에서 벗어나기 위한 포석이었다. 서방은 이제 차도 떼이고 포도 떼이는 실정이 되었고, 푸틴은 모든 수를 이미 다 읽고 있다는 듯 큼직한 선수를 성큼성큼 놓아갔다.

이후 서방의 대러시아 경제제재는 러시아에도 타격을 주기는 했으나 유럽 역시 제 살 깎아먹기 식으로 손실을 감수해야 했다. 저유가 위기가 도래하기 전까지 전문가들은 푸틴의 용의주도함에 감탄을 금치 못했다. 그런데 바로 이 용의주도하고 냉정한 현실주의야말로 오늘날 무소불위의 권력자 푸틴을 있게 한 것이다.

독일 드레스덴에서 KGB 요원으로 활동하며 한창 출세 가도를 달리던 푸틴은 동독 붕괴를 목도한 뒤 1990년 모스크바 근무 제안을 마다하고 과감히 고향 레닌그라드로 돌아왔다. 이미 그의 어릴 적 꿈이었던 KGB에, 나아가 소련에 더는 미래가 없음을 간파했던 것이다. 푸틴은 새로운 시대를 맞고 있는 러시아에서 새로운 꿈을 실현하기 위해 정치에 뛰어들기로 결심했다.

소련이 붕괴하던 1991년 러시아 민주화 운동의 중심지인 레닌그라드, 그 도시의 최고 지도자이자 시의회 의장이었던 아나톨리 소브착Anatoly Sobchak을 찾아가 그의 보좌관이 되었다. 페레스트로이카 직후 대통령 자리에 오른 사람은 모스크바의 옐친이었지만, 당대 최고의 인재들은 민주화 운동의 실질적 리더였던 레닌그라드의 소브착 주변으로 모여들고 있었던 것이다. 실제로 이들이 나중에 크렘린의 요직을 독차지하게 되는데, 푸틴이 메드베데프Dmitry Medvedev와 인연을 맺게 된 것도 바로 소브착 덕분이었다.

소브착과 푸틴 그리고 옐친

소련 붕괴 후 소브착은 최초의 직선제 시장으로 당선되었고 푸틴은 그의 오른팔이 되어 대대적 개혁을 실행했다. 레닌그라드가 상트페테르부르크로 개명한 것도 바로 이때 일이다. 경제가 바닥으로 떨어진 당시 러시아에서 가장 긴급한 정책은 해외자본을 유치해 하루빨리 시장경제를 정착시키는 것이었다. 소브착은 푸틴에게 이 업무를 일임했다. 대외 담당 부시장이 된 푸틴은 러시아 최초로 외환거래소를 설립하고 러시아 최초로 독일 은행의 지점을 개설했으며 자본유치를 위해 전 세계, 심지어 한국까지 방문해 서울, 부산, 남해안 일대를 훑었다. 동시에 도시의 경찰 및 연방 보안국까지 책임졌고 시장이 외유로 자리를 비울 때는 시장대행까지 할 정도로 막강한 권력을 행사했다. 소브착의 시장 재선과 차기 대통령 출마가 유력했기 때문에 푸틴의 미래는 그야말로 탄탄대로였다.

그러나 호사다마라고 했던가. 푸틴에게 예상치 못한 시련이 다가온다. 먼저 그는 무려 1억 달러가 넘는 배임 혐의로 고소되었다. 해외에서 유치한 자본의 일부를 유용했다는 혐의였다. 이때 푸틴이 혐의를 벗는 데 결정적 증언을 한 사람이 바로 법학과 후배 메드베데프다. 이때 맺어진 두 사람의 인연이 어디까지 가게 되는지는 이제 모두들 잘 알고 있다.

그러나 가까스로 혐의에서 벗어난 푸틴을 기다리고 있었던 것은 더 큰 시련이었다. 시장 재선에 나선 소브착이 그만 낙선을 하고 만 것이다. 어이없게도 푸틴과 함께 소브착을 보필하던 또 다른 최측근 부시장 블라디미르 야코블레프Vladimir Yakovlev가 그를 배신하고 직접 시장 선거에 나서 온갖 비방과 흑색선전으로 소브착을 부패 관료로 낙인찍어 낙선시킨 것이다. 사실 이 사건의 배경에는 강력한 대권 경쟁자 소브착을 정치적으로 매장시키려는 옐친 대통령이 있었다는 이야기도 나돌았다. 낙선한 소브착은 프랑스로 망명을 갔고 푸틴과 메드베데프는 갑작스럽게 거리에 나앉는 신세가 되고 말았다.

그런데 바로 이때부터 놀라운 반전이 시작된다. 뜻밖에도 옐친 대통령의 행정실에서 같이 일하자는 제안이 들어온 것이다. 당시 옐친은 이미 알코올중독이었으니, 옐친이 직접 불렀다기보다는 푸틴의 개인적 인맥이 작용한 것이겠지만, 아무튼 푸틴은 과감히 이 제안을 받아들였다. 호랑이를 잡으려고 호랑이굴로 들어가는 격이었다. 얼마 지나지 않아 푸틴은 대통령 행정실 부실장이 되었으며, FSB 국장까지 역임했다. 그리고 마침내 세계를 놀라게 하는 깜짝쇼가 펼쳐졌다.

IMF의 충격에서 벗어나지 못하며 지지도가 바닥까지 떨어진 옐친이 1999년 8월, 당시 서방세계에는 전혀 알려지지 않았던 인물 푸틴을 총리로 임명한 것이다. 총리가 된 푸틴은 한 달 뒤, 아직 상트페테르부르크에 남아 있던 메드베데프를 크렘린으로 불러올렸다. 이른바 '소브착의 아이들'이 크렘린을 장악하기 시작한 것이다. 이윽고 그해 12월 옐친은 대통령직을 사임하고 푸틴을 권한대행으로 지명했으며, 이와 동시에 메드베데프는 대통령 행정실 부실장으로 승진했다.

마침 이때 그들의 스승인 소브착이 심장병으로 갑작스럽게 사망했다. 오

소브착의 장례식에 참석해 미망인, 딸과 대화하는 푸틴.
© AP/연합뉴스

랜 정신적 상처가 터져버린 것이었다. 러시아 사람들은 이제 푸틴이 본격적으로 소브착의 복수를 단행하리라 내심 기대했다. 장례식장을 찾은 푸틴에게 슬픔에 빠진 소브착의 부인이 딸과 함께 무언가를 부탁하듯 속삭이고 푸틴이 고개를 끄덕이는 장면이 TV를 통해 러시아 전역에 방송되었다. 이 모습을 본 이들은 모두 이제 가차 없는 복수가 시작될 것이라고 예상했다.

그러나 얼마 후 뜻밖의 발표가 다시 한 번 사람들을 놀라게 했다. 푸틴이 전직 대통령과 그 가족에 대한 면책특권을 입법화한 것이다. 동시에 푸틴은 차기 대통령 선거 출마를 선언했으며, 2000년 3월 26일 대통령에 당선되었다. 푸틴과 옐친 사이에 어떤 거래가 있었는지는 모르지만 푸틴이 냉정한 현실주의자라는 사실만은 다시 한 번 입증된 셈이다. 이로부터 8년간 러시아는 눈부신 경제성장을 이루어냈다. 흥미로운 것은 같은 기간 러시아 연예계의 최고 스타로 성공한 소브착의 딸은 지금까지도 러시아의 반푸틴 운동에 앞장서고 있다는 점이다.

그러나 푸틴이 복수를 완전히 포기한 것은 아니었다. 대통령이 된 푸틴은 시장직선제를 대통령임명제로 바꾼 뒤 자신의 은사를 배신한 상트페테르부르크 시장 야코블레프를 끝내 자리에서 내쫓았다. 아주 현실적인 형태의 복수를 실행한 것이다. 그리고 푸틴은 자신을 위기에서 구해준 메드베데프에게도 현실적으로 가능한 모든 것을 해주었다. 러시아 최대 국영기업 가스프롬 사장직을 주었고, 이후에는 총리직을, 그리고 마침내 후임 대통령 자리까지. 하지만 딱 거기까지였다.

냉정한 현실정치가 푸틴이 서방의 제재와 저유가라는 현재의 큰 위기를 어떻게 뚫어나갈지, 특히 글로벌 정치판에서 내딛을 향후의 발걸음이 궁금해지는 까닭은 푸틴의 이러한 내력 때문이다.

:: 6부 ::

러시아의 미래, 그리고 한국의 기회

zoom in 러시아 '경제'

지금까지 주요 키워드를 통해 러시아 문화의 정수를 파악하고, 러시아의 역사와 리더들, 러시아의 음악·발레·미술 등 예술, 그리고 문학 작품을 통해 러시아 전반에 관한 보다 심층적인 이해를 시도했다. 이 모든 노력은 무엇보다 한국과 러시아 간에 생산적 협력 관계를 만들기 위한 것이다. 깊이 이해할수록 러시아는 우리에게 더욱 가까워지고 그래서 함께할 수 있는 것이 더 많은 나라가 될 것이다. 그러나 러시아로 진출하려는 한국 기업인들에게 현실의 러시아는 그리 매력적이지 않다. 실제로 한국 정부와 기업인들이 경험한 무수한 실패 사례는 러시아 시장의 사업 리스크가 얼마나 큰지를 반증한다. 그러나 이 책임을 과연 러시아의 사업환경 탓으로만 돌릴 수 있을지는 의문이다. 마지막으로 6부에서는 현재 한국과 러시아 기업 간의 협력 현황을 살펴보고 과연 한국 기업이 러시아 시장에 뛰어들어 성공할 수 있는 방법은 없는지를 검토하고자 한다.

유가 하락과 서방의 제재로 경기가 급락하고 있는 러시아가 한국을 비롯한 동아시아에 적극적인 구애 작업을 하고 있지만 큰 성과가 없는 것이 사실이다. 그러나 오리온이나 한국야쿠르트 같은 기업들은 철저한 현지 시장조사를 기반으로 비즈니스에 나서, 러시아의 경제 침체에도 불구하고 러시아 식품시장에서 승승장구하고 있다. 또한 로템과 경동나비엔 등은 전혀 사업기회가 없을 것 같은 쓰레기처리 및 난방기기 시장에서 온갖 암초를 깨부수며 독보적인 시장점유율을 달성하는 데 성공했다.

한편, 최근의 러시아 경제는 젊은 세대를 중심으로 급격한 변화의 바람을 타고 있어 그러한 변화가 새로운 사업기회를 만들어내고 있다. 러시아의 젊고 유능한 IT 인력과 러시아 정부의 혁신 정책을 활용하여 한국의 취약 업종인 클라우드 업계의 신기원을 연 ASD테크놀로지의 사례는 러시아 진출을 준비하고 있는 기업들에 많은 시사점을 제공할 것이다.

1

한국 기업이 러시아에서 성공하려면?

사업환경이 열악하기로 악명 높은 러시아, 이 러시아에서 한국 기업은 어떻게 성공할 수 있을까? 게다가 2014년 이후 경제제재와 국제유가 하락으로 러시아 경제가 깊은 수렁에 빠진 상황에서 굳이 춥고 힘든 러시아로 진출할 필요가 있을까? 그러나 성공한 기업의 요건 중 하나가 역발상이듯 어쩌면 지금이 러시아로 진출할 절호의 기회일 수 있다. 무엇보다 지금처럼 러시아가 스스로 밥상을 차려놓고 한국 기업에 먼저 손을 내민 적이 없다는 사실을 간과할 수 없다.

다시 날개를 펴는 러시아, 한국 기업을 부른다

러시아의 대외여건이 부정적이라는 이유로 많은 기업이 놓치고 있는 중요한 사실은 최근 러시아의 사업환경이 눈에 띄게 개선되고 있다는 점이다. 세계은행에서 매년 발표하는 사업환경 지표인 '두잉 비즈니스Doing Business' 순위가 이를 잘 보여준다. 2012년 120위(183개국)였던 러시아의 순위는 푸틴 대통령이 20위 달성 목표를 제시한 다음 해부터 빠른 속도로 상승해 2013년 92위, 2014년 62위, 2015년 54위, 2016년에는 51위까지 올랐다. 4년 만에 무려 69계단이나 고속 월반한 것이다. 급속한 사업환경 개선에 기여한 항목은 계약의 효력 발휘 수준(5위), 재산 등록(8위), 전기 도입(29위), 은행 대출(42위), 납세 관련(47위) 등이다. 반면 건설허가(119위), 국경 간 무역(170위) 부문에서는 여전히 매우 열악한 수준이다. 한마디로 수출입 통관과 건축 절차가 까다로운 대신 러시아 내의 창업환경은 선진국 못지않은 수준(41위)으로 올라섰다고 볼 수 있다. 러시아를 상대로 돈을 벌려면 러시아 밖에서가 아니라 러시아 안으로 들어와서 사업을 하라는 러시아 정부의 의도가 잘 드러나는 지표다.

한편 대내외적 문제로 성장의 한계에 몰린 러시아의 출구전략 또한 한국 기업에 러시아 진출의 호기를 제공하고 있다. 현재 러시아의 경제성장을 가로막는 두 가지 문제는 자원에 대한 과도한 의존과 서부 지역으로의 경제 편중이다. 주지하듯 석유와 가스가 러시아 전체 수출의 65%와 재정의 50%(2014년 기준)를 차지하기 때문에 유가 하락은 곧 러시아 경제의 위기를 의미한다. 유가 급락으로 2014년 러시아의 경제성장률이 0.6%를 기록한 데 이어 2015년에는 2009년 금융위기 이후 처음으로 역성장(-3.7%)을 기록했다. 2015년 10월 IMF는 저유가 지속으로 러시아의 경제성장률이 2016년 -0.6%를 기록한 후 2020년까지 매년 1%대에 머물 것으로 전망했다. 그러므로 석유에 대한 지나친 의존도를 낮추기 위한 산업다각화와 경제현대화 정책은 러시아 정부 입장에선 국가의 운명을 결정짓는 절체절명의 과제가 아닐 수 없다.

또한 러시아의 인구와 경제적 부가 집중되어 있는 서부 지역의 정체도 중요한 장해물이 되고 있다. 성장한계에 도달한 서부 지역 경제의 대안을 찾아야 하지만 그 유력한 대안이어야 할 러시아 극동 지역은 몹시 열악한 상황이다. 이 지역의 면적은 약 617만km^2로 러시아 전체의 약 36%(대한민국의 62배 정도)를 차지하지만 인구는 622만 명으로 전체의 약 4%, 지역총생산은 2조 7,000억 루블로 전체의 약 4.4%에 불과하다(2014년 기준).[1] 게다가 낙후한 인프라, 부족한 일자리, 높은 물가 등으로 인해 인구는 계속해서 줄어드는 추세다. 이에 러시아 정부는 러시아 동부 지역을 개발하기 위해 '동진 정책'을 최대 현안으로 추진하고 있다.

러시아 정부는 경제현대화와 동진 정책 추진 과정에서 최상의 파트너로 한국 기업을 지목하고 있다. 중국의 거대자본은 극동 지역을 아예 중국 땅으로 만들 위험이 있고 일본 기업은 쿠릴열도를 둘러싼 영토분쟁으로 제약을 받는다. 그러나 한국은 기술과 자본을 갖추고 있으면서도 러시아와 갈등 소지가 거의 없다. 실제로 2010년 서울 G20 정상회의 시 열린 한·러 정상회담에서 한국 기업에 대한 러시아의 구애가 본격화되었다. 정상회담 이후 한국과 러시아 간 경제협력 프로젝트들이 본격적으로 가동되었다. 대다수 프로젝트는 한국 기업이 러시아 극동 지역의 산업현대화에 기술이나 자본을 투자하여 러시아의 동진 정책과 산업현대화를 동시에 실현하는 사업이다.

2010년 한국전력과 LG상사가 극동의 송배전망 현대화 사업 착수를 위한 MOU를 체결했다. 같은 해 한국 해양수산부는 극동 5대 항만(블라디보스토크, 포시에트, 보스토치니, 나호드카, 바니노)의 현대화를 위한 논의를 시작하여 2014년 1월 해양수산부 장관과 러시아 교통부 장관이 〈한 · 러 항만개발 협력에 관한 업무협약〉을 체결하고 같은 해 4월부터 사업 기본계획 수립 및 타당성 조사를 진행하고 있다. 2010년 현대중공업은 블라디보스토크

1 러시아 통계청.

의 10만m² 부지에 연간 350대 규모의 고압차단기 생산 공장 건설을 시작하여 2013년 1월에 준공했다. 예상되는 연매출액은 2억 달러로 현대중공업이 2012년 한 해 동안 러시아 고압차단기 시장에서 거둔 매출액(4,000만 달러)의 5배에 해당한다. 2014년에는 LS네트웍스가 독일과 일본 등 일곱 개 업체를 제치고 러시아 유즈노사할린스크 국제공항 현대화 프로젝트 F/S(사업타당성 분석) 및 마스터플랜(개발계획안) 용역을 수주했다.

여전히 리스크 헤지는 필요하다

한국 정부나 기업이 일방적으로 원해서가 아니라 러시아 정부의 요청으로 시작된 한국 기업의 진출은 과연 모두 성공적이었을까? 2010년 한·러 정상회담의 대표적 성과로 꼽힌 현대중공업의 고압차단기 공장은 2013년 준공까지는 비교적 모든 것이 순조롭게 전개되었다. 그러나 5,300억 원을 투입한 공장은 준공 이후 당초 연간 200대 정도의 제품을 구매해주기로 한 러시아 연방송전망공사FGC가 약속을 지키지 않아 가동이 중단되었다. 2014년 12월 뒤늦게 러시아 정부는 공장 운영을 정상화할 수 있도록 연내에 60대의 고압차단기를 구매하기로 약속하고 추가로 40대를 구매하는 협상도 시작했다. 그러나 엎친 데 덮친 격으로 2014년 말 이후 러시아 루블화의 가치가 급락해 해외자재 구입비가 급등하면서 유럽산 완제품을 수입하는 것이 현지에서 제작하는 것보다 저렴했다. 만들면 만들수록 손해를 보는 상황이 된 것이다. 결과적으로 러시아 정부의 약속 위반과 대외충격에 약한 자원의존형 경제의 취약점, 즉 환율 불안으로 인해 이 프로젝트는 접어야만 했다.

러시아 정부가 원해서 진행한 프로젝트인데도 이렇게 힘이 든다면 다른 경우는 오죽할까. 과연 한국 기업이 좀 더 쉽게 진출해 성공할 방법은 없는 것일까? 다행히 러시아 극동 지역의 현대화 사업에서 성공적인 사례를 보여주는 모범적인 한국 기업이 있다. 바로 유즈노사할린스크 공항 현대화 사업을 추진한 LS네트웍스다. 이 기업은 러시아 중앙정부의 정책에 의존하기보다 비록 작은 규모일지라도 실제 사업 현장에서 러시아 지방정부와 신뢰를 쌓아 이를 바탕으로 차츰 규모와 범위를 넓혀가는 상향식bottom-up으로 접근해갔다. 먼저 84만 달러의 소규모 프로젝트를 성공적으로 수행하고 이후 1억 달러 규모의 국제공항 터미널 설계와 시공 프로젝트로 규모를 키웠으며 이와 동시에 6,000만 달러 규모의 하바롭스크 주정부 산하 시설관리공단에서 발주한 '폐기물 선별 처리장 사업'으로 포트폴리오를 확장해나갔다. 이렇게 다양한 포트폴리오와 사업현지화로 착실하게 기반을 다진 LS네트웍스는 러시아 중앙정부와 극동 지역 주정부 차원에서 추진 중인 지하보도 건설, 온수관 확충, 도로 건설 등 주요 인프라 프로젝트를 수행하면서 '지역 전문 상사'로서 입지를 굳힐 수 있었다.

무엇보다 러시아 특유의 사업환경에 맞는 위기관리 시스템을 마련한 것이 주효했다. 2014년 유가 급락으로 러시아의 경제위기가 심화되어 1억 달러 규모 프로젝트의 추진 여부가 기로에 놓이자 LS네트웍스는 발주처인 유즈노사할린스크 공항의 주주로 나설 가능성을 타진해 한국수출입은행으로부터 해당 프로젝트의 비용 40%에 해당하는 차관(연이자 5~6%)을 제공받는 데 성공했다. 이로써 프로젝트 자체를 살리는 동시에 발주처 및 러시아 현지 자치정부의 신뢰를 확보할 수 있게 되었다.

LS네트웍스가 보여준 가장 중요한 위기관리 능력은 자원 수출국인 러시아 경제의 특징을 오히려 적극적으로 활용한 '환 헤지' 구조에 있었다. 러시아산 수산물과 곡물을 제3국에 수출하는 3국 간 거래 사업을 추진하면서 루블화 가치 변동을 오히려 전략적으로 활용한 것이다. 러시아 내 수출입 대금을 루블화로 연계해 처리하는 방식으로 리스크를 줄이는 방법이다. 발주처에서 현지 합작법인에 루블화로 결제하면 합작법인에서 현지 수출업체에 루블화로 결제하는 방식으로 환 헤지 효과를 극대화했다.

철저히 러시아 극동의 사업환경에 맞춘 LS네트웍스의 사업 포트폴리오 확장 방식과 위기관리 능력은 이 지역을 포함해 향후 러시아 진출을 계획하는 우리 기업에 좋은 모범이 될 것이다.

2

성공한 한국 기업들 (1): 제대로 알고 공략해야 성공한다

1억 4,000만 명의 거대한 소비시장과 대규모 인프라 사업의 집산지인 러시아가 스스로 사업환경을 개선하며 한국 기업을 청하고 있지만 아직은 선불리 나서기가 어렵다. 그러나 러시아 시장에 대한 면밀한 사전조사를 통해 리스크 헤지 수단을 조기에 마련한다면 지금이야말로 러시아는 한국 기업에 제2의 블루오션이 될 수 있다. 앞서 잠시 소개하기도 했지만, 지금도 러시아 시장에서 여봐란 듯 성공하고 있는 한국 기업이 생각보다 많은 것도 사실이다. 그 가운데 우선 식품기업의 대명사로 통하는 한국야쿠르트와 오리온의 성공사례를 소개한다.

러시아에서 승승장구하는 '도시락'

대부분의 러시아인들은 컵라면이 러시아어로 '도시락'이라고 생각한다. 그 정도로 한국야쿠르트의 용기라면 '도시락'이 러시아 시장에서 대단한 인기를 누리고 있다. 2014년 도시락 제품의 러시아 시장 매출액은 약 2,000억

원으로 러시아 전체 라면 시장의 20%, 컵라면 시장의 60%를 점유하며 브랜드 이미지 면에서도 1위를 차지하고 있다.[2] 중국산이나 베트남산(10~15루블)보다 2배나 비싼 한국야쿠르트의 라면(23~30루블)이 러시아에서 승승장구하는 비결은 무엇일까? 물론 컵라면이 러시아 문화와 꼭 맞아떨어졌다는 점이 첫 번째 성공요인이다. 세계에서 가장 긴 시베리아횡단철도가 있는 러시아에는 장시간의 기차여행이 생활화되어 있다. 여기서 뜨거운 물을 부어 바로 먹는 컵라면은 간편식으로 안성맞춤이다. 또 러시아에는 주말이면 가족끼리 주말 별장인 '다차'로 가서 오이나 감자 등 채소를 재배하는 문화가 있는데, 이때도 컵라면이 유용하다. 장기적으로 떠나는 여름휴가 문화, 세계에서 둘째가라면 서러워할 러시아인의 음주문화에도 간편하고 얼큰한 한국의 컵라면은 딱 들어맞았다.

그러나 이러한 행운이 유독 한국야쿠르트에만 해당되는 이야기는 아니다. 국내에서 한국야쿠르트는 라면 제조업체로서는 삼양이나 농심, 빙그레에 한참 뒤지는 후발주자였다. 그런데 이런 일종의 '열등의식'이 한국야쿠르트의 러시아 진출에는 오히려 약이 되었다. 국내시장에서 고전을 면치 못하던 한국야쿠르트는 해외시장에 사활을 걸어야 했다. 1991년 12월 2일, 처음으로 2만 1,000개의 상자를 러시아로 수출한 후 몇 년간 한국야쿠르트의 실적에는 사실 신통한 변화가 없었다. 그러나 이 기업의 헝그리 정신은 똑같이 헝그리 정신으로 무장한 러시아 보따리 상인들의 움직임을 놓치지 않았다. 당시 부산항을 드나들던 러시아 보따리 상인들은 한국야쿠르트의 공식 수출 물량보다도 많은 물량을 구입하고 있었다. 한국야쿠르트의 네모난 용기는 열차에서 잘 엎어지지 않아 인기가 높았다. 이 작은 발견에 한국야쿠르

2 "'그들만의 리그' 유라시아경제연합, 시장을 여는 열쇠는?" (2015. 10. 13). 《주간무역》.

트는 사활을 걸어보기로 하고 1997년 6월 동토의 땅 블라디보스토크에 현지 사무소를 개설했다. 이후 과감한 현지 마케팅으로 1996년 2,000만 개였던 수출이 1997년에는 1억 1,000만 개로 늘어났다.

그러나 성공은 그리 쉽게 찾아오지 않았다. 이듬해인 1998년 8월 러시아가 모라토리엄을 선언하자 한국야쿠르트도 심각한 매출난에 허덕이게 된다. 월 200만 달러 이상이던 매출이 8만 달러대로 급감했다. 게다가 체첸전쟁이 발발하고 옐친 대통령의 레임덕까지 더해지면서 러시아 내의 사업환경은 최악으로 치달았다. 대부분의 외국 기업과 투자자들은 사업을 철수하거나 자본을 회수했다. 그러나 한국야쿠르트는 "리스크 없는 기회는 없다"라는 역발상의 기치를 내걸고 판매망 확대를 위해 대대적 투자를 감행했다.

러시아는 모스크바를 포함한 수도권 인구가 러시아 전체 인구의 70% 이상이고 1인당 연간 식품소비액(4,000달러)도 타 지역의 3배 수준이다. 한국야쿠르트는 블라디보스토크 등 러시아 동부에 편중된 시장을 수도 모스크바로 확대하는 데 총력을 기울였다. 1999년 모스크바에 사무소를 개설하고 시장조사를 실시해 극동 지역은 얼큰하고 매운 맛을, 모스크바 쪽은 순한 맛을 선호한다는 것을 알아냈다. 이에 따라 기존의 소고기맛에 이어 부드럽고 순한 닭고기맛으로 제품군을 확대했다. 실제로 시베리아를 포함한 동부지역 매출의 70%가 소고기맛 제품이고, 모스크바를 포함한 서부 지역 매출의 70%가 닭고기맛 제품이다.

또한 광고비가 가장 비싼 러시아의 대표 중앙방송 ORT에서 전국 광고를 시작했다. 러시아 소비자들이 광고, 특히 비싼 TV 채널 광고에 대한 신뢰도가 높다는 연구 결과를 적극 반영한 것이었다. 그 결과 1년 후인 2000년부터 다시 매출이 늘어났다.

"러시아에서는 비합리적이고 비합법적인 방법이 최선이다"라는 선입견이 있다. 그래서 러시아에 진출한 대부분의 한국 기업은 러시아 법망을 벗어나는 '인맥'에 의존하다가 끝내는 손해를 보고 쫓겨나는 경우가 많다. 한국야쿠르트도 사업 초기 이런 상황에 직면했다. 신용장L/C, Letter of Credit 개설 등 정상적 상거래가 형성되지 못해 중간상인의 신용을 바탕으로 하는 현금 중심 거래에 100% 의존해야 했다. 그러나 한국야쿠르트는 거래선 이탈의 위험을 감수하면서까지 1998년부터는 블라디보스토크에 현지 판매와 수입을 수행하는 거래인을 지명했다. 그 결과 오히려 매출이 증가하고 극동 지역 판매채널이 확고해졌다. 한마디로 정도경영이 효과를 보기 시작한 것이다. 모스크바 진출에 성공한 뒤 한번은 바이어가 판매대금 입금을 거부해 미수금이 한없이 불어나 사업을 접어야 할지도 모르는 상황에 놓이기도 했다. 이때에도 한국야쿠르트는 손해를 감수하면서 과감히 거래선을 교체했다. 출혈이 생길지라도 정상적인 상거래 조건과 건강한 파트너를 갖추어 장기적 시장 창출의 발판을 마련했던 것이다. 결국 러시아 같은 신흥국일수록 정도경영이 도리어 최상의 전략이라는 사실이 다시 한 번 입증되었다.

이러한 성공에 힘입어 한국야쿠르트는 2004년과 2010년 러시아 현지에 생산 공장 두 곳을 세워 연간 3억 5,000만 개의 라면 생산 시설을 갖추게 되었다. 한국의 식품기업으로서는 유일하게 제품 생산과 공급, 판매를 연결하는 체계를 구축한 것이다. 그 덕분에 한국야쿠르트는 러시아 소비자와 유통망의 전적인 신뢰를 얻어 2016년에도 여전히 러시아 컵라면업계 부동의 1위 자리를 고수하고 있다.

러시아 대통령의 간식, 초코파이

2011년 9월 28일, 드미트리 메드베데프 당시 러시아 대통령이 차를 마시는 모습이 외신에 보도되었는데, 그가 차와 함께 먹고 있던 게 바로 오리온 초코파이였다. 초코파이는 '코리아 버거'라는 애칭이 있을 정도로 러시아에서 인기가 높은 국민간식이다. 2005년 리서치 기관 AC닐슨러시아에 따르면 오리온의 시장점유율은 60%로 압도적 1위였다. 최근의 경제적 악조건에서도 오리온의 러시아 매출은 2010년 489억 원을 기록한 이후 2014년 827억 원을 기록하는 등 2배 가까이 성장했다.[3]

오리온이 러시아에서 이토록 놀라운 성공을 거둔 비결은 무엇일까? 그것은 1993년부터 시작된 의도적이고 체계적인 세계화 전략에서 비롯되었다. 오리온은 해당 국가의 문화적 특징에 대한 철저한 학습과 그에 기초한 마케팅을 사업의 핵심 원칙으로 삼았다. 이를 위해 당시로서는 일부 대기업에서만 시행하던 지역전문가 양성제도를 도입했고 나아가 이들 지역전문가로 구성된 지역팀 제도를 만들었다. 또한 자체적으로 '문화감수성 교육 프로그램'도 개발하여 이 분야에서만큼은 다른 기업들을 훨씬 앞서가기 시작했다. 이러한 제도가 매우 구체적이고 차별적인 나라별 마케팅 전략으로 이어졌고 결국 러시아 시장에서도 성공적으로 먹혀들었다.

오리온은 우선 브랜드 콘셉트를 나라별로 달리했다. 중국에서는 '인仁'을 내세우며 '좋은 친구' 이미지를 구축했고, 인도차이나 쪽에서는 '오! 스마일'이라는 광고카피로 유쾌한 이미지를 선보였다. 러시아에서는 무뚝뚝하지만 믿음직한 'cool friend(멋진 친구)' 이미지를 채택해 포장과 광고 등 모든 마케팅에 적용했다.

2000년에 집권한 푸틴 대통령은 잃어버린 구소련의 영광을 회복하기 위해 '강한 러시아' 정책을 추진했고 그 일환으로 하키 같은 러시아의 대표적 스포츠 종목으로 투자를 확대했다. 오리온은 푸틴 대통령의 이미지와 정책

---

3 오리온 사업보고서.

을 브랜드 이미지와 결합하고자 매년 열리는 러시아 청소년 하키 리그의 메인 스폰서가 되었다. 러시아의 국기나 다름없는 아이스하키의 미래 스타가 선발되는 이 리그는 마치 한국의 1980년대 고교야구 같은 인기를 누리고 있는데, 이 리그의 공식 명칭이 '오리온 골든 퍽Orion golden puck'이다. 오리온에 쿨하지만 믿음직한 친구 이미지를 자연스럽게 연결시킨 절묘한 한 수였다.

또한 러시아 문화의 특성을 연구하여 마케팅 전략에 직접 반영했다. 러시아인의 독특한 티타임 문화에 초코파이를 더한 것이다. 러시아인은 차를 마실 때 단 것을 많이 곁들여 먹는데, 특히 초콜릿을 매우 좋아한다. 2014년 유로모니터 자료에 따르면 러시아인의 초콜릿 섭취량은 1인당 연 5.3kg으로 스위스(9.0kg), 오스트리아(7.9kg) 등에 이어 9위지만 총량으로 계산하면 세계 최고 수준이다. 게다가 초콜릿이 머리를 좋아지게 한다고 생각하는 러시아인에게 한국 초코파이는 그야말로 대인기다.

그런데 러시아 여성들은 이걸 먹고 살이 찌지는 않을까 걱정이 많았다. 오리온은 이 점을 간파해 2011년 러시아 학술원 의학연구소와 함께 초코파이가 포함된 균형 아침식단을 개발해 여성 소비자를 안심시켰다. 나아가 2012년에는 러시아 최고 대학인 모스크바 국립대학에 의뢰해 "초코파이에는 비만의 근원인 트랜스 지방이 없다"라는 연구 결과를 발표했다. 한마디로 초코파이는 러시아인이 좋아하는 달콤한 음식이면서 건강에도 좋은 식품이라는 브랜드 이미지를 구축한 것이다.

이는 오리온이 전 세계에서 추진하는 프리미엄 전략인 'First One & Best One'과도 절묘하게 맞아떨어졌다. 우선 초코파이는 드미트리 메드베데프 전 대통령 같은 러시아의 하이클래스, 구체적으로는 대도시에 거주하는 오피니언 리더들이 티타임에 먹는 음식임을 강조했다. 가격도 그에 걸맞게 'High Price Point' 전략을 구사해 기타 유사제품보다 20~30% 이상 비싸게 책정했다. 고급 고객들이 먼저 찾는 프리미엄 제품이라는 이미지에 걸맞게 바이어에게는 철저하게 선불 판매 원칙을 고수해 오리온 제품의 시장은 적어도 러시아에서는 판매자가 주도권을 가진 셀러스 마켓seller's market이다.

한편 오리온의 성공에는 현지화에 기반을 둔 단계별 유통전략도 큰 몫을 했다. 오리온의 해외유통 전략은 크게 3단계로 발전한다. 1990년대 초반에는 오픈마켓open market-multi buyer system으로 다수의 수입상들을 통해 제품을 시장에 뿌렸다. 어느 정도 시장 장악에 성공하자, 2000년대 초반에는 국별 총대리점master sole system을 통해 안정된 수급망과 일관된 가격정책으로 프리미엄 이미지를 굳혔다. 마지막으로 2000년대 중반에는 지역별 거점area sole system 전략으로 단일 국가 내에서도 문화적·지리적 차이에 따른 지역별 거점을 별도로 두어 최종 소비자의 취향에 최대한 맞추는 유통과 마케팅을 지향했다.[4]

물론 오리온에도 위기는 있었다. 1998년, 러시아가 모라토리엄을 선언하자 수입제품 가격이 4배 이상 급증해 유통망이 마비되었고 판매도 중단되었다. 이때 오리온은 이른바 '트럭영업'을 시작한다. 현지 주재원들이 트럭에 초코파이를 싣고 모스크바와 블라디보스토크까지 도매상을 찾아다니며 한두 상자씩 현금 판매를 한 것이다. 이는 브랜드 인지도와 소비자와 바이어의 신뢰를 계속 유지하기 위해서였다. 이후 1999년, 오리온 초코파이의 시장점유율은 80~90%, 브랜드 인지도는 70%까지 상승해 오늘날과 같은 성공으로 이어졌다. 현지 문화와 특성을 누구보다 잘 이해하고 있던 오리온 사람들의 투지가 만들어낸 성공이었다.

---

4 한국 기업의 해외진출 성공사례 참고. 〈http://tip.daum.net/question/58726075〉.

성공한 한국 기업들 (2): 암초를 깨고 블루오션을 개척하다

2013년 국제금융센터IFC는 러시아가 거대한 쓰레기장으로 전락할 위험에 처했다는 보고서를 발간했다. 러시아인은 매년 약 6,000만 톤의 생활폐기물을 배출하는데 그중 재활용 비율은 5~7%에 불과하다. 이는 선진국에 비하면 턱없이 낮은 수준으로, 독일 99.6%, 오스트리아 99.3% 등 EU 국가들은 재활용 비율이 평균 60% 수준이며 한국도 84%에 달한다. 반면 러시아는, 산업폐기물까지 합쳐 연간 약 30억~40억 톤의 폐기물을 쏟아내지만 대부분이 노천에 매립되고 있다. 이 엄청난 양의 폐기물을 '쓰레기'로만 보지 않고 여기서 새로운 사업기회를 찾아낸 기업이 있다. 러시아판 블루오션, 폐기물 처리 재활용 사업에 뛰어든 로뎀K가 그 주인공이다.

떠오르는 블루오션, 폐기물 처리 시장을 점령하다

가정 형편이 어려워 초등학교만 졸업하고 이후 온갖 일용직을 전전했던 박원규 씨. 검정고시로 가까스로 고등학교 졸업장을 딴 후 러시아 개방 초기인

1993년에 단돈 100만 원을 들고 러시아 유학길을 떠난다. 러시아어를 한마디도 할 줄 몰라 하루 3시간밖에 못 자면서 공부와 일을 병행한 끝에 러시아 명문 민족우호대학교에 입학했고, 졸업 후엔 러시아에서 한국 굴지의 대기업에 채용되었다. 그러던 2006년 어느 날 퇴근길, 길가에 산더미처럼 쌓인 철제와 종이 등 온갖 잡동사니를 보고 돌연 사표를 던졌다. 폐기물을 처리해 재활용하는 환경사업을 해보자는 생각에서였다. 앞으로 러시아에서 폐기물 처리 문제가 거대한 수익 사업이 되리라 직감했던 것이다.

실제로 러시아의 폐기물 중 제지류는 연간 1,500만 톤으로 러시아 제지 생산량의 3배이고 제지 강국 핀란드의 연간 생산량(1,130만 톤)을 상회한다. 유리 폐기물은 약 300만 톤으로 독일의 연간 생산량과 맞먹는다. 러시아에 매립되는 폐기물 중 40%가 재활용이 가능한 자원이며 그 경제적 규모는 연간 17억 유로에 달한다. 하지만 2006년 당시 러시아에는 폐기물 재처리 공장 250여 개, 분류 공장 50여 개, 소각 공장 10여 개가 있을 뿐이었으며 전 공정을 다 갖춘 종합단지는 한 군데도 없었다. 게다가 자격증이나 관련 장비도 없이 음성적으로 활동하는 영세업체가 대부분이었다. 달리 말하자면 공급보다 수요가 훨씬 많은 살아 있는 블루오션이었다.[5]

박원규 사장은 2006년 산업폐기물 처리 전문업체 로뎀K(이하 '로뎀')를 세웠다. 쓰레기를 종류에 따라 분리해 압축하거나 파쇄하고 재활용 가치가 있는 폐기물을 사서 재가공해 판매했다. 그러나 폐기물 시장에 진입하기란 말처럼 쉽지 않았다. 러시아 로컬기업들의 텃세가 만만치 않았기 때문이다. 현지 경쟁업체들은 온갖 흑색선전과 반값수수료로 어렵게 확보한 로뎀의 고객기업을 가로챘고 심지어 무고로 경찰서 신세를 수시로 지게 했다. 그러나 더

---

5 "ОТХОДЫ В РОССИИ: МУСОР ИЛИ ЦЕННЫЙ РЕСУРС?" (IFC 보고서).

는 잃을 것이 없다고 생각한 그는 자신이 세운 경영철학을 끝까지 사수했다.

첫 번째 경영철학은 철저한 원칙주의였다. 경쟁업체들은 높은 수익을 내기 위해 처리 규정을 어기고 폐기물의 질량을 속이기도 했다. 당장은 이들 기업이 더 많은 성과를 냈다. 그런데 러시아 정부가 위험 폐기물 처리의 잘잘못을 폐기물 생산업체에 물으면서 위험 폐기물을 규정대로 처리하지 않아 영업정지를 당하는 기업이 생겨나기 시작했다. 로뎀은 수익률이 떨어지는 한이 있더라도 법률이 요구하는 폐기물 처리 규정과 절차를 철저히 지켰고, 결국 고객들은 그 원칙주의를 높이 평가했다.

두 번째 경영철학은 철저한 기술우선주의다. 경쟁사들은 사업 수주에 성공하기 위해 가격 후려치기뿐 아니라 자신들의 인맥을 최대한 활용했다. 그러나 그는 인맥 사업의 유혹에 빠지기보다는 기술력을 바탕으로 공개입찰에 승부를 걸었다. 결국 재활용 물질을 분류하는 기술에서 인정을 받아, 선진 기술을 가진 믿을 수 있는 전문기업이라는 이미지가 업계에 형성되었다. 그 결과, 2014년에는 까다롭기로 소문난 폭스바겐의 폐기물 처리업체로 선정되었다.

로뎀의 성공에서 무엇보다 주효했던 것은 CEO의 솔선수범이다. 러시아에서는 주 5일제 근무 문화가 워낙 철저해 '주말근무'라는 개념을 잘 이해하지 못했다. 로뎀 직원의 90%를 차지하는 러시아인들도 마찬가지였다. 박원규 사장은 고객이 필요로 하는 일이면 주말이라도 상관하지 않고 현장에 나가 일하는 모습을 보여주었다. 솔선수범을 보이자 직원들도 자연스레 따라오면서 사내 분위기가 달라졌다. 또한 일한 만큼 공정하게 보상을 해주니 주말근무에 나서는 직원들이 하나둘 생겨났다. 그 덕분에 고객사들이 필요로 한다면 언제든지 달려가는 기업으로 널리 알려졌다.

이와 같은 세 가지 경영철학을 철저히 사수한 덕분에 로뎀은 2014년 기준

러시아 산업 폐기물 시장점유율 20%, 연매출 400만 달러를 꾸준히 달성하는 중견기업으로 성장했다.[6]

러시아의 추위를 녹이는 한국의 보일러

11월부터 다음 해 4월까지 6개월이나 계속되는 긴 겨울, 그중 4개월은 평균 기온이 영하 10도를 밑도는 겨울왕국 러시아. 이 러시아 땅에 사는 사람들에게 겨울 난방은 참으로 중요한 문제다. 그런데 아이러니컬하게도 이 시장은 난방기기업체들이 진출하기 가장 힘든 곳 중 하나였다. 왜냐하면 아주 오래전부터 러시아는 세계적 수준의 지역난방을 실시해왔기 때문이다. 지역난방이란 지역별로 설치된 대형 보일러나 열병합발전소에서 난방용 온수를 만들어 개별 가구로 배분하는 시스템이다. 러시아는 지역난방을 1930년에 시작하여 지금은 보급률이 무려 73%(도시 92%)로, 보급률 85%인 아이슬란드에 이어 세계 2위 수준이다. 주로 풍부하고 값싼 천연가스(66%)를 지역난방 연료로 사용하기 때문에 겨울 러시아의 실내에서는 겉옷을 꼭 벗어야 할 정도로 난방이 잘되어 있다. 따라서 난방기기업체들이 비집고 들어갈 자리가 없었다.

그러나 소련 붕괴 이후 러시아는 독일의 바일란트VAILLANT, 보쉬BOSCH, 영국의 박시BAXI 등 유수의 글로벌 난방기기업체들의 각축장으로 변했다. 지역난방의 중추인 온수관의 노후화 때문이다. 세계에서 가장 넓은 땅인 러시아 전역에 깔려 있는 오래된 온수관을 수리하고 교체하는 작업이 필요했지만 너무나 많은 돈과 시간이 걸리는 난공사였다. 수리나 교체 작업을 할 때마

6 "인맥보다 기술력…… 텃세 딛고 러시아 산업폐기물 시장 1위" (2015. 7. 8). 《한국경제》; "러시아서 산업폐기물 처리업체 로뎀의 성공신화를 쓴 박원규 사장" (2015. 7. 10). 〈BUYRUSSIA〉; "ОТХОДЫ В РОССИИ: МУСОР ИЛИ ЦЕННЫЙ РЕСУРС?" (IFC 보고서).

다 한 달 이상 단수를 시행해야 하므로 시민들의 불편이 이만저만이 아니었다. 게다가 온수관 리모델링 속도가 신규 아파트 건설 속도를 따라가지 못했다. 이런 이유로 러시아인들도 점차 개별난방을 선호하게 되어 2015년 개별난방 보급률이 20%에 이르게 된다. 러시아의 가구별 개별난방기기 시장이 블루오션으로 부상하고 있다는 뜻이었다.

이 블루오션에서 승승장구하고 있는 업체가 한국 기업인 경동나비엔이다. 2011년 벽걸이보일러 시장점유율 21%를 차지하며 1위로 부상한 이후 이듬해에는 점유율이 22.5%로 확대되었다. 연간 11만 기 이상, 500억 원대 판매액(2015년 추정치)을 자랑하며 연간 수출 성장률이 10%대 이상이다. 나아가 2014년과 2015년에는 2년 연속으로 러시아 냉난방기 부문에서 '올해의 최고 브랜드'로 선정되었다. 러시아 시장에서 경동나비엔이 이렇듯 놀라운 성공을 거둔 비결은 무엇일까?

그 첫 번째 비결은 러시아형 기술 개발이다. 경동나비엔은 러시아의 낙후된 가스·전기 공급 상황에 주목했다. 2009년 1월, 러시아에 영하 40도 혹한이 들이닥치자 가스압과 전압이 급격하게 떨어졌다. 이때 유럽계 대부분의 보일러는 압력 변화를 견딜 수 있는 변동치가 5~10%에 불과해 작동이 되지 않았다. 이렇게 경쟁업체 보일러들이 말썽을 일으킬 때, 경동나비엔은 씽씽 돌아가며 난방과 온수를 제공했다. 가스압과 전압이 떨어져도 견딜 수 있는 기술(최대 변동치 80%)을 개발해둔 덕분이었다. 연소에 필요한 최적의 공기량을 감지해 안정적으로 연소시키는 공기압력센서APS; Air Pressure Sensor가 그 핵심이었다. 이 일을 계기로 경동나비엔은 2008년 6만 대 판매에서 2011년에는 10만 대 이상을 판매하며 벽걸이보일러 시장 1위를 차지했다.

두 번째 비결은 로컬 클라이언트들과의 소통 플랫폼을 최대한 활용한 것이다. 경동나비엔은 2014년 독자적인 법인 설립을 시작으로 모든 자원을 동원해 러시아 고객과의 접점을 넓혀나갔다. 우선 2011년 한국 보일러업계에서는 유일하게 소비자중심경영CCM 인증을 받은 경험을 십분 살려 경동나비엔 특유의 현지 밀착형 A/S 인프라를 구축했다. 러시아 전역에 설치한 무려 300개가 넘는 광역 A/S센터 네트워크로 러시아 현지 딜러와 설치업자들에게 뜨거운 호응을 받았다. 주로 유럽 브랜드를 선호하던 기존의 딜러와 설치업자들의 마음을 얻어낸 것이다. 이는 신속한 고객서비스로 이어졌다. 먼저 보일러를 설치할 때 그 사진을 찍어 개별 보일러 이력을 전수 관리했다. 유사시 필요한 부품이 무엇인지 미리 파악해두기 위함이었다. 이렇게 철저히 준비한 결과, 문제 발생 시 빠르게 수리해 고객만족도를 높이고 막대한 유통비용 또한 줄일 수 있었다.

그리고 잠재고객을 위한 기술 세미나, 프로모션, 콘퍼런스도 활발하게 전개했다. 특히 2014년 11월, 유력 경제 인사들과 난방기기 유통, 서비스업체 대표 300여 명을 대상으로 열린 '2014 나비엔 딜러 콘퍼런스'는 업계에 큰 화제가 되었다. 경동나비엔은 2015년도에만 약 10회의 엑스포에 참가해 로컬 소통 창구를 확대했다. 특히 2월에는 전 세계 769개 업체가 참가하는 러시아 최대 냉난방 설비 전시회인 '아쿠아 섬 모스크바 2015Aqua Therm Moscow 2015'에 참가해 현장에서 약 15만 대 계약을 체결했다.

마지막으로 경동나비엔의 러시아 진출 성공에는 사회공헌 마케팅도 한몫을 했다. 경동나비엔은 러시아에서 발생한 매출의 일부를 지역에 환원한다는 차원에서 러시아 쇼트트랙 대회, 알타이의 지역 미니 축구팀, 모스크바 여학생 축구팀 등을 지원하고 있다. 특히 쇼트트랙 대회 스폰서십과 함께 안현수 선수를 광고모델로 기용한 마케팅이 시너지 효과를 보고 있다. 한국 출신의 최고 선수와 한국 최고의 보일러가 함께 얼어붙은 러시아 땅을 따뜻하게 달군다는 이미지 결합이 좋은 반응을 얻었다.

러시아에서 얻은 상승세를 바탕으로 주변 CIS 국가[7]뿐 아니라 유럽으로도 진출을 확대하고 있는 경동나비엔은 2020년 글로벌 매출 2조 원의 글로벌 No.1 에너지 솔루션 기업을 꿈꾼다. 세상에서 가장 추운 러시아 무대를 정복한 경동나비엔이 유럽을 녹이기는 그리 어렵지 않을 것으로 전망된다.

로템과 경동나비엔 사례에서 알 수 있듯이 암초투성이로 보이는 러시아 시장도 잘 찾아보면 블루오션으로 변할 수 있는 틈새시장이 있을 뿐만 아니라 글로벌 진출의 교두보가 될 수도 있음을 기억해야 할 것이다.

7 과거 소련에 속했던 나라들 가운데 11개국이 소련 해체 후 결성한 정치공동체. 11개국은 러시아, 우크라이나, 벨라루스, 몰도바, 카자흐스탄, 우즈베키스탄, 투르크메니스탄, 타지키스탄, 키르키즈스탄, 아르메니아, 아제르바이젠 공화국이며, 1993년 그루지야가 가입함으로써 12개국으로 늘어났다.

4

새로워진 러시아 기업문화, 진화하는 진출 전략

앞 장에서 살펴본 한국 기업들의 러시아 진출 사례를 통해 우리가 얻을 수 있는 공통된 성공비결은 무엇인가. 첫 번째는 너무나 당연하고도 필수적인 전략이지만 실천하기는 힘든 '철저한 현지화'다. 한국야쿠르트의 '도시락'과 오리온 '초코파이'는 러시아인의 입맛과 기호에 잘 맞는 상품을 개발했고, 로뎀은 현지인의 감각으로 러시아 재생 산업의 현주소와 미래를 정확히 진단했으며, 경동나비엔은 러시아의 특수한 날씨에 맞는 신제품을 개발했다.

그런데 현지화 못지않게 중요한 성공비결은 '철저한 원칙주의'였다. 한국야쿠르트 도시락은 미수금을 담보로 횡포를 부리는 딜러들을 단기 손실을 무릅쓰면서 과감히 잘라냈다. 오리온은 프리미엄 이미지를 구축하기 위해 선불 판매의 원칙을 고수하여 외상 구매에 익숙한 러시아 바이어들의 이탈 위험을 감수했다. 로뎀은 인맥 사업으로 알려진 러시아 시장에서 오직 제품 경쟁력 하나로 버티며 초기 진출의 어려움을 감내했다.

앞에서 미처 구체적으로 소개하지는 못했지만 경동나비엔 역시 현지 기업과의 갈등으로 위기를 맞았으나 역시 대담하게도 원칙주의를 지키며 결국 극복해냈다. 2009년부터 경동나비엔이 본격적으로 러시아 난방기기 시장을 확대할 수 있었던 것은 사실 기술현지화 외에도 러시아의 주요 냉난방기기 판매유통 업체인 L사와 대규모 독점판매 계약을 체결한 것이 큰 역할을 했다. 이 계약으로 경동나비엔은 2013년까지 최대 30만 대까지 러시아 시장에 보일러를 공급할 수 있었다. 그러나 경동나비엔의 시장 장악력이 커지자 L사가 과도한 욕심을 내며 여러 가지 문제를 일으켰다. 경동나비엔은 자사의 제품경쟁력을 믿고 L사와는 과감히 결별하고 대규모 추가 경비를 감수하면서 제로베이스에서 다시 유통망을 구축했다. 한국 기업들이 러시아에서 공통적으로 견지한 이 원칙주의적 대응은 비록 단기 손실은 불러왔을지 몰라도, 러시아에서 장기적으로 성공할 수 있는 튼튼한 기틀이 되어주었다.

반대로 러시아 시장에 대해 "러시아에서는 안 되는 것도 되는 것도 없다"라며 원칙을 무시하고 인맥에만 의존한 한국 기업들도 있으나 이들은 대부분 쓰디쓴 실패의 맛을 보았다. 이들의 실패를 통해, 러시아 시장은 아직 시장원리가 완벽히 정착되지 않은 사회이기 때문에 더더욱 원칙적으로 접근해야 한다는 사실이 반증되었다. 이와 같이 러시아 시장에 진출해 사업을 성공시키려면 제품의 현지화뿐만 아니라 현지 러시아 기업과의 관계도 매우 중요한 변수로 작용한다. 특히 비시장적이고 비합리적이며 예측 불가능한 러시아 기업인들의 행태로 인해 사업 초기에 두 손을 들어버리는 한국 기업인이 부지기수다.

시장원리에 충실한 러시아의 신세대 기업가들

그러나 최근의 러시아 기업인들 사이에서는 변화의 새바람이 불고 있다.

2000년대 들어 사업을 시작한 신세대 기업인들이 변화의 주인공들이다. 기존 세대가 오직 자본축적에만 혈안이 되었었다면 신세대 기업가들에게 자본축적은 2순위이며 자기만족이 1순위다. 따라서 그들은 구세대의 방식, 즉 뇌물을 주거나 인맥에 의존하거나 관료적 형식에 얽매이지 않는다.[8] 이들은 시장원리에 충실하면서도 소프트하고 깨끗한 기업문화를 이끌어가고 있다.

2006년 연 매출액 46억 달러를 달성한, 러시아 시장점유율 3위의 휴대폰 및 전자제품 전문 체인점 '예브로세티'의 CEO 예브게니 치치바르킨이 런던에서 개최된 러시아 경제 관련 회의에 기조연설자로 참석하면서 찢어진 청바지에 붉은 가죽점퍼를 입은 것이 화제가 된 바 있다. 온갖 불법적 수단으로 국영기업의 자산을 취득하며 거부가 된 러시아의 신흥 재벌, 곧 구세대 올리가르흐와는 달리 치치바르킨은 시장에서 오직 사업수완 하나로 자수성가한 30대의 청년 기업인이었다. 그는 공공연하게 "과거 이 나라에는 우리 같은 회사가 없었다. 내 밑의 종업원이 3만 7,000명인데 나는 과거 러시아 기업들이 하던 방식과는 다르게 그들을 이끈다. 내 논리는 간단하다. 돈을 벌어라, 그리고 옆 사람에게 돈 버는 방법을 가르쳐라"라고 말하곤 했다.[9] 치치바르킨 같은 신세대 기업인은 최근에 더욱 늘어나고 있다.

1990년대의 러시아 젊은이들이 대부분 탈러시아를 꿈꾸었다면 2010년대에는 대부분이 러시아에 남아 사업하기를 원하고 있다. 2013년 2월에 실시된 설문조사에 따르면 20세에서 35세 사이의 러시아 청년들 중 84%가 외국보다는 러시아 국내에서 사업을 하는 것이 더 전망이 밝다고 생각한다는 입장을 밝혔다.[10] 러시아 청년들이 이렇듯 러시아 국내의 사업을 선호하

8 "Они не дают взяток, они не платили ментам" (2013. 11. 7). Expert Online.

9 "톡톡 튀는 신세대 경영자들" (2007. 10. 19). 《중앙일보》.

는 이유는 2000년대 고성장으로 러시아 시장의 파이가 커진 것도 있지만 무엇보다 청년창업, 특히 스타트업을 위한 사업환경이 매우 개선되었기 때문이다. 이를테면 이전까지는 스타트업의 불모지로 불리던 모스크바가 '2015년 글로벌 스타트업 에코시스템 랭킹'에서는 13위를 차지하며 '톱 20위권'에 들어갔다.[11] 좀 더 상세히 보자면, 모스크바의 스타트업 수는 3,800개로 세계 10위를 차지했고, 스타트업 시장의 규모로는 세계 8위를 차지했으며, 인력경쟁력 부문에서는 무려 2위를 차지했다. 한마디로 러시아는 세계적 경쟁력을 가진 젊은 인재를 보유한 나라이고, 2000년대 들어 그 인재들이 재능을 펼칠 시장을 갖추게 되면서 스타트업 기업을 위한 최적의 에코시스템을 구축했음을 보여주는 것이다.

특히 이들 젊은 기업인의 63%가 종사하는 인터넷 부문[12]은 세계 최고 수준을 자랑한다. 미국 최대의 벤처펀드인 개러지 테크놀로지 벤처스의 빌 라이하트 전무는 "러시아의 컴퓨터공학과 재료공학은 세계 최고 수준"이라고 지적했다.[13] 실제로 '프로그래머 월드컵'이라 할 수 있는 '톱코더 챌린지TopCoder Challenge'의 최근 10년간 우승자 중 절반이 러시아에서 나왔으며, 특히 최근 4년간은 러시아의 독무대였다고 할 수 있다.[14] 이렇게 뛰어난 인재들이 선진국과 비교해 그보다 훨씬 어린 나이에, 훨씬 싼 가격에, 훨씬 빠른 속도로 러시아 시장에 공급되고 있는 것이다. 모스크바 스타트업에 종사하는 인력의 평균 나이는 실리콘밸리보다 6.22년 적고, 연봉(3만 6,600달러)은

---

10 "Большинство молодых предпринимателей хотят развивать бизнес на родине" (2013. 2. 26). РИАНОВОСТИ.

11 "The Global Startup Ecosystem Ranking 2015". compass.

12 "서방국보다 러시아 미래 밝다. 청년 사업가 84%가 국내 선호" (2013. 3. 22). 〈RUSSIA 포커스〉.

13 "유례없이 어마어마한 벤처투자금이 몰리고 있다" (2013. 3. 27). 《중앙일보》.

14 〈https://ru.wikipedia.org/wiki/TopCoder_Open〉 참조.

실리콘밸리(11만 8,000달러)의 3분의 1 수준이며, 고용하는 데 드는 시간(30시간)은 실리콘밸리(40시간)보다 훨씬 짧다.[15]

여기에 젊은 창업자들을 위한 스타트업 액셀러레이터와 인큐베이터도 활성화되고 있어 러시아 신세대 기업인들의 활약이 향후 러시아 경제의 주요 성장동력으로 부상하리라 예상된다. UBI Global에서 전 세계 64개국 1,200개 대학을 대상으로 선정하는 세계 톱 대학 비즈니스 인큐베이터 및 액셀러레이터 랭킹에서 2015년 상트페테르부르크의 정보기술대학이 액셀러레이터 부문에서 4위를, 모스크바의 경제대학이 인큐베이터 부문에서 14위를 차지했다. 이런 에코시스템을 통해 탄생하는 러시아의 스타트업 기업의 수준도 역시 세계 최상위권을 유지하고 있다. 전 세계에서 30세 이하 젊은 스타트업 기업인들이 자웅을 겨루는 GSEAGlobal Student Entrepreneur Awards에서 2012년의 경우 20세에 불과한 다닐 미쉰의 호스텔체인업체 '베어 호스텔스Bear Hostels'가 톱 5에 들어가기도 했다.

한국과 러시아 기업, 성공적 상생신화를 쓸 수 있다

이렇듯 급부상 중인 러시아 스타트업 기업에 대한 투자도 최근 빠른 속도로 늘어나고 있다. 2014년 언스트 앤 영의 보고서[16]에 따르면 러시아 벤처기업에 대한 투자는 2007년 1억 800만 달러에서 2012년 12억 1,300만 달러로 급증해 2013년 기준으로 유럽 2위와 세계 5위를 차지했다. 세계적 수준의 에코시스템과 대규모 투자 덕분에 러시아의 젊은 창업자들은 2014년 말 유가 급락으로 러시아에 불어닥친 극심한 경제 한파에도 아랑곳하지 않

---

15 "The Global Startup Ecosystem Ranking 2015", compass.

16 Ernst & Young. (2014). "Исследование мирового и россий ского венчурного рынка за 2007-2013 годы".

고 고속성장을 계속하고 있다. 예를 들어 벤처투자기금인 Baring Vostok's Funds가 소유하고 있는 열 개의 인터넷서비스업체는 2015년 상반기에 전년 동기 대비 35%나 성장했다.

이제 우리 기업도 러시아 기업문화를 일신하고 있는 젊은 러시아 기업인을 활용하는 새로운 러시아 진출 전략을 세울 필요가 있다. 무엇보다도 IT 선도국인 한국에, 러시아의 우수한 젊은 IT 인력을 활용하여 1억 4,000만 명의 광대한 러시아 인터넷시장을 석권할 수 있는 최적의 조건이 형성되고 있다. 그리고 이미 이 최적의 조건을 십분 활용하는 한국 기업이 등장하고 있다.

그 대표적 사례가 클라우드솔루션 업체인 ASD테크놀로지다. 창업자 이선웅 대표는 2013년 러시아 IT 인력의 우수성과 러시아를 비롯한 세계 클라우드 시장의 발전 가능성을 믿고, 다니던 한국 대기업을 박차고 나왔다. 그와 동업한 러시아 기술진은 구글 출신으로 사무실에서 기타 연주를 할 정도로 자유분방한 막심 아자로프를 비롯해 수학과 물리학 분야의 천재들로 구성되어 있다. 이 러시아의 젊은 천재들은 IT 강국이면서도 사실상 클라우드 원천기술의 불모지인 한국에 선진 기술력과 함께 새로운 사업기회를 제공하고 있다.

우선 '클라우다이크'라는 클라우드 기반 기술을 개발하여 창업 3년도 지나지 않은 시점에 러시아 최대 통신업체 메가폰, 유럽의 최대 통신업체 보다폰에 납품하는 개가를 올렸다. 또한 러시아 정부가 구축 중인 러시아판 실리콘밸리인 스콜코보의 지원 대상으로 선정되어 스콜코보의 창업혁신센터 입주, 세금감면, 창업 및 연구비 지원 등의 혜택을 받게 되었다. 게다가 중국 화웨이의 글로벌 진출 시 클라우드 공급 파트너 사로도 지정되어 향후 이 기업의 매출 신장세는 더욱 가속화될 것으로 보인다.

ASD테크놀로지의 이 같은 성공사례는 한국 기업이 신세대를 중심으로 새롭게 변화하는 러시아의 기업문화와 한국의 글로벌 마케팅 능력을 결합할 경우의 무한한 가능성을 잘 보여준다. 변화하는 러시아와 함께 러시아에 대한 한국의 시선도 함께 변화한다면 유사한 성공사례는 앞으로 더 많이 양산될 것이다. 양국 기업의 성공적인 상생 신화가 21세기 글로벌 경제에 새로운 역사로 기록될 날을 기다린다.

참고문헌

1부

6. 한때 러시아는 '마피아'의 나라였다?

"Убитые в иномарке вМосквебыликриминальнымиавторитетами-источник" (2009. 5. 23). РИА Новости.

"Вделе об убий стве Деда Хасана появился вор в законе Руфат Гянджинский" (2014. 11. 28). 《Известия》.

7. 불가능에 도전한 러시아의 힘, '시베리아횡단철도'

"История 110-летней Транссибирской магистрали (Транссиба)" (2013. 7. 14). <http://www.dictat.ru/SMI/wars/istoria-110-letney-transsibirskoy-magistrali-transsiba.aspx>.

"Транссибирская магистраль: дорога тысячелетия". <http://strana.ru/journal/625031>.

"'Таежные' магометане или эпизод из истории Транссиба" (2011. 7. 21). <http://www.islamnews.ru/news-71351.html>.

"Хронология освоения Сибири и история Омского прииртышья-ИСТОРИЯ СИБИРИ. ХРОНИКА СОБЫТИЙ". Тюменский научный центр СО РАН. <http://library.ikz.ru/hronologiya-osvoeniya-sibiri/

hronologiya-osvoeniya-sibiri-i-istoriya-omskogo>.

Воложанин К. Ю., Воложанина Е. Е. & Порхунов Г. А. (2011).《История Сибири. Хрестоматия》. Москва: ФЛИНТА.

Сергей СИГАЧЕВ (2000). "Конечная станция Транссиба-Японские острова?". <http://rg.ru/anons/arc_2000/1128/2.shtm>.

2부

6. 시베리아횡단철도를 팔아먹은 사나이

Николаев Р. В. (2003).《Аферы века》. Санкт-Петербург: Полигон.

"Авантюрист №1". (2011. 7. 6). <http://www.ufolog.ru/publication/3712/>.

Константин Федоров (2010. 11. 21). "Корнет Савин-кумир аферистов". <http://www.chronoton.ru/past/kornet-savin>.

"Невероятные похождения бравого корнета". <http://storyfiles.blogspot.kr/2014/11/blog-post_24.html>.

3부

1. 굶주린 도시, 레닌그라드에 울려 퍼진 교향곡

Под редакцией Н. Л. Волковский (2004).《Блокада Ленинграда в документах рассекреченных архивов》. Санкт-Петербург: Полигон.

Маркова Л. Н. (2015. 4. 28). "Блокадная хроника Тани Савичевой". 〈http://www.spb-family.ru/history/history_15.html〉.

"'Ленинградская симфония'. Музыка как оружие"(2012. 8. 9). РИА Новости.

Новиков. Н. К. (1988).《Листки блокадного календаря》. Ленинград: Лениздат.

Кенигсберг А. К., Михеева Л. В. (2000).《111 симфоний》. Санкт-Петербург: Культ-информ-пресс.

4부

5. 러시아 로망을 심어준 작가, 파스테르나크

Лидия Юдина (2013. 2. 28). “Музы Бориса Пастернака”. <http://k-poli.livejournal.com/1907069.html>.

5부

2. 위대한 개혁가, 표트르 대제

“Экскурс в историю: как женщины Россией управляли” (2011. 7. 12). Наш Мир. <http://nm2000.kz/news/2011-07-12-43426>.

6부

3. 성공한 한국 기업들 (2): 암초를 깨고 블루오션을 개척하다

“ОТХОДЫ В РОССИИ: МУСОР ИЛИ ЦЕННЫЙ РЕСУРС?” (IFC 보고서). 〈http://vk.com/doc108314747_377923284?hash=e1bc2fdd93a84c091d&dl=9d5ab3d2fa1499faa2>.

“Они не дают взяток, они не платили ментам” (2013. 11. 7). Expert Online. <http://expert.ru/2013/11/7/oni-ne-dayut-vzyatok-oni-ne-platili-mentam/>.

“Большинство молодых предпринимателей хотят развиват ь бизнес на родине” (2013. 2. 26). РИА Новости. <http://ria.ru/economy/20130226/924736199.html>.

“The Global Startup Ecosystem Ranking 2015”. compass. <https://s3-us-west-2.amazonaws.com/compassco/The_Global_Startup_Ecosystem_Report_2015_v1.2.pdf>.